진과 속의 눈으로 불교를 보다

진(眞)과 속(俗)의 눈으로 불교를 보다

정영근 지음

철학과 현실사

차례

제3부 진과 속을 오가는 한국의 불교사상

글쓴이의 말

어렸을 적 어머니를 따라 절에 갔을 때, 거기서 내가 느꼈던 것은 쉽게 가까이 할 수 없는 엄숙함과 두려움이었다. 입구에 서 있는 조각상 사천왕의 모습이나 불당 안 그림의 색깔뿐 아니라 스님의 모습 그리고 하시는 말씀까지 불교라는 종교와 관련된 모든 것이 나에게는 낯설고 관계가 없는 먼 것으로 생각되었다.

고등학교 시절 나는 우연히 춘원 이광수의 소설 『원효대사』를 읽었다. 일단 책을 읽기 시작하자 단숨에 끝까지 읽지 않을 수 없었다. 책을 읽으면서 나는 지금까지 낯설기만 하던 불교가 자연스럽고 뭉클하게 다가옴을 느꼈다. 걸림 없이 자유로운 인간의 길을 가는 정말 멋있는 인간으로서의 원효를 보았고, 지극히 친근하면서도 무언가 깊은 가르침을 무겁지 않게 전해 주는 스승으로서 대안대사나 방울스님을 만났다. 정염에 휩싸인 남녀 간의 사랑뿐 아니라 소외당한 사람들에 대한 헌신적인 사랑 및 굶주린 너구리에 대한 사랑의 느낌에까지 저절로 함께 빠져들었다. "무엇에나 걸림이 없어야 나고 죽는 데서 벗어난다(一切無碍人 一道出生死)"는 말씀을 비롯한 수많은 난해한 경전의 가르침과 설법이 뭉툭하면서도 실감 있게 머리와 가슴을 쳤다. 그저 스쳐 들었던 염불과 독경의 낭랑한 소리들이 깨침을 촉구하는 종소리가 되어 귓전을 울리고 가슴을 파고들었다. 산천초목 그 자체가 설법이고 "악아 젖 먹어라"는 간절한 호소가 법화경을 읽는 것보다 더 의미 있는 독경이라는 대목에서의 감동은 너무도 생생하다.

내가 대학에 와서 불교에 매력을 느끼고 공부하게 된 것은 『원효대사』라는 소설이 불교를 나에게 가까운 것으로 느끼게 했고, 내 안에 불교가 있음을 깨닫게 하였기 때문이다. 성과 속을 자유롭게 오가는 원효의 모습을 좇아서 불교 공부를 하면서 성(聖)과 속(俗), 불교적 개념으로는 진(眞)과 속(俗)의 문제를 함께 이해하고 아우르는 것이 내가 풀어야 할 화두와 같은 것으로 자리 잡게 되었다. 나는 자신의 현실적 삶 속에서 늘 일상적인 범부의 모습과 거룩한 부처의 모습이 오락가락하고 때로는 오버랩되는 수많은 경험을 하였고, 이것이 인간과 사회 그리고 세상의 모습이기만 한 것이 아니라 불교의 사상 속에서도 발견할 수 있음을 발견하였다.

불교가 본능적 욕망에 따르고 현실적 이익을 계산하는 우리 범부하고는 너무나 다른 저 멀리 떨어져 있는 세계에 있는 것이라면 누구나 쉽게 다가갈 수 없을 것이다. 그렇다고 불교가 온갖 미혹과 욕망에서 헤매는 속세에 그대로 머무르고 만다면 불교는 종교로서의 가치와 생명을 잃어버리고 말 것이다. 나는 불교가 진과 속을 자연스럽게 오가는 모습을 자유자재로 나타내 보일 수 있었기에 지금까지 생명 있는 범부의 종교로 자리할 수 있다고 생각한다. 이런 시각으로 불교를 보니 한 종교로 이해하기 어려울 만큼 다양한 형태로 역사 속에 현현하고 있는 불교의 모습을 나름의 일관된 맥락 속에서 조명하고 정리할 수 있었다.

이제 그동안 내 나름의 시각과 방식으로 불교를 이해하고 정리한 내용들을 한 권의 책으로 엮어 내고자 한다. 불교를 보는 나의 관점과 시각이 지나치게 단순하고 편협해서 불교의 다양하고 풍요로우며 깊은 내용들을 왜곡하거나 축소할 가능성이 다분하다. 하지만 역설적으로 불교를 좀 더 쉽고 가까운 것으로 이해하고 또한 불교의 새로운 면모를 발견할 수 있는 하나의 계기가 될 수도 있을 것이라는 낙관적인 기대를 해본다.

2019년 9월 소요서실(逍遙書室)에서
무불연(無不然) 정영근(丁永根) 쓰다

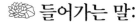 들어가는 말:
있는 그대로 보기와 틀을 통해서 보기

불교에서는 진실을 있는 그대로의 참다운 모습이라는 뜻에서 진여(眞如, Tathātā)라고 말한다. 진실은 '있는 그대로(如是, yathā bhūtam)' 볼 때 드러나는 것이며 객관적 사실을 주관적으로 왜곡시키지 않는 것을 의미한다. 따라서 진여를 증득하기 위해서는 진실을 왜곡하지 않고 있는 그대로 인식할 수 있는 주관의 상태에 있어야 한다는 것을 불교는 우선적으로 강조한다. 물결의 비유나 거울의 비유는 바로 이를 명확하게 일깨워 주는 비유이다. 물결이 흐리거나 출렁이는 경우에는 사물이 흐릿하거나 찌그러진 모습으로 비칠 것이다. 거울에 먼지가 끼어 있거나 표면이 울퉁불퉁할 경우에는 비치는 모습도 흐리고 구겨진 모습으로 나타날 것이다. 깨달음을 최고의 목표로 하는 불교가 명상을 통해서 깨끗하고 고요한 마음의 상태에서 있는 그대로(如實) 관조하는 지관(止觀)의 수행을 강조하는 것도 바로 이런 맥락에서 이해할 수 있다.

주관적 감정이나 편견에 의한 왜곡을 배제하고자 하는 의도는 불교 경전의 표현 형식에서도 확인할 수 있다. 불교의 경전은 대부분 여시아문(如是我聞, evaṃ mayā śrutam)이라는 말로 시작한다. 그런데 이 말의 산스크리트어를 자세히 살펴보면 "나는 이렇게 들었다"라고 해서 듣는 주체로서의 '나'를 앞세우지 않고, "이와 같이 나에게(maya) 들렸다"는 표현으로 '나'의 능동성을 드러내지 않는 방식으로 표기되고 있다. 한자로 번역하는 경우에 아(我)를 빼고 그냥 문여시(聞如是)라고 하는 것도 같은 맥락에서 이해할 수 있다. 경전의 내용을 전하면서 이와 같이 표현하는 것은 그 내용이 내 멋대로 구성하거나 채색한 것이 아니라 붓다의 말씀을 나에게 들린 그대로 전하는 것으로서 '붓다가 말한 원음 그대로'라는 뜻이 담겨 있다. 이렇게 말함으로써 경전의 내용이 객관적인 권위를 가진 것으로 받아들여질 수 있다. 이와 같이 '여시아문'으로 시작하는 경전의 표현 형식을 자세히 음미하게 되면 다음으로 이어지는 경전의 내용이 주관적인 조작이나 왜곡이 없는 진실한 것임을 강조하고 객관적인 권위를 지니도록 하려는 의도를 읽을 수 있다.

한편 경전의 서두를 '여시아문'으로 시작하는 것에 대해서 또 다른 일반적인 이해가 가능하다. 그것은 '다른 사람은 다른 내용을 다르게 들을 수 있다'는 식으로 지금 전하는 경전의 의미를 한정하기 위한 의도가 담겨 있다고 보는 것이다. 불교에서는 경전을 설할 때 반드시 '어느 때' '어느 곳'에서 '누구에게' 설한다고 구체적으로 밝히고 있는데, 그것은 '언제나' '어디서나' '누구에게나' 의미 있는 내용으로서 말하는 것이 아님을 명확히 밝히고자 하는 뜻을 담고 있다. 다시 말해서 붓다의 말씀으로 전하고 있는 경전들 속의 말씀은 특수한 상황과 맥락 속에서만 의미 있게 기능하는 방편일 뿐이지, 보편적 전칭명제로서 모든 것에 통하는 진리로서 제시된 것이 아니라는 것을 명확히 한 것이다. 특수한 상황과 맥락 속에서만 의미를 갖는 것으로 해석하는 것이 그 자체로는 가르침의 의미를 한정하는 것이지만, 수많은 상황과 맥락 그리고 사람에 따라서 그 의미가 달라진다는 점을 생각하면 오히려 가르침의 의미를 확장하는 것이 된다. 그런 점에서 이와 같은 해석은 불교를 경전에 쓰여 있는 말에 얽매고 국한시키지 않으면서 무한히 다양한 의미와 기능을 갖는 것으로 살려내고 확장할 수 있다는 장점이 있다.

여기서 제시된 '여시아문'에 대한 두 가지 서로 다른 해석은 일견 서로 모순적인 의미를 지니고 상치되는 효용을 발휘하는 것처럼 보인다. 하나는 붓다의 말씀을 보편적 실상으로 확정하고 절대적 권위를 부여하는 것이고, 다른 하나는 특수한 방편으로서 의미를 한정함으로써 불교의 내포와 외연을 무한히 확대시키는 역할을 한다. 붓다의 말씀을 있는 그대로 전하고 받아들이는 것은 가르침의 정체성과 정당성을 확보하는 일이기 때문에, 모든 논의는 붓다의 말씀에서 출발하고 그것으로 돌이켜 보아야 한다는 점에서 구심력으로 작용한다. 이것이 담보되지 않는다면 가르침의 중심을 잡을 수 없어서 모든 논의는 불교와 아무런 관계가 없는 근거 없는 것이 되고 말 것이다. 그렇다고 해서 붓다의 말씀을 방향을 가리키는 이정표로서의 방편이 아니라 그대로 떠받들어야 하는 실체적 진리로 받아들인다면 그것은 화석화되어 더 이상 살아 있는 가르침으로서의 의미와 역할을 가질 수 없을 것이다. 경전의 말씀을 특수한 방편으로 해석하는 것은 여러 다른 상황에서 다른 의미와 기능을 수행할 수 있는 다른 말씀과 다른 해석의 가능성을 열어주는 원심력으로 작용한다. 이렇게 볼 때 일견 상호 대립적인 의미를 가지고 있는 실상과 방편은 필연적으로 상호 보완되어야 할 필요성에 직면한다. 실상 없는 방편은 우물 안 개구리처럼 편벽되고 위험하며, 방편이 없는 실상은 박제화된 유물처럼 현실에서 무의미한 것이 되고 말 것이다. 그러므로 실상과 방편은 어느 한쪽이 배제되어서는 안 되고 양자가 상호 보완적으로 결합될 때에야 온전하게 가르침의 의미가 살아날 수 있다고 생각한다.

지금 우리에게 전해지는 불교의 모습은 그 안에 매우 다양한 내용을 포함하고 있고 수많은 변화를 거쳐 온 것이다. 그동안에 수많은 스승과 선지식에 의해서 실상을 확인하고 실상에 접근하기 위한 수렴의 과정을 거쳤고, 현실에 맞게 의미를 해석하고 적용하기 위한 끝없는 확산의 과정을 되풀이해 온 것이다. 불교는 이러한 방식으로 오랜 역사의 흐름을 따라 그리고 사회의 변화에 따라서 자신의 모습을 달리하면서 전해져 왔기 때문에 그 안에 더욱 다양한 내용과 변화를 포함하고 있다. 이렇게 다양하고 굴곡이 많은 불교를 이해하기 위해서는 또다시 이 모든 것의 실상을 확인하고 드러내기 위한 수렴의 노력과 그것을 지금 여기에서 의미 있는 내용으로 살려내기 위한 확산의 노력을 동시에 기울이지 않으면 안 된다. 필자가 지금까지 불교에 대해서 듣고 보고 배우며 또한 생각을 통해서 내 나름의 이해를 하고 있는 내용도 모두 의미 확인과 의미 확산의 과정을 반복하면서 얻어진 것이다. 앞에서 언급했듯이 여기서 확산이라고 하는 말은 이중적인 의미를 지닌다. 다양하고 풍부한 내용을 있는 그대로 드러내지 못하고 부족한 주관인 나에 의해서 들리고 이해되며 해석된 내용이라는 점에서 불교의 가르침을 단순하게 한정하고 왜곡시키는 것일 수가 있다. 그러나 한편에서는 이러한 이해와 해석은 이전에는 없었던 새로운 내용이라는 점에서 불교와 그에 대한 논의의 지평을 확장시키는 것으로 이해될 수도 있다.

다양한 것을 이해하고 설명하기 위해서는 다양성 속에 존재하는 결을 찾아 논리적으로 정리하는 작업이 필요하다. 필자는 불교를 이해하고 설명하는 결을 진(眞)과 속(俗)이라는 생각의 틀에서 찾고자 한다. 속이 여러 가지 문제를 안고 있고 여러 면에서 부족한 현실을 대변하는 개념이라면, 진은 현실의 문제가 해결되어 모든 것이 원만하게 성취된 이상을 대변하는 개념이라고 말할 수 있다. 불교는 "괴로움이 있다(苦諦)"고 하는 실존적 각성에서 출발하는데, 불교에서 고(苦, Dukkha)라는 말의 의미가 '불완전, 불만족'에 가까운 의미를 지니고 있다고 한다면[1] 모든 것이 괴로움이라는 일체개고(一切皆苦)는 중생이 살고 있는 현실의 세계와 중생이 경험하고 있는 실존의 모습을 직접적으로 특징짓는 표현이라고 할 수 있다. 따라서 현실적으로 당면하고 있는 이러한 괴로움을 소멸하는 것(滅諦)이 중생이 지향하는 궁극의 목표로서 제시되는 것은 당연한 논리적 귀결이라 할 수 있다. 이렇게 볼 때 진과 속이라는 개념은 불교라는 가르침의 처음과 끝을 포괄적으로 담을 수 있는 유효한 틀이 될 수 있다고 생각한다. 동시에 진과 속이라는 틀을 통해서 볼 때 불교를 전체적으로 조망하기가 쉬울 뿐 아니라, 불교가 담고 있는 다양한 사상 내용과 복잡한 변화과정을 전체의 맥락과 연관지으면서 간명하게 드러낼 수 있다고 생각한다. 필자가 진과 속이라는 틀을 통해서 불교를 이해하고 해석하는 까닭이 바로 여기에 있다.

1부에서는 왜 불교를 진과 속이라는 틀로 보려고 하는가, 그리고 그렇게 보는 것이 어떤 의미를 지니고 있는가, 또한 불교를 이렇게 보는 것이 가능하고 정당화될 수 있는가의 문제에 대해서 검토해 보고자 한다.

1장과 2장에서 진과 속이라는 개념이 인간의 양면성과 종교의 두 계기를 잘 대변해 줄 수 있는 유효한 틀이라는 사실을 밝힐 것이다.

3장과 4장에서 진속과 유사한 틀을 통해서 종교를 분석한 엘리아데와 아라키 겐고의 사례들에 대한 비교 연구를 통해서 진과 속의 틀로 불교를 조명하는 것이 유별난 시도가 아님을 드러낼 것이다.

5장에서는 불교의 사상 중 중관의 이제설 안에서 뚜렷이 제시되고 있는 진과 속의 틀에 대한 논의를 추출하여 그 의미를 살펴보고 그 틀로 불교 전체를 조명해 볼 수 있는 가능성에 대해서 타진해 볼 것이다.

2부에서는 불교사상의 다양한 전개와 내용을 진과 속이라는 틀을 통해서 선명하게 조망해 보고자 한다.

1장에서는 초기 불교의 기본적인 교리들을 진과 속의 틀로서 분석해 보고자 한다.

2장에서는, 내용적인 측면에서 볼 때 불교사상의 주요한 두 축을 이룬다고 볼 수 있는 여래장사상과 유식사상을 진과 속의 관점에서 특징과 차이점을 밝힐 것이다.

3장에서는 불교사상 안에서 진속의 문제를 어떻게 교리적으로 설명하는가에 관해서 『대승기신론』의 이문일심사상을 중심으로 고찰할 것이다.

4장에서는 유마경이 진이 속과 분리된 것이 아니라 속 가운데 있다는 사실을 역설적이고 감동적인 방식으로 깨우치는 경전임을 구체적으로 밝히고자 한다.

5장에서는 화엄경이 부처와 깨달음의 세계를 얘기하는 데 중점을 두는 경전임에도 불구하고 그 사상 내용에 있어서는 현실의 중생 개개인에 대한 관심과 배려가 일관되게 작용하고 있다는 사실을 조명할 것이다.

6장에서는, 당면한 현실적인 괴로움을 스스로의 힘으로 극복하기가 어려운 근기가 낮은 중생의 입장에서 설해지고 행해지는 정토신앙에 대해서 살펴보고자 한다.

7장에서는, 세속의 언어를 부정하면서 곧바로 본래의 성품을 깨치겠다는 기치를 세운 선불교가 어떻게 일상의 삶을 절대적으로 긍정하게 되는가 하는 변화과정을 진과 속의 관점에서 설명해 보고자 한다.

3부에서는 한국에서 불교가 전래한 후 전개해 나가는 전체적인 과정을 진과 속을 오가는 흐름으로 조명해 보고자 한다.

1장과 2장에서는 삼국시대 불교가 전래하고 토착화되어 점차 지평을 넓혀 대중화하는 과정을 진에서 속으로의 접근이라는 관점으로 조명해 보려고 한다.

3장에서는 통일신라시대 불교의 대중화를 바탕으로 불교의 진면목을 추구하는 노력이 교학의 발전으로 어떻게 꽃을 피웠는가 하는 것을 밝히려고 한다. 구체적으로는 원측과 의상 그리고 원효가 구축한 사상의 내용을 자세히 구명하면서 그 속에 담겨 있는 진과 속의 문제에 대한 깊은 사고의 내용과 진과 속을 융합하고자 하는 구체적인 노력들에 대해서 논의할 것이다.

4장에서는 라말·여초에 선종이 전래한 후 점차 현실생활에 접근하려는 흐름에 대하여 간략하게 설명하고자 한다.

5장에서는 고려시대에 불교가 세속화하고 현실적으로 전개해 나가는 여러 양상들에 대해서 개괄적으로 논의할 것이다.

생각은 논리에 의해서 진행되고 언어에 의해서 표출된다. 논리와 언어는 사실을 명확하게 드러내는 역할을 수행하는 측면이 있지만, 한편으로 사실을 은폐하고 가리는 역할도 한다는 점을 결코 잊지 않는다. 그럼에도 불구하고 복잡하고 다양한 내용으로 인해서 불교를 난해하여 이해하기 어려운 것으로 생경하게 느끼고 멀리하는 생각과 태도를 지닌 사람에게 이 책이 불교를 이해하고 친근하게 느끼게 하는 조그마한 계기라도 되었으면 하고 바라는 마음이 있다.

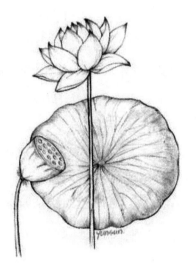

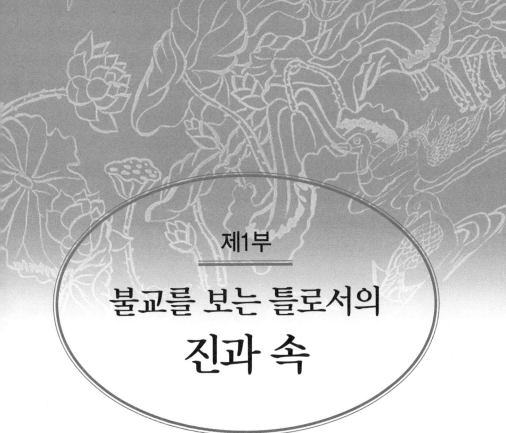

제1부

불교를 보는 틀로서의
진과 속

제1장

인간의 양면성

불교는 인간의 존재와 인간이 직면하고 있는 실존적 상황을 직시하여 인간이 당면하고 있는 가장 중요하고 절실한 문제를 불완전, 불만족의 함의를 지니는 괴로움이라고 파악한다. 그리고 이러한 괴로움의 문제에 대한 해결을 그 문제를 올바로 보고 정확히 이해하는 것으로부터 찾고 있다. 이는 마치 의사가 질병을 치료할 때 그 질병의 증상을 정확하게 관찰하고 진단함으로써 질병의 상태를 바르게 아는 데서 출발하는 것과 같다. 즉 문제가 있다면 그 문제가 어떻게 있는가를 분명하게 아는 것이 문제해결의 단초가 된다고 보는 것이 불교가 문제를 풀어 나가는 방식이다. 그런데 불교에는 모든 것이 어떻게 있는가를 밝혀주는 보편적 통찰이 있다. 그것은 바로 모든 것이 조건에 의해서 생겨난다고 하는 연기(緣起)의 법칙이다.

이것이 있음으로 말미암아 저것이 있고

이것이 생겨남으로 말미암아 저것이 생겨난다.

이것이 없으므로 저것이 없고

이것이 없어지면 저것도 없어진다.[1]

불교에서는 이처럼 무엇이 있는가라는 관점이 아니라 어떻게 있는가라는 관점으로부터 출발하는 것이 인간과 세상을 이해하는 더 바람직하고 더 올바른 접근법이라고 생각한다. 어떤 사람들은 존재에 대해서 보고 생각할 때, 그것을 누가 만들었는가라는 관점으로부터 보고 생각함으로써 창조자로서의 신을 상정한다. 또 어떤 사람들은 존재는 무엇으로 이루어져 있는가라는 관점에서 탐구하여, 그것의 바탕을 이루는 원소를 찾아낸다. 이러한 사고에는 세계가 '누군가가 만든 것'이라든가 '무엇으로부터 비롯된 것'이라고 보는 증명되지 않은 가정이 자리하고 있다. 붓다는 이러한 근거 없는 가정을 하지 않고서 존재하는 것은 어떻게 존재하는가의 관점에서 존재를 봄으로써, 연기라는 존재의 방식 내지 존재의 법칙을 찾아내었던 것이다. 모든 것이 존재하고 변화하는 방식에 대해서 있는 그대로 관찰하고 통찰을 통해서 확인해 본 결과 모든 것의 존재와 변화는 모두 조건에 의해서 비롯한다(緣起)라는 확신을 얻었다. 그리고 이러한 법칙은 붓다가 처음으로 만들어내거나 생각해 낸 것이 아니라 자신이 태어나기 전부터 있는 필연적 법칙인데 자신이 발견해 낸 것일 뿐이라고 말한다.[2]

연기(緣起)가 모든 것이 존재하는 보편적 존재방식이라고 볼 때, 인간이 시급히 해결해야 할 당면한 문제로서의 괴로움 역시 연기의 방식으로 있는 것이 분명하다. 괴로움이라는 증상과 상태가 있다면 그것이 아무런 이유 없이 있는 것이 아니라, 그렇게 있게 하는 조건과 원인에 말미암아 있다는 것이 문제를 풀어가는 방향키가 된다. 불교는 인간의 괴로움을 발생시키고 있게 하는 원인이나 조건을 인간의 밖 다른 곳에서 찾는 것이 아니라 인간의 안에서 찾는다. "무엇이든 그 자신이 생겨남의 원인이며 그 자신이 소멸의 원인이다"[3]라는 말은 이 점을 명확히 한 것이다. 그리하여 인간 자신의 의도적 행위(業)가 인간의 모든 문제를 발생시키는 원인이며 또한 인간 자신의 행위를 통해서만 문제의 해결이 가능하다고 생각한다. 이처럼 자신의 행위가 모든 것을 결정한다고 보는 행위결정론은 문제의 원인을 신이나 숙명 등 자신의 외부에서 찾지도 않고, 그렇다고 유전자와 같이 태어나면서부터 결정된 것에서 그 원인을 찾지도 않는다는 점에서 그 이전의 사상과 확실히 구별되는 불교적 통찰이다.

그런데 당면하고 있는 괴로움을 발생시키는 원인도 인간 자신의 행위에서 찾고 괴로움을 소멸할 수 있는 처방도 인간 자신의 행위에서 찾는 것이 일견 모순되는 것처럼 보일 수 있다. 그러나 인간의 행위가 한결같지 않고 때와 장소 및 사람에 따라서 복잡하고 다양한 방식으로 나타난다는 사실을 상기할 필요가 있다. 인간은 때로는 본능적 욕망에 탐닉하고 현실적 이익을 억척스럽게 추구하기도 하고, 때로는 이와 반대로 자신의 잘못을 반성하고 참회하며 다른 사람을 위해서 헌신하는 행위도 한다. 불교의 기본적인 가르침인 인과응보론(因果應報論)에 따르면 좋은 행위는 좋은 결과를 낳고 나쁜 행위는 나쁜 결과를 낳는다고 한다. 인간은 나쁜 행위를 함으로써 결과적으로 괴로움을 야기하기도 하지만, 좋은 행위를 함으로써 괴로움을 소멸시키는 길을 가기도 한다.

이러한 인간 행위의 양면성을 고려하면 괴로움의 원인과 해결책을 다 같이 인간의 행위에서 찾는 것이 결코 모순이 아님을 알 수 있다. 오히려 문제의 원인을 정확히 밝히고 문제를 일으키는 원인을 제거함으로써 그 문제를 소멸하고자 하는 것은 너무도 당연한 논리적 귀결이라할 수 있다.

불교의 핵심을 이루는 네 가지 고귀한 가르침(四聖諦)은 바로 이것을 명확히 천명한 것이다. 괴로움이 있고(苦聖諦) 괴로움의 원인이 있으며(集聖諦), 괴로움의 소멸이 있고(滅聖諦) 괴로움의 소멸에 이르는 길이 있다(道聖諦)고 하는 것이 바로 그것이다. 여기에서 괴로움의 원인과 괴로움의 소멸에 이르는 길이 모두 인간의 행위 안에 있는 것으로 밝히고 있는데, 이는 동일한 인간이 실제로 이처럼 서로 다른 행위를 하고 있다는 사실을 경험할 수 있고 또 양면적으로 행동할 수 있는 가능성이 있다는 사실을 추론을 통해서 알 수 있기 때문이다.

이처럼 한 인간 안에서 양면적 행위가 이루어지고 있고 행위의 가능성에도 양면성이 있다는 사실에 주목하는 불교적 사고는 인간의 본성을 추구해서 인간을 본질적으로 선한 존재로 규정하거나 아니면 본질적으로 악한 존재로 규정하는 것과는 근본적으로 다르다. 또한 인간 자체에 본질적으로 악한 사람과 본질적으로 선한 사람이 따로 있다고 보는 사고와도 결코 같지 않다.

불교는 인간이나 세상을 볼 때 어떤 경우에도 변치 않는 고유한 본질적 특성을 인정하지 않는 무아론(無我論)의 입장을 확고하게 견지한다. 불교 무아론은 불교를 다른 사상과 구별하게 만드는 핵심적인 사상이라고 볼 수 있다. 따라서 불교는 어떤 경우에도 원인과 조건에 말미암는 것으로 설명할 뿐 그것을 결코 본질적인 것으로 다루지 않는다. 인간 행위의 문제도 본질적인 차원에서 논의하지 않기 때문에 서로 모순적일 수 있는 행위와 그 가능성을 동일한 인간 안의 문제로 다룰 수 있는 것이다.

또한 불교는 현상적으로 드러나는 인간의 차이는 인정하지만 그것이 인간의 본질적 차이에 기인하는 것이라는 데는 결코 동의하지 않는다. 불교가 행위에 의해서 인간의 존재와 변화가 달라진다고 말하는 것은 모든 인간에게 공통적으로 통용되는 것이지 특정한 사람에게만 적용되는 것은 아니다. 어디까지나 불교는 모든 인간을 평등하게 보고 대하는 입장에 서서 논의를 전개해 나갈 뿐 인간들 사이의 차별을 정당화하거나 뒷받침하는 논의에는 결코 동조하지 않는다.

이상에서 논의한 바와 같이 불교는 인간 행위의 양면성에 기초해서 괴로움의 원인과 괴로움의 소멸에 이르는 길이 모두 자신의 행위 안에 있는 것으로 밝히고 있다. 괴로움의 원인이 되는 행위는 주로 탐욕(貪), 분노(瞋), 어리석음(癡)이라는 해로움을 야기하는 세 가지 독(毒)에 기인한다고 말한다. 괴로움의 소멸에 이르는 길로 제시하는 것은 올바른 이해(正見), 올바른 생각(正思惟), 올바른 말(正語), 올바른 행위(正業), 올바른 삶(正命), 올바른 노력(正精進), 올바른 통찰(正念), 올바른 집중(正定)이라고 하는 여덟 가지 올바른 길(八正道)이다. 여기서 괴로움을 일으키는 근본적인 원인으로 지목되고 있는 탐욕(貪), 분노(瞋), 어리석음(癡)이라는 세 가지 독은 모두 인간 마음의 상태에 해당하는 것이다. 결국 마음이 바람직하지 않은 상태에 있을 때 괴로움이 발생한다고 보는 것이 불교의 괴로움에 관한 통찰이라고 할 수 있다. 또한 불교가 괴로움의 소멸에 이르는 방법으로 제시한 여덟 가지 올바른 길은 모두 인간 삶의 과정 속에 있는 것으로서 몸과 말과 마음을 가다듬어 정화시키고 개발하는 생활태도를 지칭하는 것이다. 그런데 몸과 말을 가다듬어 바르게 하는 것은 마음을 바르게 하는 것에 말미암는 것이다. 결국 불교가 괴로움을 소멸하는 방법으로 제시하고 있는 팔정도의 핵심은 자기 마음의 정화라고 할 수 있다. 행위의 바탕에는 마음이 자리하고 있기 때문에, 인간 행위의 양면성은 결국 행위를 일으키는 마음의 양면성에 말미암는 것이라고 할 수 있다. 이렇게 볼 때 불교가 괴로움의 문제를 해결하는 방식으로 제시하고 있는 해답은 바람직하지 않은 마음의 상태로 말미암아 괴로움이 일어나기 때문에 그 마음을 정화하는 것에 의해서 괴로움을 소멸할 수 있다고 하는 것임을 알 수 있다.

이상에서 인간의 양면성을 논의하는 가운데서 괴로움을 일으키는 원인 행위를 함으로써 괴로움에 신음하고 있는 인간의 현실적 모습은 속(俗)으로 규정할 수 있고, 괴로움을 일으키는 원인을 제거하는 행위를 함으로써 괴로움을 소멸시켜 나가는 인간의 모습은 진(眞)으로 규정할 수 있을 것이다. 인간의 마음과 행위는 때로는 속에 머무르기도 하고 때로는 진을 지향하기도 하면서 끊임없이 진과 속을 오가는 방식으로 표출된다. 그런 점에서 진과 속이라는 개념은 인간의 양면성을 특징적으로 설명하고 드러낼 수 있을 뿐 아니라, 인간의 변화하는 모습을 총체적으로 조명하고 이해할 수 있는 유효한 틀이 될 수 있다고 생각한다.

제2장

종교의 두 계기

종교는 여러 가지 문제를 안고 있는 현실세계와는 전혀 다른 이상적인 세계가 있다는 것을 말하고 약속하며 그러한 세계를 지향하도록 인간을 설득하고 권유한다. 종교에서 우선적으로 역점을 두는 것은 현실세계는 문제가 많고 부족한 점이 많으니 그 세계에 그대로 머물러 있어서는 안 된다는 것을 강조하는 것이다. 그 다음에 종교는 인간의 노력과 삶의 태도 전환에 의해서 현실세계와는 다른 세계에 도달할 수 있고 도달하는 길이 있음을 확인시켜 주기 위해 노력한다. 뒤르켐(E. Durkheim)은 종교를 성스러운 것에 대한 믿음과 의식의 체계라고 보았다.[1] 성스러운 것의 일차적인 의미는 속된 것과 대조를 이룬다는 것이다.[2] 이에 의하면 종교에는 성스러운 것(sacred)과 세속적인 것(profane)의 구분이 필연적으로 수반되는 것이고, 종교라고 말할 수 있는 최소한의 요건은 성스러운 것에 대한 인정이며, 성스러운 것에 대한 추구 내지는 체험이 종교의 본질을 이루는 셈이 된다.

이와 같이 속세와는 다른 성스러운 세계가 따로 있으니 속세를 떠나 성스러운 세계로 오라고 하는 종교의 설득에 많은 사람들이 귀 기울이고 마음이 움직이는 것은 그러한 세계를 바라는 마음이 인간에게 내재하고 있기 때문이다. 인간이 꿈꾸는 이상적인 세계는 자신이 현실에서 겪는 문제와 불만족이 모두 해결된 모습으로 그릴 것이다. 그렇기 때문에 인간이 이상적인 세계를 제시하는 종교에 대해서 자신의 현실적 문제를 해결해 줄 수 있을 것이라는 기대를 갖는 것은 너무도 당연하다. 그러므로 종교는 인간의 이러한 기대와 꿈에 대해서 어떻게든 답을 제시해 주려고 노력하지 않을 수 없다.

종교가 제시하는 해답에는 두 가지 다른 방향에서의 설명이 뒷받침되어야 한다. 하나는 불만족스러운 현실세계가 어떤 방식으로 존재하고 어떻게 해서 있게 되었느냐 하는 것에 대한 설명이다. 그 다음에는 현실과 다른 이상세계에 도달할 수 있는 있는 가능성이 있는가, 그리고 어떻게 하면 그 꿈을 실현할 수 있는가 하는 것에 대한 설명이다. 이 두 가지를 설명하기 위해서는 성과 속을 따로 떼어서 논의할 수가 없고 성과 속의 상호관계 속에서 논의할 수밖에 없다. 그런 점에서 종교사상은 그 자체 안에서 성과 속의 문제를 포괄적으로 다루지 않을 수 없게 되는 것이다.

종교는 인간을 대상으로 하고 인간의 공감과 참여를 바탕으로 존립하게 된다. 종교가 인간의 공감과 참여를 이끌어내지 못하는 경우 그 종교는 인간으로부터 외면을 당할 수밖에 없다. 그런데 인간에게는 양면성이 존재한다. 자연적인 본능에 따르고 세속적 가치를 추구하는 속된 모습과 성스러움을 추구하고 성스러운 세계를 체험하고자 노력하는 성스러운 모습이다. 종교는 이러한 두 가지 모순되는 모습을 함께 보듬고 가야 한다. 종교가 성스러운 것만 강조하게 되면 인간은 종교를 자신과 관계가 없는 먼 것으로 생각하고 멀리할 가능성이 있다. 그렇다고 해서 종교가 인간의 속된 모습을 그대로 용인하고 거기에 영합하게 되면 인간은 종교의 필요성을 느끼지 못해서 종교를 떠나게 될 것이다.

따라서 현실 속에서 종교가 살아 있는 것으로 자리 잡기 위해서는 종교 안에 성스러운 것과 세속적인 것의 두 요소를 공통적으로 갖추고 있어야 한다. 상반되는 듯이 보이는 이 두 요소 중 어느 하나라도 결하게 되면 현실적으로 종교는 성립하기 어렵다. 성스러운 것은 종교에 불변의 지향과 생명력을 부여하고, 세속적인 것은 종교가 현실사회에 자리 잡을 수 있는 여러 조건들을 마련해 준다. 그러므로 성스러운 것이 없으면 종교는 세속에 매몰되어 버림으로써 종교의 존재이유와 정향을 상실하게 되고 세속의 변화에 따라 흥망성쇠를 거듭하게 된다. 세속적인 것을 무시하면 종교는 자신의 존재근거(신도, 조직, 물질적 기반, 생활 등)까지도 부정하게 되는 결과를 낳음으로써 현실에 자리 잡을 수 없게 된다. 그러므로 종교가 현실적으로 기능하면서도 생명력 있는 것이 되기 위해서는, 이 두 요소를 아우르면서 한편으로 구분하고 한편으로 결합시키는 노력을 계속하지 않을 수 없다. 이 양자를 어떻게 구분하고 결합하느냐에 따라서 또는 어느 쪽에 더 비중을 두느냐에 따라서 종교의 성격과 그 전개 양상이 달라진다고 할 수 있다.

이상과 같이 종교는 성스러움의 추구를 본령으로 하고 있지만 현실 속에서 자리 잡고 영역을 확장해 나가야 한다는 서로 모순되는 것 같은 두 역할을 동시에 수행해야 한다. 종교에서의 구원론은 성스러움을 강조하고 지향하게 함으로써 사람들에게 영감과 매력을 줄 수 있다. 헌금이나 보시 등은 종교활동을 현실에서 유지하고 지속하게 만드는 구체적인 원동력으로 작용한다. 따라서 종교는 구원론을 통해서 사람들의 동참을 이끌어내고, 헌금이나 보시 등을 통해서 종교 조직의 유지와 활동에 필요한 현실적 원동력을 확보해야 한다. 이 두 가지 역할을 동시에 수행하기 위해서는 양자가 모순되는 것이 아니라 상호 보완적인 것이거나 같은 것이라는 정당화 작업이 필요하다. 헌금이나 보시가 성스러움의 추구와 밀접하게 관련되어 있음을 교리체계 안에서 논리적으로 정당화하는 작업은 현실에서 존재하는 종교의 자기모순을 해소하기 위해서도 필요하고 신도를 설득하기 위해서도 꼭 필요한 일이다. 일견 모순되는 성스러운 것과 세속적인 것을 결합해야 할 필요성은 비단 헌금이나 보시 등의 문제뿐 아니라 국가권력과의 관계나 신도의 조직과 운영 및 종교의식을 거행하고 종교행위를 하는 장소와 건물을 마련하고 장식하는 일 등의 여러 가지 문제에 있어서도 동일하게 요청되는 작업이다.

서로 모순되는 것 같은 특성으로 규정된 성과 속 사이에 존재하는 모순성을 제거하는 작업은 대체로 이상에서 예로 든 것과 같은 속된 일에 종교적인 의미를 부여하거나 이러한 속된 일을 하는 것이 곧 성스러운 일이라고 의미를 규정함으로써 성과 속을 일치시키는 방식으로 이루어진다. 이 중에서 속 가운데 성이 있다고 하거나 속 가운데 성이 나타난다고 하는 방식으로 속에 성의 의미를 부여하는 것은 성과 속의 분리는 여전히 유지하면서도 양자 사이에 존재하는 모순점을 해소할 수 있는 효율적인 방법이지만, 모순을 완벽하게 해소하는 데까지 미치지 못하는 문제점이 있다. 한편 성과 속을 완전히 일치시키게 되는 경우에는 양자 사이의 모순을 철저히 제거하는 데는 성공적일 수 있지만, 성과 속의 분리를 전제하고 요청되는 종교의 필요성 자체를 약화시킬 우려가 있다.

이상에서 논의한 바와 같이 종교는 성과 속의 분리를 전제로 하고 출발하는 것이지만, 그것이 현실에 뿌리를 내리고 영역을 확장해 가기 위해서는 세속적인 것을 종교 안에 받아들이거나 세속적인 것과 결합하지 않으면 안 되는 이율배반적인 상황에 직면할 수밖에 없다. 그렇기 때문에 때로는 성스러운 것을 강조함으로써 세속과의 거리를 확보하기도 하고, 때로는 적극적으로 세속에 다가감으로써 세속의 현실 속에서 구체적인 힘을 발휘하기도 한다. 이처럼 한편으로는 성스러움을 지향해야 하고 한편으로는 세속에 다가가야 하는 두 가지 서로 다른 계기 사이에서 종교의 교리와 전개 양상이 어떻게 변화하는지를 살펴보는 작업은 종교를 전체적으로 이해하는 효율적인 틀이 될 수 있다고 생각한다.

관경변상도의 연화 화생 부분

출처 : 사찰 장식 그 빛나는 상징의 세계

제3장

엘리아데의 성과 속

엘리아데(Mircea Eliade)는 성과 속이라는 범주를 가지고 종교현상을 설명한 대표적인 사람이다. 엘리아데는 "종교란 무엇인가?"와 같은 종교의 본질에 관한 질문을 하는 대신에 종교적 태도와 현상들이 어떤 방식으로 나타나는가에 대해서 분석하는 일에 전념하였다. 엘리아데는 성(聖, the Sacred)과 속(俗, the Profane)이라고 하는 범주를 가지고 세계 안에 존재하는 것들을 두 가지 존재양식으로 구분하여 설명한다. 이러한 존재양식을 시간과 공간 그리고 자연뿐만 아니라 인간의 살아가는 양식에도 동일하게 적용한다. 그래서 성과 속이라는 개념을 인간이 경험하는 공간이나 시간 및 자연에 대한 종교적 경험뿐 아니라 인간의 삶과 문화를 전체적으로 잘 설명해 줄 수 있는 범주로 활용한다. 그는 성스러운 것을 세속적인 것과는 기본적으로 전혀 다른 것으로서 상호 대조를 이루는 것으로 정의한다. 그리고 성과 속의 대조가 시간과 공간 및 자연과 더불어 인간의 삶 속에서 어떻게 대조되며 교섭하는가를 설명한다.

엘리아데는 인간이 종교적 경험 속에서 질적으로 서로 다른 공간에 대한 체험을 한다고 말한다. 하나는 창조적 힘이 있고 의미가 깊은 성스러운 공간에 대한 체험이고, 다른 하나는 일정한 구조와 일관성이 없이 단순히 공간적 균질성과 상대성에 머무는 그 밖의 성스럽지 않은 다른 공간에 대한 체험이다. 이 두 공간은 처음부터 다른 세계에 존재하고 영원히 단절된 방식으로 존재하는 것이 아니다. 양자의 차이를 발생시키는 계기는 성스럽지 않은 것 가운데 성스러운 것이 스스로를 나타내 보여주는 성현(聖顯)이라는 것이다.

창세기에는 야곱이 꿈속에서 하나님의 음성을 들음에 의해서 베델이라는 장소가 주위로부터 분리되고 질적으로 완전히 다른 성스러운 장소로 바뀌는 경험에 대한 얘기가 나온다.[1] 그냥 평범한 공간으로서 성스럽지 않은 공간이 어떤 성스러운 것이 나타나는 것에 의해서 완전히 다른 공간으로 새롭게 탄생하게 된다고 말한다. 성스러운 것의 현현에 의해서 아무런 목표도 없고 방향성도 없는 공간이 세계의 중심으로서의 의미를 갖게 됨으로써 하나의 존재양식에서부터 다른 존재양식으로 가는 존재론적 이행이 가능하게 된다는 것이다. 여기서 존재론적으로 완전히 다른 위상을 가지고 있는 속이 정반대의 성으로 위상을 달리하게 되는 변화는 역설적인 이행이라고 말할 수 있는 것이다.[2]

이제 성과 속을 어떠한 방식으로 결합시키는가 하는 것에 주목해 보자. 엘리아데가 밝히고 있는 속으로부터 성으로의 존재론적인 이행은 성스러운 것이 속 가운데 현현함에 의해서만 가능하다고 하는 것이므로 일정한 방향성을 지닌다. 성과 속의 결합은 성스러운 것이 아래로 내려와 세속 가운데 자신을 드러냄으로써 가능한 것이지, 동시적으로 존재하는 것이 서로 만난다거나 속의 승화를 통해서 성에 이르는 방식이 아니다. 인간이 자신의 노력을 통해서 공간을 정화할 수 있고 그렇게 해서 속으로부터 성으로의 존재론적 이행이 가능하다고 말하는 것이 결코 아니다. 속에 머무르면서도 성을 지향하는 인간은 다만 성스러운 것의 계시에 따른 성스러운 공간을 체험함으로 인해서 중심을 잡고 방향성을 찾아서 새로운 세계를 발견하고 창조하는 삶을 살아가게 된다고 설명한다.[3]

시간의 경우도 종교적 경험 속에서 체험하는 공간의 경우와 마찬가지로 단순히 균질적이며 연속적인 것이 아니다. 성스러운 시간과 일상적인 시간 사이에는 연속성의 단절이 존재한다. 신들에 의해서 성화되고 축제에 의해서 재현되는 성스러운 시간은 그 전후의 시간지속과 아무런 공통점을 갖지 않는 전혀 다른 구조와 기원을 가진 시간이다. 인간이 종교적 제의나 축제 또는 신화를 재현함으로써 신화 속의 신을 모방하는 경우에 체험하는 성스러운 시간은 단순하게 연속적으로 흘러가 버리는 속된 시간과는 달리 기원의 시간 내지 창조의 시간이라는 의미를 지닌다. 이러한 성스러운 시간을 체험한 종교적 인간은 역사적인 현재에만 사는 것을 거부하고 어떤 점에서는 영원성과 동일시될 수 있는 성스러운 시간을 획득하려고 노력하게 된다는 것이다.[4]

엘리아데는 세계와 자연의 모든 것들 속에는 다 성스러운 것이 현현되어 있다고 본다. 세계는 신의 뜻에 따라 만들어진 신의 창조물이기 때문에, 신의 피조물로서 자신 안에 간직하고 있는 성스러운 것의 여러 양상을 계시한다는 것이다. 하늘은 그 존재양식에 의해서 직접적이고 자연스럽게 신의 초월성과 힘 그리고 영원성을 계시한다. 물은 일체의 존재 가능성의 원천이자 저장고로서 창조와 정화 등의 신성성을 계시한다. 대지가 갖는 신성성은 출산의 힘과 수확의 풍요로움을 계시해 준다. 나무를 통해서는 생명, 청춘, 불사의 신비가 계시된다. 돌은 견고함과 지속성이라는 특성을 통해서 성스러운 것의 불변성과 절대성을 계시한다. 태양은 자율성과 힘 그리고 왕권과 지혜 등의 성스러운 가치를 나타낸다. 달은 죽음이 삶과 불가분리의 관계로 결합되어 있다는 사실과 죽음이 끝이 아니며 새로운 탄생이 뒤따른다는 사실을 계시한다. 앞서 성과 속이 결합하는 방식으로 언급하였던 정반대의 존재양식으로의 역설적인 이행 또는 반대의 일치라는 관념은 달의 상징을 통해서 발견되거나 명료하게 된 것이라고 할 수 있다.[5]

여기서 "이 세계 안에 본래부터 성스러움이 현현되어 있다"라고 하는 말을 "이 세계 자체가 그대로 성스러운 것이다"라는 말과는 구분해야 한다. 만약 후자의 의미로 해석하게 되면 이 세계는 범신론적이 되는데 이 경우에는 세속적인 것이 원래의 성스러운 것으로부터 차별화될 수가 없게 된다. 그래서 엘리아데는 어디까지나 세계에 대해서 성이 드러나는 그 무엇이라고 말할 뿐이지, 이 세계 자체가 성이라고는 결코 말하지 않는다. 이것을 보다 명확히 말하기 위해서 종교적 인간은 자연물 자체를 숭배하는 것이 아니라 자연물을 통해서 현현하는 성스러움을 숭배하는 것이라고 역설한다. 성스러운 돌과 나무는 돌과 나무로서 숭배되는 것이 아니고 그것이 성스러움의 나타남이기 때문에 숭배하는 것이며, 이 경우 돌과 나무는 이전의 돌과 나무와는 완전히 다른 어떤 것이라고 여러 곳에서 강조하고 있다.[6]

인간은 종교적 체험을 통해서 일상적인 공간과 시간 내지는 세계와는 다른 신성성을 이해할 수가 있다. 또한 인간 자신이 신의 창조물 가운데 하나이다. 따라서 세계 가운데서 인식하는 신성성을 자기 자신의 내부에서 발견할 수 있다. 그래서 단순히 생존의 지속이라는 실존적 삶의 폐쇄성을 벗어나 신성성의 일부를 공유하고 자신의 삶을 성화시킴으로써 이전의 세속적인 존재방식을 완전히 다른 것으로 바꾸어 스스로 새로운 존재를 창조해 나갈 수 있다. 엘리아데는 연금술사와 대장장이의 노력에 의해 과학기술의 진보가 이루어진 것이 중요한 것이 아니라, 자연 속에 파묻힌 무의식적 실존을 초월하여 세속적인 인간의 존재양식에 국한되지 않고 열린 실존으로 존재론적 이행을 할 수 있다는 점에서 인간의 탁월함을 인정했다.[7] 인간은 신성성이 현현되어 있는 세계로 자신을 개방하고 신성성을 체험적으로 자각하고 공유함으로써 이세계를 초월하여 자신의 삶에서 성스러움을 실현하고 세계를 성화시킬수가 있는 것이다. 이렇게 해서 삶의 존재방식이 완전히 다른 것으로 변한다고 할지라도 인간의 삶이 세속의 시간과 공간 내지 역사적 상황을 벗어난 존재로 달라지는 것은 아니다. 그것은 마치 성스러운 돌도 돌이나 나무와는 다른 것으로 되는 것이 아니라 여전히 돌과 나무임은 변하지 않는 것과 마찬가지다. 그래서 열린 실존이라고 부르고 있는 것이다.

이상에서 논의한 바와 같이 엘리아데는 인간의 종교적 체험을 통해서 공간과 시간 그리고 세계뿐만 아니라 인간 자신의 존재와 삶 속에서 기존의 일상적인 것과는 완전히 다른 신성성을 체험하고 인식한다고 말한다. 그리고 이러한 체험과 인식을 통해서 스스로의 존재와 삶의 방식을 존재론적으로 완전히 다른 성스러운 차원으로 초월적으로 이행할 수 있다고 설명하고 있다. 엘리아데는 성과 속이라는 틀을 가지고 성스러운 것과 세속적인 것의 분리를 전제로 하는 성스러움의 추구라는 종교의 본질과 종교적 인간으로의 재탄생을 당위적으로 역설하고 있다. 엘리아데가 성스러운 것의 현현이라는 방식으로 속에 신성성을 부여함으로써 성과 속을 존재론적으로 결합하고 있는 것은 성과 속을 관계 짓는 독특한 방식이라고 할 수 있는 것으로 앞으로 불교에서 진과 속을 어떤 방식으로 관계 짓고 있는가와 비교해서 살펴보게 되면 많은 시사점을 얻을 수 있을 것이라 생각한다.

보광사 대웅보전 외벽의 연화 화생도

출처 : 사찰 장식 그 빛나는 상징의 세계

제4장

아라키 겐고의 본래성과 현실성

아라키 겐고(荒木見悟)는 중국의 근세 사상사가 본래성과 현실성을 대립적으로 파악하면서 양자의 일치를 추구하는 양상으로 진행되었다고 파악한다. 아라키 겐고는 유교와 불교가 모두 '인간–세계' 존재의 본래적 기지(基地)를 확인하고자 한다는 점에서 공통적이라고 파악한다. 이른바 '본래성불(本來成佛)', '본래성인(本來聖人)' 등으로 일컬어지는 것이 '본래성'이라는 것이다. 본래성이라는 공통된 바탕 위에 서서 다양한 교학을 발생시킨 것이 '본래성의 자기 한정'이라는 의미에서 '현실성'이다.

아라키 겐고는 불교를 비판하고 불교를 부정적으로 초월, 극복하려고 하는 목적의식에 의해서 추동된 성리학이 불교와의 단절을 통해서가 아니라 불교와의 대결을 통해서 성립하게 되었다고 생각한다. 그리고 그 대결은 유교와 불교를 포괄하면서도 양자의 차이를 낳는 중국의 사상적 토양이 있기 때문에 성립할 수 있다고 말한다. 아라키 겐고는 송명 유학 및 그것과 대결하는 밀접한 관계에 있다고 생각되는 불교 사이를 관통하는 철학적 근본문제를 연구하면서 본래성과 현실성이라는 두 개념을 대비시킨다. 본래적인 것은 본래적이기 때문에 어떤 시점에서도 실재하지만 동시에 본래적인 까닭에 '현실적'인 것에 의해서 은폐될 위험이 없지 않다고 본다. 따라서 본래적인 것이 절실하게 추구되는 근저에는 현실적인 것에 대한 깊은 반성이 감추어져 있고, 현실적인 것에 대한 준엄한 비판에는 본래적인 것의 자기 표출이라는 성격이 담겨 있다고 보는 것이다. 아라키 겐고는 불교와 유교가 '본래성'이 인심에 내재하고 세계의 근저에 본래적인 것이 존재한다는 것에 대해서는 공통된 사고를 펼치지만, 본래적인 것을 드러내는 방식, 본래적인 것을 파악하는 방법, 본래성에 대한 반성 태도 등의 차이에 의해서 양자의 대립과 차이가 생겨나게 되었다고 설명한다.[1]

아라키 겐고가 대립적으로 파악하고 있는 본래성과 현실성이라는 개념의 근본적인 차이는 무엇이고 양자는 어떻게 관계를 맺고 있는지 알아보자. 본래성이란 시공을 초월하여 영원히 움직이지 않는 그 무엇을 의미하는 것이고, 현실성이란 역사라는 시간과 사회라는 공간의 제약에 의해서 다양한 형태로 변화하는 것을 의미한다. '거리에 가득한 사람 모두가 그대로 성인'이라고 한다면 본래적인 것과 현실적인 것의 대립은 처음부터 성립하지 않는다. 한편 역사와 사회의 구체적인 현실 속에 존재하는 인간들이 온통 욕망에 휩싸여 있다 하더라도 인간의 본래성이 실재한다는 사실은 결코 부정될 수 없다. 본래성은 역사와 사회적 현실과 주체적 인간의 여러 가지 근기(根機)에 따라서 다양한 형태로 한정된다. 본래성에 대치되는 현실성이란 어떤 형식이나 의미가 본래성으로부터 괴리되어 있는 것이라고 생각할 수 있지만 이러한 괴리는 본래성이 현실성을 통해 자기를 표현하는 것이자 현실성이 본래성을 통해 자기를 부정하는 것이라고 이해할 수 있다. 본래성과 현실성의 괴리 상태를 고찰하는 방식 그리고 그것을 극복하는 방향을 어떻게 제시하느냐에 따라서 여러 다양한 교학의 차이가 발생한다. 그렇지만 모든 교학이 다 같이 목표하는 바는 본래성과 현실성이 괴리된 상태를 벗어나서 양자가 하나로 일치된 상태를 목표로 하고 있다는 점이다. 현실적인 것으로서 다양하게 존재하는 세계나 인간에 대한 파악이 달라짐에 따라서 어떻게 본래적인 것과 일치시키느냐 하는 양태도 달라지는 것은 사실이지만, 본래적인 것의 실재를 인정하고 있다는 점에서의 공통된 토양은 결코 달라지는 것이 없다.[2]

아라키 겐고는 불교의 종파들 가운데서 '본래의 면목(面目)', '본래의 전지(田地)'를 파악할 것을 역설한 선종과 그 선종의 사상적 기반을 제공한 화엄학에 대해서 본래성과 현실성이라는 틀을 사용하여 본래성과 현실성을 어떻게 일치시켜 나가는지에 관하여 설명한다.

화엄경은 모든 경전 가운데서 최초로 설해진 경전이고 붓다가 깨달은 내용 즉 역사적, 사회적 현실이나 근기(根機)에 제약함이 없이 실상 그대로인 절대지의 경지를 드러내고 있기 때문에 가장 시원적이고 본래적인 교설로서 모든 경전의 본원적 근거가 된다고 말할 수 있다. 화엄의 교법은 공간적 제약으로서의 설처(說處), 시간적 제약으로서의 설시(說時) 및 설해지는 대상으로서의 대기(對機)에 의해 한정되지 않는다. 설처(說處), 설시(說時), 대기(對機)가 현실의 한 점에 교착되어 있지 않다고 해서 모든 것이 지상으로부터 단절되고 있는 것은 아니다. 오히려 때와 장소 그리고 대상과 관계없이 모든 곳에서 누구나 자연스럽게 들을 수 있는 것이다. 이러한 사실을 통해서 화엄경이 교법의 보편성과 여실성(如實性)을 간직한 경전으로서 본래성에 가장 충실한 경전임을 알 수 있다.

> 비유하자면 해와 달이 세간에 나타나면 깊은 산과 깊은 골짜기까지 두루 비추지 않음이 없는 것과 같다. 여래의 지혜가 해와 달 같음도 이와 같다. 두루 일체를 비추어 명료하지 않은 것이 없다. 다만 중생은 희망과 선근(善根)이 똑같지가 않다. 그러므로 여래의 지혜광명은 종(種)에 따라 다르게 나타난다.[3]

여기에서 알 수 있는 것은 본래적인 것과 비본래적인 것의 괴리가 본래적인 것을 거부하거나 그 이해가 철저하지 못한 곳에서 생겨나지만, 비본래적인 것이 본래적인 것 없이는 성립할 수 없다는 사실이다. 이처럼 다양한 기근(機根)과 교법이 함께 존재하면서 끝없이 대립하고 장애하는 현실적인 모습을 화엄은 남김없이 반영하여 포섭하고자 한다. 화엄은 중생의 기근과 사물이 지닌 개별적인 존재의 빛을 소멸시키려 한 것이 아니라, 존재의 모습을 철저히 파헤침으로써 타자와의 관련 속에서 자재무애(自在無碍)하게 존재하는 모습을 밝힘으로써 개별적인 존재를 포섭하고자 한다.[4] 이것이 바로 화엄의 사사무애(事事無碍)의 논리이다. 개성을 지닌 사상(事相)들이 동시에 존재할 수 있는 것은 만사만물이 인연의 화합으로 생겨난 무자성(無自性)의 것으로서 자신을 부정하면서 타자와 연결되고 타자와 연결되면서 자신을 보존하는 구조를 지니기 때문이라는 것이다. 하나의 사(事)가 아무리 자립을 주장한다 할지라도 다른 모든 사를 손상시키는 일이 없고, 모든 사가 아무리 하나의 사를 은폐하더라도 그 하나의 사를 죽이는 일이 없다. 그러므로 법계의 차별적 만상은 공간적으로나 시간적으로 서로 인(因)이 되고 연(緣)이 되고, 서로 주(主)가 되고 반(伴)이 되며, 서로 포섭하고 포섭된다. 그리하여 하나가 곧 전체이고 전체가 곧 하나인 혼융무애(混融無礙), 융통자재(融通自在)한 관계를 이룬다는 것이다.

이와 같은 사사무애의 논리에 의하여 화엄은 현실성과 본래성을 하나로 일치시키고, 중생성과 불성 사이에 미세한 차이도 두지 않고서 양자를 동시에 긍정할 수 있게 한다. 중생은 본래 불(佛)이기 때문에 그 내훈습력(內熏習力)에 의해서 중생임을 자각하고 불이 되고자 하는데, 그 내훈습력은 본래 중생성인 불성이 대비감응력(大悲感應力)에 의해 중생계에 몸을 나타내어 중생을 끌어안는다. 그러므로 중생이 불로 되고자 하는 것과 불이 중생이고자 하는 것은 동일한 사태이며, 이 대응이 일어나는 곳은 본래성과 현실성이 가장 역동적으로 관계하는 중생심이라는 것이다.[5] 이것이 바로 화엄의 심불중생(心佛衆生), 삼무차별(三無差別) 사상이다.

선종은 본래면목을 직시함으로써 깨달음을 얻는 것 즉 본래성을 자각(見性成佛)하는 것을 자종의 가장 핵심적인 기치로 내세우는 불교의 종파이다. 본래면목을 직시하기 위해서는 모름지기 마음을 맑게 하고 정신을 가라앉혀야 한다. 마음의 고요함과 안정을 위해서 정좌하는 것이 효과적인 방법이기는 하지만 반드시 세속의 일상적인 삶을 떠나서 단절한 상태로 정좌해야만 깨달음이 가능한 것은 아니다. 앉아 있든 길을 가든 상관없이 평안함을 유지하면 가능한 것이다. 대혜종고(大慧宗杲)는 세간의 부산스러움과 고민과 번뇌가 있는 중생의 일용 한가운데서 본래면목을 더 철저하게 구할 수 있다고 생각했다. "불법은 원래 다만 중생의 일용 속에 있을 뿐이다. 밝고 빛나서 털끝만큼의 간극도 없다."[6]라는 말을 통해서 세간상을 떠난 실상이란 없다는 뜻을 전하고 있다. 종고는 깨달음을 얻을 수 있는 주체가 따로 있는 것이 아니고 범부중생 모두가 깨달음의 주체가 될 수 있다는 사실을 역설한다. 중생에게 본래 각성(覺性)이 있음이 마치 거울에 밝은 본성이 있는 것과 같기 때문이다. 또한 깨달음을 얻을 수 있는 시간이나 공간이 따로 존재하는 것도 아니다. 일상적인 생활 속에서 당면하고 있는 '지금-여기'가 바로 깨달음을 이룰 수 있는 당처(當處)이다.

> 만일 일용을 벗어나 별도로 추구함이 있다면 그것은 곧 물결을 벗어나 물을 구하고 그릇을 벗어나 쇠를 구함과 같아서 구하면 구할수록 더 멀어진다.[7]

이처럼 종고는 "세간법이 곧 불법"이라거나 "정치와 산업은 모두 정리(正理)를 따르므로 실상(實相)과 위배되지 않는다"고 하여 깨달음의 장을 엄밀하게 세속계에 상즉(相即)시키면서 세속계를 벗어난 현묘한 층을 따로 세우지 않았다.[8] 이것은 모두 깨달음이라는 본래성을 현실적인 중생의 일상성 속에서 구하는 모습이라 할 수 있다. 선종에서 깨달은 도인의 모습을 "배고프면 먹고 졸리면 잔다"고 하는 것처럼[9] 자연스럽게 평범한 일상을 살아가는 모습으로 그리고 있는 것도 이러한 맥락 속에서 이해할 수 있다.

이상에서 살핀 바와 같이 아라키 겐고는, 붓다의 깨달음을 실상 그대로 전하는 화엄경은 본래성에 가장 충실한 경전이라고 할 수 있는데, 사사무애를 설함으로써 현실에 존재하는 개개의 존재들을 절대적으로 긍정하면서 포섭하는 방식은 본래성에 머무르지 않고 현실성과 결합하는 모습으로 이해할 수 있다고 한다. 또한 본래면목을 직시할 것을 기치로 내세운 선종이 세속의 일상생활 가운데 도가 있다고 설법하게 되는 것도 본래성과 일상성의 일치라는 방식으로 설명할 수 있다는 것이다.

아라키 겐고의 이러한 이해방식은 불교사상의 다양한 전개를 설명하는 데도 매우 유효한 틀이 될 수 있다고 생각한다. 유마경이 "속 가운데서 진이 있다"고 말함으로써 진과 속을 일치시키는 것도 이러한 맥락에서 이해할 수 있다. 또한 타력 의존적 신앙으로 출발한 정토신앙이 그 내용에 있어서 자신의 마음을 정화하는 것을 강조하는 자력 수행적 방향으로 전개하는 모습도 같은 맥락에서 이해할 수 있다. 아무튼 본래성과 현실성이라는 틀은 불교사상을 간결하고 특징적으로 설명해 줄 수 있는 설득력 있는 이해방식이라고 생각한다.

통도사 금강계단 석등의 연꽃과 인물상

출처 : 사찰 장식 그 빛나는 상징의 세계

제5장

중관의 이제설

붓다의 핵심적인 가르침을 명확하게 확인시켜 줌으로써 대승불교를 체계적으로 확립한 용수(龍樹, Ngrjuna)는 붓다의 가르침을 설하는 방식에 두 가지가 있다고 말하고, 이 두 가지 진리의 차이를 이해하지 못하는 사람은 붓다가 설한 교법의 깊은 뜻을 이해할 수 없다고 말한다.[1] 그 두 가지는 세간에서 일상적 관점에서 통용되는 진리인 세속제(世俗諦, saṁvṛti-satya)와 최고의 뜻을 드러내는 궁극적 진리로서의 제일의제(第一義諦, paramrtha-satya)이다.[2] 제일의제는 가장 뛰어난 진리라는 의미에서 승의제(勝義諦)라고도 하고 진실한 가르침이라는 뜻으로 진제(眞諦)라고도 한다.

여러 가지 인연으로 생겨난(衆因緣生) 모든 것을 우리는 공(空)하다고 말한다.

그것은 임시로 시설된 것(假名)이며 이것은 또한 중도(中道)이다.

어떤 존재도 인연(因緣)으로 생겨나지 않는 것은 없다.

그러므로 어떠한 존재도 공하지 않은 것이 없다.[3]

이상과 같이 용수는 붓다 가르침의 핵심이라 할 수 있는 연기(緣起)를 모든 것의 공(空, sunyata)함을 밝히는 교설이라고 역설한다. 그러자 모든 존재에 변치 않는 본질로서의 자성이 있음을 주장하는 자성론자(自性論者)들이 공이라는 말에 집착하여 공을 허무로 오해하게 됨으로써, 일체가 공하다고 하면 현실에서 이루어지는 모든 것이 허무하게 될 것이라고 공격을 하게 된다. 그들은 일체가 공하다면 괴로움을 인식하고 그것을 제거하기 위해서 노력하는 삶의 모습을 가르치는 사성제도 성립되지 않는다고 비난한다. 사성제가 성립하지 않기 때문에 고(苦)의 원인과 고(苦)를 소멸하기 위한 어떤 수행도 할 수 없으며, 4향(四向)과 4과(四果)의 노력과 수행계위도 성립할 수 없다고 한다. 이처럼 붓다의 가장 기본적인 가르침을 부정하는 것은 법보를 부정하는 것이고 이는 삼보 전체의 부정으로 이어진다. 무엇보다도 연기의 법칙에 입각한 인과 역시 부정하게 됨으로써 행위에 따른 죄와 복을 부정하게 되고 결과적으로 착한 의지와 노력의 근거까지 빼앗아 버리는 결과를 낳게 된다. 이렇게 되면 모든 것이 우연의 소치라고 하는 무인무연론(無因無緣論)과 같은 것이 되어 어떻게 행위하며 살아가야 하는지에 관한 도리로서 윤리의 성립근거를 파괴하는 것이므로 결과적으로 사회 전체의 파괴를 가져올 것이 틀림없다.

이와 같이 공에 대한 오해와 공격은 심각한 결과를 초래할 것이기 때문에 용수는 이를 바로잡기 위해서 이제설(二諦說)로 답한 것이다. 용수는 이제설에 의해서 모든 것의 진실한 실상의 모습을 있는 그대로 통찰하라고 하는 가르침인 승의제와, 세속의 일상적 언어에 의해서 방편적으로 설해지는 가르침인 세속제를 적용 범주가 다른 차원의 가르침으로서 분명하게 차별화한다. 승의제가 진실된 가르침으로서 모든 것의 공성을 통찰하여 집착하지 말 것을 가르치는 지향을 가지고 있다면, 세속제는 연기에 따른 업(業)과 업과(業果) 등을 말하는 일상적 언어에 의한 가르침으로서 중생을 향해서 도덕적으로 살 것을 계시하는 방편적인 가르침이다. 세속제는 보시를 행하고 계율을 지키며 착한 행위를 하는 등 윤리적 행위가 그에 따른 당연한 좋은 결과를 얻게 된다는 것을 확인시켜 줌으로써 괴로움의 소멸을 위해 노력하는 종교적 수행과 착하게 살기 위해서 힘쓰는 윤리적 행위의 가능근거와 당위성을 확보하려는 목적으로 설해진 것이라고 할 수 있다.

승의제인 공성의 통찰은 상대적인 분별지에 의해 객관적으로 알 수 있는 것이 아니라, 주체적으로 자각되고 증득되는 지혜이다. 따라서 제일의제는 일상적인 언어에 의해서는 표현할 수 없는 것이며 생각의 대상이 될 수도 없는 것이다. 반면에 세속제는 언어에 의해서 표현될 수 있고 사유에 의해서 분별될 수 있는 일상적인 모든 가르침을 의미한다. 사성제나 팔정도 등의 가르침은 현실에서의 구체적인 실천방법을 제시해 주는 세속제로서 임시적인 방편이라고 할 수 있다. 용수는 이와 같이 두 가지 다른 차원의 가르침의 의미를 명확히 분별하여 진제와 속제의 입장과 목적을 명확하게 보여주고, 이것을 잘 이해할 수 있어야 붓다의 가르침을 제대로 아는 것이라고 강조한다. 하지만 한편으로는 두가지 가르침이 상호 의존하는 관계로 밀접하게 관련을 맺고 있어서 어느 것 하나 결할 수 없는 것임을 역설한다.

세속적인 진리에 의하지 않으면 궁극적 진리는 가르쳐질 수 없고, 궁극적 진리를 얻지 못하면 열반(涅槃, nirvana)을 얻을 수 없다.[4]

여기에서 분명하게 알 수 있는 것은 세속제가 진리에 도달하게 하는 방편(upaya-bhuta)이며, 제일의제가 진리 그 자체로서 목적(upeya-bhuta)이라는 것이다. 그런데 방편에 의해서만 실상인 목적에 도달할 수 있고 목적에 이르게 하는 것만이 방편이라고 할 수 있다는 점에서 실상이 곧 방편이라고 말할 수 있다. 불교의 궁극적인 목적은 깨달음을 얻어 당면하고 있는 괴로움으로부터 벗어난 괴로움의 소멸 즉 열반이다. "제거되지도 않고 도달되지도 않으며, 단멸(斷滅)하는 것도 아니고 상주(常住)하는 것도 아니며, 소멸하는 것도 아니요 발생하는 것도 아닌 이것이 열반이라고 설해진다."[5] 여기에서 열반은 대상적 실체가 아니고 그 본질은 무자성이다. 분별적인 언어로서는 열반이라고 하여 번뇌를 버리고 열반을 증득해야 한다고 말하지만, 분별이 사라진 진리의 세계에서는 벗어나야 할 윤회도 없고 도달해야 할 열반도 없다는 것이다. 모든 것이 실체성을 가지고 존재하는 것이 아니라는 사실 즉 공성을 깨달을 때 윤회라든가 열반이라는 분별이 무의미하게 되므로 윤회가 그대로 열반이 되는 것이다. 『중론』의 곳곳에서 진속이제는 수행과 윤리의 근거로 거론되고 있다.

진속이제에 바탕한 보살행의 방법은 부주생사(不住生死)와 부주열반(不住涅槃)의 동시적 실천에 있다. 무자성의 공성에 입각하여 번뇌와 시비의 속제에서 벗어나 해탈하는 것이 부주생사이다. 그러나 보살은 비록 일체가 환상이고 공(空)임을 알고 해탈함으로써 무집착의 자유를 얻는 것이지만, 제법이 연기한다는 진리에 입각해서 생사와 온갖 고통에서 속박당하는 중생의 현실을 지혜로 통찰하여 열반에 머물지 않고 원력과 적절한 방편행으로써 보살행을 실천한다. 진속이제의 실천적 지향점이 여기에 있음을 알 수 있다.[6]

모든 것의 공함을 드러내기 위해서는 실재하지도 않는 열반이나 윤회라는 말을 사용하지 않을 수가 없다. 그러한 언어를 사용하게 되면 마치 그것이 실재하는 것이라는 생각을 불러오기 때문에 언어에 의해서는 결코 진리 그 자체를 표현할 수 없다는 점에서 언어는 진리를 가리는 역할을 한다. 그렇지만 그러한 언어를 사용함으로써 사람들로 하여금 삶의 목표를 정하고 의지와 노력을 불러일으킬 수 있다는 점에서는 언어가 진리의 세계로 나아갈 수 있게 하는 중요한 도구가 된다는 점을 이해할 필요가 있다. 제일의제로서의 인간의 공성을 드러내기 위해서는 인간이라고 하는 언어를 사용해야 하는데 인간이라는 말은 오온이 임시로 화합한 것을 지칭하는 세속제로서의 가설에 지나지 않는다. 그렇지만 세속제인 인간이라는 말에 의지해서 제일의제인 인간의 공성을 설할 수 있다는 점에서 제일의제는 세속제에 의존하고 있다고 말할 수 있다.

이상에서 논의한 것처럼 중관에서는 진제와 속제를 명확하게 구분함으로써 여러 가지 다른 입장과 목적을 가지고 있는 붓다의 교설을 총체적으로 설명한다. 한편으로 진제와 속제가 상호 의존적이라는 사실을 얘기함으로써 진제와 속제를 밀접하게 관련짓고 있다. 그런데 중론에서의 진제와 속제를 구분하는 핵심은 언어나 사유에 의해서 분별하는가 아니면 분별할 수 없는가에 따른 것이다.

그러나 필자가 이 책에서 불교를 보는 틀로 제시하고 있는 진과 속은 중관에서 말하는 진과 속의 개념과는 의미를 약간 달리하여 모두 분별의 세계 안에서 논의되는 상대적 개념으로서 사용하고자 한다. 언어가 사유의 집이라고 말한 것처럼 언어에 의하지 않으면 어떤 생각도 드러낼 수가 없다. 언어는 이원적 논리구조를 가지고 있기 때문에 상대적으로 대조되는 개념을 사용할 수밖에 없다. 안다고 하는 것의 핵심적인 의미는 차이를 안다는 것이기 때문에 차이를 명확하게 드러내는 대조적인 개념을 사용하는 것이다.

필자가 진과 속이라는 개념을 통해서 대조적으로 드러내 보이고자 하는 것은 이상과 현실, 본래성과 현실성, 성과 속, 실상과 방편, 부처와 중생 등의 차별상이다. 이상에서 언급한 개개의 차별상들은 나름대로의 특정한 맥락 속에서 특정한 의미로 사용되는 것이지만, 필자는 이 모두의 차별상을 포괄적으로 진과 속이라고 하는 개념으로 통일하여 유연하고 융통성 있게 사용하고자 한다. 그렇다고 하더라도 진과 속이라는 대립적인 개념을 사용하여 여러 가지 불교의 내용과 전개과정의 차이를 드러냄으로써 불교를 설명하는 유효한 틀이 될 수 있을 것이다. 또한 진과 속이라는 틀은 극단적인 차이를 표현하고 있는 개념이기 때문에 진과 속에 의해서 여러 가지 다양한 불교의 모습과 변화를 전체적으로 설명하는 데 크게 문제될 것이 없다고 생각한다.

불교를 떠받치는 두 개의 기둥은 지혜와 자비라고 할 수 있다. 지혜는 무차별적인 반야의 지혜를 얻어서 열반으로 향하는 자기 구제의 상향도(上向道)로서 진제문(眞諦門)이라 할 수 있고, 자비는 중생을 구제하기 위해서 중생의 세계로 돌아오는 하향도(下向道)로서 속제문(俗諦門)이라고 할 수 있다. 지혜는 자비의 실천이라는 목표와 결합할 때에 그 의미가 살아날 수 있고, 자비는 지혜와 동반될 때라야 참된 가치가 있다. 그런 점에서 진과 속은 상호 의존하면서 서로를 완성시켜 주는 역할을 한다고 볼 수 있다. 진과 속은 분리된 상태로 스스로의 영역에 독존해서는 문제가 생기고, 반드시 융합되어야 하는 당위성을 지니고 있다. 불교가 현실에서 생명력을 가지고 역할하기 위해서는 양자를 아우르면서 한편으로 구분하고 한편으로 결합시키는 노력을 계속하지 않을 수 없다. 이 양자를 어떻게 구분하고 결합하느냐에 따라서, 또는 어느 쪽에 더 비중을 두느냐에 따라서 불교의 성격과 그 전개 양상이 달라진다고 할 수 있다. 불교의 변화과정이나 불교사상 자체의 전개과정을 살펴보게 되면 항상 진에서 속으로 향하고 또 속에서 진으로 향하는 흐름을 통해서 진과 속의 융합을 이루고자 하는 것을 확인할 수 있다. 이와 같은 총체적 이해를 바탕으로 해서 필자는 이 책에서 불교의 여러 사상과 전개과정을 진과 속의 틀을 가지고 특징적으로 정리해 소개하고자 한다.

용주사 범종 당좌의 연꽃

출처 : 사찰 장식 그 빛나는 상징의 세계

제2부

진과 속의 눈으로 보는
불교사상

인간의 구원을 추구하는 모든 종교에는 인간을 이해하는 두 가지 계기가 존재한다. 하나는 현실의 불완전한 자기 모습에 대한 이해이고 또 하나는 현실의 자기 한계를 넘어선 이상적인 모습에 대한 확신이다. 이러한 두 계기가 기독교에서는 성과 속으로 불교에서는 진과 속으로 묘사되고 있다. 아라키 겐고는 『불교와 유교』라는 책에서 불교사상를 본래성과 현실성이라는 두 개념으로 정리하고 있는데, 이 역시 같은 맥락에서 이해할 수 있다. 기독교에서는 신의 뜻을 어기고 원죄를 지음으로써 낙원에서 쫓겨난 인간의 운명을 현실적인 모습으로 묘사하고, 신의 은총을 통해서 원래부터 있었던 완전성으로 복귀하는 것을 구원이라는 이상으로 제시한다.[1] 불교는 우리 인간이 불만족스럽고 자유스럽지 않은 상태에 있다(苦)고 하는 실존적 현실인식으로부터 출발한다. 그래서 현실의 불만족스러운 모습이 어디에서 유래하는가를 밝힘으로써 괴로움을 극복하고 괴로움이 없는 열반에 도달하고자 한다. 불교에서는 현실의 불완전한 인간존재의 이유와 이것을 극복하는 방안 모두를 인간 자체에서 찾고 있다. 그런 점에서 불교를 인간이란 어떤 존재인가를 묻고 이에 대한 답을 찾는 인간학으로 이해할 수 있을 것이다.[2]

필자는 불교사상의 전개과정을 인간이란 어떤 존재인가를 묻고 이에 답하는 인간학으로 이해하고자 할 때, 앞서 제시한 현실과 이상으로서의 인간이해라는 두 계기를 축으로 놓고 보면 사상사의 전개과정을 훨씬 분명하게 이해할 수 있다고 생각한다. 이런 관점에서 이 책에서는 초기 불교 이래 여러 가지로 다양하게 전개된 불교사상이 진과 속의 관점에서 어떤 방식으로 자기이해를 진행하고 있는가를 조망하고자 한다.

먼저 초기 불교에서는 순관과 역관을 통해서 진에서 속으로 또 속에서 진으로 향하는 과정을 단적으로 보여준다고 할 수 있기 때문에 그 대체적인 구조와 내용에 대해서 검토해 보려고 한다.

유식사상과 여래장사상은 현실에 대한 이론적 설명과 깨달음으로 향하는 실천적 요청 그 어떤 쪽에 비중을 두고 역설하느냐는 강조점의 차이에 따라서 달라진다. 그리고 어디에서부터 논의를 시작하느냐는 출발점의 차이에 따라서 유식사상과 여래장사상이 갈린다고 생각한다. 이러한 기본적인 이해를 바탕으로 하여 유식사상과 여래장사상 각각에 대하여 자세히 검토해 보고자 한다.

『대승기신론』은 현실의 자기 모습과 이상적인 자기 모습의 관계를 이문일심으로 통합하여 밝히고 있다. 『대승기신론』이 이문일심이라는 논리를 통해 이 양자를 종합하여 진과 속을 절묘하게 아우르는 방식으로 인간을 이해하고 있음을 특징적으로 밝히고자 한다. 헤겔은 "이성적인 것이 현실적인 것이고 현실적인 것이 이성적인 것이다"라고 말했는데, 『대승기신론』은 현실과 이상이라는 문제를 어떻게 다루고 있는가를 집중적으로 검토하고자 한다.

『유마경』은 세속 가운데 진리가 있다고 설함으로써 이상적인 자기의 모습이 현실적인 세속의 생활과 분리되어 존재하는 것이 아니라 세속 안에서 꽃이 핀다는 사실을 역설하는 대표적인 경전이기에 따로 논의하기로 한다.

『화엄경』은 인간의 이상적인 모습으로서의 부처와 부처의 세계를 설하는 대표적인 경전이다. 그러나 『화엄경』이 그 내용면에서 부처의 세계로부터 어떻게 중생의 세계로 접근하고 있는가를 조명하는 작업은 매우 흥미로운 주제라고 생각한다.

정토신앙은 근기가 약한 중생의 입장에서 전개되는 신앙이라고 할 수 있다. 정토신앙의 다양한 형태와 전개를 통해서 중생의 이방에서 이상의 추구가 어떻게 이뤄지는가를 검토하려고 한다.

선종은 붓다 가르침의 본래 면목을 있는 그대로 깨치고자 하는 본래성에 대한 지향에서 출발한다. 또한 다른 누구의 도움도 받지 않고 오직 스스로의 노력과 수행에 의해서 자각하고자 하는 자력문(自力門)의 입장에 가장 충실하게 따르고자 한다. 그러한 선종이 전개과정에서 어떻게 현실성으로서의 속에 접근해 나가는지를 조명하고자 한다.

이상과 같이 진과 속에 관한 논의를 중심으로 하여 불교가 현실적인 자기의 모습을 어떻게 해명하고, 또 이상적인 자기의 모습을 찾아가는 길을 어떻게 제시하고 있는지 밝혀보고자 한다. 이처럼 진과 속이라는 관점으로부터 불교의 자기이해 방식을 사상적으로 약술함으로써, 우리는 불교사상사를 이해하는 또 하나의 새로운 방식을 제시할 수 있고, 각각의 불교사상이 사상사적으로 어떤 의미와 위상을 가지고 있는가를 특징적으로 밝히는 데 있어서도 일조를 할 수 있으리라 생각한다.

제1장

초기 불교의 순관과 역관

초기 불교에서는 인간의 자기 모습을 두 가지로 그리고 있다. 하나는 일상적이고 현실적인 자기의 모습이다. '나' 아닌 것을 '나'라고 생각하는 잘못된 집착에 빠져 온갖 번뇌와 괴로움을 야기하고 있는 자기의 모습이 그것이다. 또 하나는 이러한 잘못을 제대로 알고 자기를 제어하여 찾아나가야 할 자기의 모습 즉 이상적인 모습으로서의 자기라고 할 수 있다.

무명으로부터 시작해서 무명(無明)-행(行)-식(識)-명색(明色)-육입(六入)-촉(觸)-수(受)-애(愛)-취(取)-유(有)-생(生)-노사(老死)로 이어지는 12가지 연기의 계열은 현실적인 자기의 모습을 해명한 것으로서 원인에서 결과를 찾아가는 방향으로의 성찰이라고 할 수 있는데 이를 순관(順觀)이라 한다. 반대로 노사로부터 시작해서 노사-생-유-취-애-수-촉-육입-명색-식-행-무명으로 거슬러 올라가는 것은 결과로부터 원인을 추적해 가는 것이기 때문에 역관(逆觀)이라 한다. 붓다는 순관과 역관을 되풀이함으로써 원인으로부터 결과를 추론하는 일방향적 사고가 초래할지도 모르는 오류를 방지하고, 결과로부터 원인을 찾아가기도 하는 쌍방향적 사고에 의해서 깨달음의 내용에 대해서 확신을 가질 수 있었다고 볼 수 있다.

모든 현상은 아무런 이유 없이 그냥 있는 것이 아니라 그럴 만한 원인과 조건에 의해서 있게 된다고 하는 것이 불교의 근본적인 깨달음의 내용이라 할 수 있는 연기(緣起)이다. 연기는 "이것이 있을 때 저것이 있다. 이것이 일어날 때 저것이 일어난다. 이것이 없을 때 저것이 없다. 이것이 소멸할 때 저것이 소멸한다."라고 하는 연기의 정형구에서 볼 수 있듯이, 모든 현상의 존재방식을 조건과 결과의 인과관계로서 밝혀준 것이다. 연기의 법칙에 따르면 어떤 것도 영원히 존재하거나 없어지지 않는 것은 없다. 조건과 조건에 따른 결과가 이어지는 끊임없는 변화의 흐름이 있을 뿐이다. '이것'에 의해 '저것'이 끊임없이 있고(有), 없고(無), 생겨나고(生), 소멸(滅)하고 있을 따름이라는 것이다. 이러한 연기의 법칙을 현실적인 자기의 모습에 적용한 결과 12연기의 계열을 밝혀낸 것이다.

대왕이시여, 과거의 시간과 미래의 시간과 현재의 시간의 근본은 무명(無明)입니다. 무명을 조건으로 하여 행(行)이 있고, 형성력을 조건으로 하여 식(識)이 있고, 식별작용을 조건으로 하여 명색(名色)이 있고, 이름과 형태를 조건으로 하여 6입(六入)이 있고, 6가지 감각기관을 조건으로 하여 촉(觸)이 있고, 접촉을 조건으로 하여 수(受)가 있고, 감수를 조건으로 하여 애(愛)가 있고, 갈애를 조건으로 하여 취(取)가 있고, 집착을 조건으로 하여 유(有)가 있고, 존재를 조건으로 하여 생(生)이 있고, 태어남을 조건으로 하여

늙음, 죽음, 근심, 슬픔, 고통, 절망, 우울 등이 생겨납니다.[1]

이상에서 밝히고 있는 무명-행-식-명색-육입-촉-수-애-취-유-
생-노사로 이어지는 12연기의 흐름 전체에 대해서 각각의 가지(支) 하
나하나의 관계를 일관되게 '조건과 조건에 따른 결과'로 설명하는 것이
쉽지는 않다. 왜냐하면 12지 연기는 갈애에서 시작하는 심리적 계열
(애-취-유-생-노사)과 무명에서 시작하는 인식적 계열(무명-행-식-
명색-육입-촉-수)로 나누고, 두 가지 전통이 하나로 결합된 것으로 보
는 것이[2] 보다 논리적으로 설득력을 갖는다고 볼 수 있기 때문이다.

모든 괴로움은 애욕(愛欲)으로부터 비롯된다고 하는 견해는 심리적
관점으로부터 괴로움의 원인을 추적한 것으로 초전법륜의 설법 이후
수많은 교설 속에서 설해지고 있다. 애욕은 새로운 존재를 초래하고,
그로 인해 생겨나는 존재는 늙음과 죽음에 지배당할 수밖에 없다. 따라
서 12연기 속에서 언급되는 갈애(愛, taṇhā)는 괴로움을 발생시키는
무엇보다 중요한 심리적 지분으로 지목되어 왔다.[3] 그런데 무명(無明)
을 괴로움의 근본적인 원인으로 보는 견해는 깨달음을 지향하는 불교
가 그 반대쪽에 깨달음을 가리는 것으로서 무명을 배치해야 하는 당연
한 논리적 요청으로 이해할 수 있다. 그리고 무명과 갈애의 관계는 '갈
애는 무명에 의존한다'고 하여 무명을 더 근원적인 것으로 설명함으로
써 자연스럽게 두 계열의 결합을 성공적으로 완수한 것이라고 볼 수 있
다. 이와 같이 괴로움의 원인을 심리적, 인식적 두 맥락에서 추구하는
사고는 괴로움으로부터 벗어나는 해탈에 대해서 심해탈(心解脫)과 혜
해탈(慧解脫)의 두 가지로 설하는 것과 표리를 이루는 것이다. 또한 해
탈을 막는 두 가지 장애로서 정적인 장애(煩惱障)와 지적인 장애(所知

障)를 말하는 것도 같은 맥락에서 이해할 수 있을 것이다.

　연기의 도리에 따라서 이것이 없음으로 말미암아 저것이 없고, 이것이 소멸함으로써 저것이 소멸하는 것이라면, 괴로움에 당면하고 있는 현실적인 자기의 모습은 무명이 없으면 행이 없다는 것으로부터 시작해서 태어남이 없으면 늙음, 죽음, 근심, 슬픔, 고통, 절망, 우울 등이 없게 된다는 것으로 된다. 무명의 소멸로부터 시작해서 늙음, 죽음, 근심, 슬픔, 고통, 절망, 우울 등을 소멸하고자 하는 것은 지향하는 목표로서 이상적인 자기의 모습에 도달하려는 노력이라 할 수 있을 것이다. 괴로움에 휩싸인 현실적인 자기의 모습을 괴로움이 없는 이상적인 모습으로 전환하는 시원적인 관건은 무명을 제거하는 것이다. 깨달음의 내용이 연기라면 무명은 깨달음의 결핍이기 때문에 연기를 모르는 것이라고 할 수 있다. 그것을 자신에 대한 이해로 돌려서 말하면 연기의 방식으로 존재하는 나에 대한 몰이해에 다름 아니다.

　모든 것이 연기의 방식으로 존재한다는 사실을 알지 못하기 때문에, '나'라든가 '내 것'이라는 생각에 매달리게 되는데 그것을 아집(我執)이라고 한다. 인간의 모든 괴로움은 자아관념이라는 잘못된 집착으로부터 생겨난다고 파악하기 때문에 그것을 깨뜨리기 위해서 무아를 역설하게 되는 것이다. 인간의 모든 괴로움과 번뇌는 자신으로부터 일어나는 것이며, 나 아닌 것(非我)을 나(我)로 잘못 알고서 집착하기 때문에 생긴다고 보는 것이다. 그래서 나라고 할 수 있는 영원불변한 인격적 개체가 존재하지 않는다는 것을 초기 경전은 여러 가지 방식으로 입증하고 있다. 『미린다팡하』에는 나가세나 존자와 미린다 왕과의 대화를 통해서 "마차의 여러 부분이 모이므로 '수레'라는 말이 생기듯이, 다섯 가지 구성요소가 임시로 결합했을 때 '나가세나'라는 이름이 있게 된다"고 설명한다.[4] 5온(五蘊)의 임시적인 결합이 있을 뿐 '나'라고 할 만한 영원불변한 인격적 개체는 그 어디에도 없다는 것이 핵심적인 메시지다. 이처럼 '나'의 정체성을 담지하고 있는 영속적이고 단일한 존재로서의 자아라는 실체를 상정하거나 그것에 매달리는 것에 대하여 철저히 부정하는 것이 불교 무아설의 기본 입장이라고 할 수 있다.

그렇다고 해서 불교가 행위하는 윤리적 주체로서 자기의 존재까지를 부정하는 것은 아니다. 붓다는 "자기는 자기의 주인이며, 자기를 의지처로 삼아라"라고 가르쳤다. 유락(遊樂)에 빠져 있는 청년에게는 "여자를 찾아다니지 말고 자기를 찾아라"라고 권하기도 했다.[5] 그러므로 자기를 바르게 이해하고 참다운 자기가 되는 것이 불교가 추구하는 이상이라고 할 수 있다.

초기 불교에서는 이렇듯 자아라는 잘못된 관념에 미혹하여 집착하는 현실의 자기 모습과 그 실상을 바로 알고서 바로 서야 하는 참된 자기 즉 이상의 자기 모습을 동시에 설하고 있다.

그런데 이와 같은 자기의 두 가지 다른 모습은 모두 자기의 마음에 따라서 다르게 나타나기 때문에, 불교의 모든 교설은 마음을 중심으로 하고 있다고 할 수 있다. 법구경에 나오는 "마음은 모든 것의 근본이 된다. 마음이 중심이 되고 마음에 의해서 모든 것이 이루어진다."[6]는 말은 이것을 잘 표현하고 있다. 불교의 강령이라고 할 수 있는 칠불통계에서는 "마음을 깨끗이 하는 것 그것이 모든 붓다의 가르침이다"[7]라고 설하고 있다. 이처럼 마음을 인생과 사회의 변화를 주도하는 것으로 보고, 마음의 정화를 통해서 모든 문제를 해결하려고 하는 것이 불교다. 따라서 불교가 마음에 대한 탐구에 전력을 쏟는 것은 너무나 당연하며, 불교를 마음의 종교라고 부르는 이유도 여기에 있다.

불교사상의 전개과정을 살펴보면 각기 다른 불교사상에 따라 이 두 가지 마음의 어떤 측면을 더 주목하여 집중적으로 조명하느냐의 차이가 분명하게 존재함을 알 수 있다. 마음의 현실적 기능의 분석에서 출발한 것이 유식사상이라면, 마음이 부처라고 하는 이상적 측면에서 고찰한 것이 여래장사상이라고 할 수 있다.[8]

범어사 대웅전 불단의 연꽃

출처 : 사찰 장식 그 빛나는 상징의 세계

제2장

유식사상과 여래장사상

　유식사상은 중생의 현실로부터 출발해서 중생의 현실을 분석함으로써 중생의 모습이 어떻게 존재하는가의 실상을 밝히는 데 역점을 둔다. 반면 여래장사상은 여래의 지혜와 자비가 완전하고 절대적이라는 데서 출발하고, 중생 속에 있는 여래의 본래성을 강조함으로써 중생의 깨달음과 구제를 보장하려는 데 역점을 두고 있다. 현실적 자기의 모습을 있는 그대로 설명하고 이상적인 자기를 향해서 나아가는 길을 제시하는 것은 모든 불교가 동시에 해결해야 하는 과제이다. 그런데 설명의 출발점을 중생이라는 현실에서 잡느냐 아니면 부처라는 이상에서 잡느냐의 차이에 따라서 현실적 중생의 모습에서 출발하는 유식사상과 이상적 여래의 본성으로부터 출발하는 여래장사상이 갈린다고 볼 수 있다. 따라서 유식사상은 미혹한 현실의 자기 모습을 논리적으로 해명하는 데 강점이 있고, 여래장사상은 깨달은 자기의 모습을 회복해야 하는 실천적 요청에 잘 부응한다고 할 수 있다. 현실에 대한 이론적 설명과 깨달음으로 향하는 실천적 요청 그 어떤 쪽에 비중을 두고 역설하느냐 하는 강조점의 차이에 따라서, 그리고 어디에서부터 논의를 시작하느냐 하는 출발점의 차이에 따라서 유식사상과 여래장사상이 갈린다고 생각한다. 이러한 기본적인 이해를 바탕으로 하여 유식사상과 여래장사상 각각에 대하여 좀 더 자세히 검토해 보고자 한다.

1. 유식사상

가. 유식의 의미

유식(唯識)이란 말의 산스크리트어는 vijñapti-mātra이다. mātra(唯)는 '단지 ~뿐'이라는 뜻으로서 경(境, artha, 대상)을 부정한다. 유식은 식(識) 외에 의식을 성립시키는 원인이 되는 어떤 초월적 대상이 실재한다고 생각하는 견해를 부정하는 말이다. 따라서 유식이란 단지 마음에 비추어서 나타난 표상만이 있고 표상과 대응하는 외계의 존재물은 없다는 것을 표명하는 말이라고 할 수 있다.[1]

우리는 일상적으로 인식주체로서의 자아와 인식대상으로서의 객관 세계가 외부에 존재하고, 그 사이에 인식이 성립한다고 생각한다. 유식사상은 이러한 일상적 사고와 상식에 정면으로 도전한다. 인식작용이 있을 뿐 인식주체와 인식대상은 마음이 임시로 설정한 것에 지나지 않는다고 한다. 나의 경험이 있고 거기에 근거하여 나의 존재와 세계의 존재가 사변적으로 상정된다고 말한다. 과연 무엇이 가장 확실한 사실로서 존재하는가? 나에게 가장 직접적이고 자명하게 그 존재가 경험되는 것은 무엇인가? 그것은 마음작용일 것이다. 내가 살아 있다는 것을 자각하는 것도 마음작용이고, 가장 확실한 것은 무엇인가 하고 생각하는 것도 마음작용이다. 마음작용에 대해 그 확실성을 의심하는 것도 역시 마음작용이다. 내 마음에 떠오르지 않는 것은 나에게 있어 존재하지 않는다. 내 마음에 떠오르지 않아도 틀림없이 사물은 존재하는 것이 아닌가라고 말한다 해도, 그때는 벌써 마음 위에 떠오르고 있는 것이다.[2] 마음작용과 마음에 떠오르는 표상만이 유일한 직접적인 것이기 때문에, 나의 모든 판단과 행동은 아르키메데스의 점처럼 거기서 출발하고 거기에 의지할 수밖에 없다. 이처럼 마음작용에 근거해서 모든 것을 통일적으로 설명하고자 하는 것이 유식사상이다.

유식불교는 모든 인식과 존재의 문제 및 구원의 문제 모두를 마음작용으로 통합하여 구조적으로 분석한다. 뿐만 아니라 마음을 의식 밑의 곳까지 진지하고 깊이 있게 탐구하여 거기에 잠재하는 심층의식을 구명하고 있다. 이런 점에서 유식불교도 다른 불교와 마찬가지로 마음중시의 흐름 속에 있다는 것은 말할 필요도 없다. 유식불교야말로 이러한 흐름의 정점에 위치한다고 해야 할 것이다.

그렇다고 해서 유식불교가 사물의 세계를 완전히 부정해 버리거나, 각 개인의 주관적인 마음에 따라 사물의 세계가 실제로 달라지는 것이라고 주장하는 것은 아니다. 다만 사물의 세계를 외부세계의 실체적 존재라고 보는 사고를 부정할 뿐이다. 주관세계와 객관세계를 분리해서, 추상된 자기 혹은 객관세계로 파악하는 사고를 편향된 것이라고 타파한다. 양자가 교류하는 구체적 현실로부터 출발하여 둘이 하나로 통합된 식에 의해 세계를 설명하고자 한다. 그래서 유식에서는 사물의 세계를 식으로서의 존재, 식 안에 있는 존재라고 간주하고 있다. 그러므로 개체의 식은 단순히 인식주관만이 아니라 주체와 환경세계를 포괄하는 세계 전체이다. 이처럼 유식불교는 식이라는 틀 속에서 객관적 세계의 영역을 인정하고 있고, 그런 점에서 우리의 일상적 사고와 병행할 수 있다. 따라서 유식불교를 단순히 관념론, 유심론, 유아론 등과 동등한 것이라고 취급하는 것은 잘못이다.[3]

나. 유식불교의 근본입장

부파불교의 특징은 현상세계를 구성하고 있는 것(法)에 대한 관찰과 분석에 있기 때문에 아비다르마(abhidharma, 對法, 존재의 분석) 불교라고 부른다. 현실을 살아가는 자신의 삶의 문제를 해결하기 위해서는 현실을 정확하게 파악해야 하고, 자기와 세계의 구조 및 그 관계에 대해서 정확히 알지 않으면 안 된다. 즉 세계에 대한 해명과 실존의 근원적 구제는 일치하고 있는 것이다. 따라서 존재에 대한 분석으로서의 아비다르마는 수도의 방도를 확립하기 위해서 반드시 필요하며, 그런 점에서 유식불교도 아비다르마에서 적극적인 의미를 발견하고 이를 계승하여 보다 철저히 존재를 분석한다. 그래서 설일체유부(說一切有部)가 존재를 5위(位) 75법(法)으로 분류하고 분석하는 데 대해서, 유식불교는 5위 100법으로 보다 면밀하게 분석한다. 어떤 의미에서 유식불교는 바로 존재의 분석에 있어서 가장 두드러진 특징이 있다고 말할 수 있을 정도이다. 유식불교를 대승(大乘)의 아비다르마라고 하거나, 중국을 비롯한 동북아시아에서 유식학파의 명칭을 법상종(法相宗)이라고 부르는 것도 이러한 특징을 여실히 보여주는 것이라 할 수 있다.[4]

그러나 부파불교가 존재의 요소 하나하나가 고유한 특질을 지니고 변하지 않는 성질을 가진 실재라고 하는 데 대해서, 유식불교는 물질(色)이 외계에 실재한다고 보는 견해에 대해서는 철저히 부정한다. 이 점에 있어서 모든 존재는 인연(因緣)에 따라 생긴 것이며 그 자체의 실체적 본성을 지닌 것이 아니기 때문에 공(空)하다고 하는 중관불교의 입장을 그대로 계승한다. 나 자신의 존재나 나를 둘러싼 세계는 허공에 핀 꽃이나 신기루와 같이 실재하지 않는 환영이라고 하여 그 허망성을 지적한다. 유식의 목적도 바로 자아가 실재한다고 보는 아집(我執)과 사물이 실재한다고 보는 법집(法執)을 제거하고 아법이공(我法二空)을 깨달음으로써, 마음의 오염과 무지를 제거하자는 데 있다고 할 수 있다. 이처럼 자기와 우주의 참모습이 공이라고 이해하는 점에서 유식불교는 중관불교를 충실히 계승한다.

그러나 유식이 중관의 공(空)사상과 구별되는 점은 현상의 차별적 존재에 관하여 그 존재성을 완전히 부정하지 않는다는 점에 있다. 현상이 실체적 존재로서 있는 것은 아니라고 하더라도, 다른 형태 내지는 다른 의미로서 존재한다고 하지 않으면 안 된다는 점을 인정한다. 유식불교는 그것을 식으로 수렴하여 적극적으로 취급하고 있는 것이다. 그리하여 공사상이 초래하기 쉬운 허무주의의 위험성을 제거한다. 도대체 아무것도 어떤 의미로든 존재하지 않는다고 공을 오해하고 공에 집착하는 것은 익취공(惡取空)이라 불리는 것이다. 악취공은 일체의 가치를 무(無)로 돌리는 것이므로, 올바른 깨달음이나 착한 행위까지도 무의미한 것으로 부정해 버리는 태도를 낳는다. 그리고 이처럼 모든 것이 허무하다고 생각하는 사람에겐 어떤 처방도 효과가 없다. 그래서 유식불교는 공(空)에 대한 그릇된 집착을 가장 경계하고 신랄하게 비판한다. 심지어 수미산처럼 큰 아견(我見)보다도 머리카락 한 조각만큼의 공견(空見)을 더 두려워하고 배척한다.[5] 이렇게 볼 때 유식불교는 악취공에 대한 비판을 하나의 동기로 해서 구성된 것이며, 공사상의 허무주의화 경향을 극복하려는 운동이었다고 할 수 있다.[6]

다. 유식불교와 현실적 자기의 모습

현실세계의 미혹한 자기의 모습을 가장 체계적으로 밝혀주고 있는 것은 여러 불교사상 가운데 유식불교라고 할 수 있다. 유식불교는 유식이라는 말이 의미하듯이 모든 것을 마음에 비추어서 나타난 표상이라고 간주한다. 그래서 현실의 모습을 낳는 마음의 구조와 작용에 대하여 구조적으로 분석한다.

그리하여 제6의식(第六意識)의 밑바닥에 자기를 중심으로 해서 모든 것을 헤아리는 자아의식을 발견했다. 이를 제7 말나식(末那識)이라고 하는데, 항상 자기를 생각한다고 해서 사량식(思量識)이라고도 한다. 또한 제7 말나식 밑에 모든 경험을 간직하고 생명을 유지하며 모든 행위를 발생시키는 근원적인 마음의 존재를 발견해 내었다. 이를 제8 아뢰야식(阿賴耶識)이라고 하는데, 모든 경험을 저장한다는 뜻에서 장식(藏識) 또는 모든 식의 뿌리가 된다는 뜻에서 근본식(根本識)이라고 한다.

유식불교는 초기 불교 이래 동일한 것으로 취급하였던 심(心), 의(意), 식(識)을 분리하여 심은 아뢰야식(阿賴耶識), 의는 말나식(末那識), 식은 6식(六識)을 의미하는 것으로 분류하였다. 유식불교는 이처럼 마음을 여덟 가지 중첩된 구조로 파악하여, 표층의 마음이 심층의 마음을 훈습(薰習, 향기가 베어들어 스미는 것 같다고 하는 의미)하고 훈습된 마음에 따라서 표층의 마음이 현상으로서 드러난다(이를 現行이라고 함)고 한다. 이처럼 마음과 마음이 서로 인(因)이 되고 과(果)가 되는 마음전개의 방식에 의해서 자기의 현실적 존재모습을 분석적으로 설명하는 것이 유식불교의 특징이다.

유식불교는 인간의식의 가장 깊은 곳에 자리하고 있는 심층의식인 아뢰야식의 변화로써 현실의 모습을 설명한다. 그러므로 알라야식은 인식적인 면에서나 발생적인 면에서 모든 식의 근원체라고 할 수 있다.[7] 그렇다고 해서 알라야식이 신에 준하는 성질을 지닌 불변하는 본체로서의 의미를 가지고 있는 실체가 아니며, 모든 것을 만들어내는 창조자이거나 그것으로부터 모든 존재가 도출되는 원질인 것은 아니다.[8]

유식사상은 근본식인 아뢰야식의 성질에 대해서 오염과 청정의 성질을 모두 지니고 있다고 하지만 전체적으로 볼 때는 더러운 것으로 간주하여 망식(妄識)이라고 규정한다.[9] 그렇게 규정함으로써 현실의 미혹한 자기의 모습이 전개되는 과정을 연속선상에서 체계적으로 일관되게 해명할 수 있는 장점이 있다. 그러나 유식사상에서는 망식인 아뢰야식을 전환하는 것에 의해서 지혜를 얻고 참된 자기의 모습을 회복할 수 있다고 말하기 때문에, 미혹으로부터 깨달음으로 전환하는 길이 비연속적인 것이 된다. 이렇듯 깨달음으로 전환하는 길이 비연속적이기 때문에 망식으로부터 참다운 지혜로의 전환을 설명하는 데는 논리적인 난점이 따르게 된다.[10]

2. 여래장사상

가. 여래장의 의미

여래장(如來藏, tathāgata garbha)이란 중생이 어떠한 존재이고 어떻게 존재하는가를 설명하기 위해서 등장한 개념이다. 그 의미는 장(藏, garbha)이라는 말이 어떠한 의미를 가지고 있는지를 밝힘으로써 명확하게 할 수 있을 것이다. 장은 본래 '태아'를 의미하는 말이기 때문에 여래장은 중생이 여래의 태아와 같다고 하는 뜻을 담고 있다. 여래의 태아는 자라서 장차 여래가 될 가능성을 가지고 있기 때문에 중생은 장차 여래가 될 존재, 다시 말해서 여래의 잠세태(潛勢態)라고 할 수 있다.

여래장을 가장 일찍부터 체계적으로 설하고 있는 『보성론(寶性論)』은 '껍질 속의 쌀알', '땅속의 보물', '열매 속의 씨앗', '가난한 여인이 잉태한 전륜성왕(轉輪聖王)' 등의 비유를 통해서 여래장을 설명하고 있다.[11] 여기에서 알 수 있는 것처럼 중생은 본질적인 내용에 있어서는 '자성청정심(自性淸淨心)'이라고 할 수 있지만, 현실적으로는 번뇌와 괴로움이라는 너더운 껍실에 싸여 있다고 하는 것이다. 더러움인 번뇌는 비본질적인 것으로서 '껍질' 또는 '보물을 가리는 흙'으로 비유되는 것처럼 외래적이고 우연적인 것이기 때문에 객진번뇌(客塵煩惱)라고 말한다.

『여래장경(如來藏經)』은 중생과 여래의 본질적 동질성을 함축하는 의미로서의 여래장의 존재를 두 가지 논거에 의해서 증명하고 있다. 첫째, 여래의 지혜의 눈으로 보니 중생 속에 여래가 앉아 있어 중생이 여래와 다르지 않음(如我無異)을 알 수 있다고 하는 것이다. 둘째, 여래가 중생의 번뇌를 제거하고자 설하는 진리는 보편타당성을 갖고 있기 때문에, 중생이 여래가 될 가능성으로서 여래장이고 결국 여래가 된다는 것이다.[12] 한편 여래장이 존재한다는 사실의 근거를 여래의 자비라는 쪽으로부터 입증할 수도 있다.[13] 중생을 구제하는 자비를 실천하기 위해서는 중생을 구제할 수 있는 가능성이 보장되어야 하는데 그 가능성을 여래장에서 확인할 수 있기 때문이다. 또한 여래가 지닌 자비의 힘이 무한할 뿐 아니라 절대적이라는 측면에서 바라볼 때, 중생이 여래가 될 가능성이 없는 존재라면 여래의 자비력이 갖는 절대성에 흠결이 생길 수 있기 때문에 이를 위해서도 중생은 여래장일 수밖에 없음을 알 수 있다.

이상과 같이 중생의 존재양태를 여래장이라고 말함으로써, 중생이 본질적으로는 여래와 다르지 않지만, 현실적으로는 아직 여래가 되지 못한 상태로서 여래와의 사이에 여전히 거리가 존재한다는 것을 표현하고 있다. 여래장은 중생의 모습이 어떤 각도에서 보느냐에 달라질 수 있음을 시사하고 있다. 낙관적인 관점에서 보면 중생은 여래와의 무차별 내지 연속성을 가지고 있는 존재로서 파악될 수도 있지만, 부정적으로 보면 여전히 껍질을 벗지 못하고 잠재적인 가능성으로만 존재하기 때문에 중생이 여래가 되기 위해서는 여러 가지 조건이 갖추어지기를 기다리지 않으면 안 된다. 그렇지만 여래장이라는 말은 주로 중생과 여래와의 무차별을 강조하는 맥락에서 사용되어 왔다. 번뇌를 '껍질'과 같은 우연적이고 외래적인 것이라 하여 비실재적인 것으로 설명하고, 중생의 본질적인 내용을 여래와 같은 '알맹이'로서 실재적인 것으로 설명하는 방식 자체를 통해서도 여래장이라는 개념을 사용하는 근본의도가 어느 쪽으로 향하고 있는지 알 수 있다.

나. 여래장의 불교의 근본입장

여래장사상은 여래와의 본질적 무차별과 현실적 차이를 동시에 함축하고 있는 여래장이라는 개념을 대체적으로 중생이 여래와 본질적으로 아무런 차이가 없음을 강조하는 맥락에서 사용한다. 중생이 여래와의 본질적 동질성을 가지고 있다는 사실은 여래와 같은 존재가 되고자 하는 소망을 갖고 있는 중생의 입장에서 보면 소망의 성취를 가능하게 하는 필연적인 논리적 요청이라 할 수 있다. 자신이 여래와 동질적이라는 확신이나 믿음이 뒷받침되지 않는다면 여래가 되고자 하는 의욕이나 동기 자체가 성립할 수가 없다. 또한 여래의 입장에서 보면 중생의 구제라는 자신의 본원(本願)을 성취할 수 있는 논리적 근거를 확보하는 의미가 있다. 중생에게 여래의 가르침을 알아듣고 여래의 구제의 손길을 받아들일 수 있는 역량이 갖추어 있지 않다면 아무리 여래라 하더라도 중생의 구제가 불가능할 것이기 때문이다.

> 왜 불성이 개개의 모든 중생에게 존재한다고 설하는가? 겁약한 마음, 낮은 중생에 대한 경시, 허망한 것에 대한 집착, 진실된 법에 대한 비방, 자아에 대한 강한 애착 등 다섯 가지 허물이 있는 사람들을 위해서, 그 사람들이 위와 같은 허물을 끊어 없애도록 하기 위해서 설하는 것이다.[14]

이와 같이 여래장을 설하는 목적이 중생의 구제라는 여래의 자비를 실천하기 위함이라는 말을 통해서 확인할 수 있는 것처럼, 여래장사상의 성립기반은 여래의 자비라는 측면에서 전개된 것임을 알 수 있다.[15] 불교를 떠받치는 두 기둥이 지혜와 자비라고 한다면 중생이 부처와 본질적으로 동일함을 통찰하는 무차별적인 반야의 지혜만으로는 중생을 구제해야 하는 필요성이나 당위성이 도출되지 않는다. 중생이 여래가 될 가능성은 가지고 있지만, 현실적으로는 무지와 번뇌에 싸여 있어서 여래와는 먼 거리에 있는 존재라는 사실 즉 차별적인 현실을 있는 그대로 인식하지 않으면 중생을 구제해야 한다는 목표도 성립하지 않는다. 그런 맥락에서 볼 때 여래의 자비를 불러일으키는 지혜는 출세간적(出世間的)인 근본무분별지(根本無分別智)가 아니라 세간(世間)에서 분별에 의해 자연스럽게 자비를 실천하는 세간자연업지(世間自然業智)로서 후득지(後得智)라고 할 수 있다. 근본무분별지는 '어둠의 소멸'로 비유되고 후득지는 '빛의 편만'으로 비유되고 있는 것처럼,[16] 개개의 중생이 처한 다양한 상황과 괴로움에 대해서 자비라는 광명의 빛을 구석구석 비추는 것은 후득지일 수밖에 없는 것이다.

> 반야에 의해서 자기에 대한 애착을 남김없이 끊고, 중생에 대한 애정으로 말미암아 자애로운 자는 적정으로 나아가지 않는다. 이와 같이 지혜와 자애라는 보리의 두 방편에 의지하여 성자는 세속에도 열반에도 머물지 않는다.[17]

보살은 반야를 지니고 있으므로 생사에 머물지 않고, 대비심을 가지고 있으므로 열반에 머물지 않는다는 것이다. 반야가 자기구제의 상향도(上向道)라면 대비는 생사로 귀환하는 중생구제의 하향도(下向道)라고 할 수 있다.[18] 이처럼 보살은 무분별지를 얻어서 열반을 성취한 존재이지만, 후득지에 의해서 고통 받는 중생을 저버리지 않고 그들을 모두 구제하기 위해서 중생 속으로 들어가 활동하기 때문에, 적정을 추구하는 자와 같이 열반에만 머무르지 않는다. 이것을 가리켜 보살의 부주열반(不住涅槃)이라 말한다.

이상의 고찰을 통해서 볼 때 여래장사상은 보살이 보살행을 가능하도록 하는 이론적 바탕으로서 준비된 것임을 알 수 있다. 중생구제라는 자비의 실천을 강조하는 대승불교에서 이상적인 존재의 모습으로 제시한 '깨달은 중생'의 의미를 갖고 있는 보살은 여래장을 매개로 해서 자신의 구제활동을 펼쳐 나갈 수 있다. 중생이 여래장이라는 사실을 일깨우고 중생이 그것을 깨닫고 믿고 받아들임으로써 중생의 구제가 가능하기 때문이다.

다. 여래장사상과 이상적인 자기

인간의 참된 자기의 모습 즉 이상적 자기의 모습을 가장 확실하게 설명해 주고 있는 불교사상은 여래장사상[19]이라고 할 수 있다. 여래장사상에서는 여래장(tathāgata garbha)이라는 말이 여래의 태아를 의미하는 데서 알 수 있는 것처럼, 모든 중생이 자신 안에 여래가 될 가능성 즉 여래의 씨알을 가지고 있다고 본다. 모든 중생이 현실적으로는 번뇌와 괴로움에 휩싸여 있지만, 본래적으로는 여래가 될 가능성을 지니고 있는 여래장임을 선언한다. 나아가 중생이 아무리 번뇌에 물들어 윤회를 되풀이한다 하더라도 여래장은 오염되지 않고 소멸하지 않는다고 말한다.[20] 이처럼 중생의 본질을 여래의 씨알로서의 여래장이라고 선언하는 뜻은 인간의 본래적이고도 궁극적인 모습이 여래와 결코 다르지 않다고 말하려는 데 초점이 있다. 다시 말해서 모든 중생이 본질적으로 부처와 동일하다는 것을 밝히기 위하여, 모든 중생이 자기 안에 부처가 될 수 있는 가능성을 가지고 있다고 선언하는 것(一切衆生悉有佛性)이 여래장사상이다.

여래장사상에서는 모든 중생의 본질적인 모습은 깨끗한 것(自性淸淨心)이지만 외래적인 번뇌에 의해 오염되어 있다(客塵煩惱染)고 본다. 비유하면 금덩어리가 먼지에 싸여 있는 것과 같다고 한다. 먼지는 본래적인 것이 아니고 쉽게 치워질 수 있는 외래적인 것이다. 비록 먼지에 가려져 있지만 금덩어리의 빛나는 성질은 없어진 것이 아니라 그대로 있는 것이며, 먼지가 치워지면 곧 빛나는 금덩어리의 본래 모습을 회복할 수 있다. 여기서 인간의 현실적인 모습으로서의 번뇌는 단지 외래적인 것, 우연적인 것으로 간주되고 있음을 알 수 있다. 번뇌와 괴로움에 휩싸여 있는 현실적인 자기의 모습은 부정할 수 없지만, 그 제약적 현실에 절망할 필요가 없다는 사실을 여래장설은 일깨워주고 있다. 여래장사상에서 여래장의 존재를 강조하는 것은 실체론적인 맥락에서 여래장의 존재를 얘기하는 것이 결코 아니다. 다시 말해 불교의 근본적인 입장이라고 할 수 있는 공성(空性)을 부정하고 비존재(무)와 대립되는 존재(유)를 내세우는 것이 아니다. 여래장의 존재는 구제론의 맥락에서 파악할 때만 그 참된 의미를 이해할 수 있다고 할 수 있다.[21]

여래장을 설하는 목적이 중생의 구제라는 여래의 자비를 실천하기 위함이라는 말을 통해서 확인할 수 있는 것처럼, 여래장사상의 성립기반은 원래는 여래의 자비라는 측면에서 전개된 것이다. 중생이 부처와 본질적으로 동일함을 통찰하는 무차별적인 반야의 지혜만으로는 중생을 구제해야 하는 필요성이나 당위성이 도출되지 않는다. 중생이 여래가 될 가능성은 가지고 있지만, 현실적으로는 무지와 번뇌에 싸여 있어서 여래와는 거리가 있기 때문에 중생을 구제한다는 목표가 성립하게되는 것이다. 그러나 여래장사상이 중생과 부처와의 본래적 동일성을 강조함으로써 중생은 자신이 찾고 실현해야 할 이상적인 자기의 모습으로서의 부처가 현실적인 자기와 단절되어 있어서 결코 도달할 수 없는 목표가 아니라는 사실을 확신할 수가 있다. 자신도 여래가 될 수 있다는 사실을 분명하게 확인함으로써 사람들은 여래를 지향하는 마음을 일으킬 수가 있다. 뿐만 아니라 여래장사상은 중생에게 본래의 깨달은 모습으로 돌아가야 하는 당위성을 일깨우는 역할을 한다. 본래적인 모습을 강조하는 것은 그것으로부터 멀어진 불만족스러운 현실로부터 벗어나서 다시 본래성을 회복해야 한다는 당위적인 명령이 함축되어 있기 때문이다.

이렇게 볼 때 여래장사상은 미혹한 현실을 벗어나서 깨달은 모습으

로 나아가야 하는 당위성과 그 가능성을 확신하게 해준다는 점에 강점
이 있다고 할 수 있다. 그러나 마음의 기체 안에 무명이 존재함을 결코
인정하지 않기 때문에, 본래적으로 깨끗한 모습이었던 자기가 어떻게
해서 더러운 모습을 짓게 되었는가의 문제를 설득력 있게 설명해 주지
못하는 난점이 있다.

제3장

진과 속을 아우르는
『대승기신론』의 이문일심

　『대승기신론』은 유식사상과 여래장사상을 정합적으로 잘 종합함으로써 대승불교의 이론과 실천을 총괄하려는 목적을 가지고 쓴 책이라고 할 수 있다. 『대승기신론』은 현실의 미혹한 자기의 모습에 대해서 마음이 오염되는 과정을 단계별로 잘 보여줄 뿐만 아니라, 오염된 마음을 정화시켜 깨끗한 자기의 모습으로 나아가야 하는 당위성과 그 과정을 설득력 있게 잘 제시하고 있다. 그런 점에서 볼 때 『대승기신론』은 유식사상이 지니고 있는 강점 즉 현실의 자기 모습에 대한 해명과 여래장사상의 강점 즉 이상적 자기의 모습에 대한 확신을 아울러 조화롭게 제시하고 있다고 할 수 있다.

　이런 점에서 필자는 『대승기신론』의 사상적 특징을 중관사상과 유식사상의 종합이라든가(고익진과 은정희의 견해) 신유식사상과 구유식사상의 종합이라고 보는 것(박대원의 견해)보다는 유식사상과 여래장사상의 종합이라고 보는 것이 보다 적절하다고 생각한다.[1] 이러한 견해는 일본의 승우준교(勝又俊敎)가 능가경과 이에 바탕한 『대승기신론』의 사상을 후기의 여래장사상으로 설명하면서, 아뢰야식사상과 여래장사상이 결합된 대표적인 논서로서 『대승기신론』을 거론한 것과도 내용적으로 밀접하게 연관되어 있다.[2] 그러나 기신론의 사상사적 특징과 위상을 전체적으로 보다 명확히 드러내기 위해서는 유식사상과 여래장사상의 종합이라고 말하는 것이 보다 효과적이라고 생각한다. 원효가 기신론소에서 기신론의 내용적 특징을 한마디로 요약해서, "이 논(論)은 능가경(楞伽經)에 근거해서 진과 속이 별체라고 하는 집착을 물리치기 위한 것이다"[3]라고 분명히 말하는 것을 상기할 필요가 있다. 유식사상의 강점인 속에 대한 설명과 여래장사상의 강점인 진에 대한 확신을 잘 종합하고 있는 것이 『대승기신론』이라고 필자가 주장하는 것은 여기에 그 까닭이 있다.

1. 화합식(和合識)으로서의 아뢰야식(阿賴耶識)

『대승기신론』은 중생의 입장에서 다양한 변화의 모습을 탐구해 나가는 데 중점이 놓여 있기 때문에 마음의 변화하는 모습(心生滅)을 해명하는 데 역점을 두고 있다. 미혹해서 괴로움의 세계로 떨어지거나 수행을 통해 깨달음으로 나아가거나 모든 변화의 단초는 아뢰야식(阿賴耶識)에서 찾을 수 있다. 아뢰야식에는 우리 경험의 일체가 포함되어 있을 뿐만 아니라, 이로부터 우리 경험의 일체가 생겨나기 때문이다.

『대승기신론』에서는 "불생불멸(하는 마음)과 생멸(하는 마음의 모습)이 화합하여 있으면서, 같지도 않고(非一) 다르지도 않은(非異) 것을 아뢰야식이라고 이름한다"[4]고 말한다. 여기서 볼 때 기신론의 아뢰야식은 불생불멸의 마음으로서 깨달음의 토대인 여래장사상의 여래장과 생멸의 마음으로서 일체현상을 드러내는 유식학파의 아뢰야식이 종합된 진망화합식(眞妄和合識)으로 이해되고 있다는 것을 알 수 있다.[5]

"마음의 생멸하는 모습은 무명에 의해서 이뤄지고, 생멸하는 마음은 본각으로부터 일어나므로, 두 개의 본체가 있다거나 서로 떨어져 있는 것이 아니므로 화합이라고 한다"[6]는 것이다. 생멸하는 마음 자체에 의지하여 움직임이 있으므로 마음은 생멸하는 모습과 다르지 않지만(非異), 생멸하지 않는 성질을 잃지 않으므로 마음은 생멸과 같지 않다(非一). 즉 생멸과 불생멸이라는 두 개의 본체가 있는 것이 아니라 본체는 같다는 의미에서 비이(非異)이고, 양자는 성질이 다르고 존재방식이 다르다는 의미에서 비일(非一)이다. 그러므로 화합은 불생멸과 생멸이 같을 때나 다를 때는 있을 수 없고, 같지도 않고 다르지도 않을 때만 성립하는 것이다.

따라서 『대승기신론』의 아뢰야식은 동(動)과 정(靜)뿐만 아니라 염(染)과 정(淨)을 모두 포함하고 있고, 각(覺)과 불각(不覺)의 뜻도 아울러 지니고 있다고 할 수 있다. 아뢰야식 안에는 깨달음의 계기가 되는 진여(眞如)인 여래장과 더불어 미혹의 계기가 되는 무명(無明)이 함께 자리 잡고 있다고 볼 수 있다. 그래서 『대승기신론』의 아뢰야식은 진망화합식(眞忘和合識)이라고 불리게 되는 것이다.

미혹하여 생사의 고통에 묶여 있을지라도 마음의 본성인 진여를 반복해서 익힘으로써 미혹(不覺)으로부터 벗어나 비로소 깨달음(始覺)을 얻을 수 있다. 그러한 향상적 전환이 가능한 것은 마음의 본성은 청정하여 본래 깨달은 상태(本覺)에 있기 때문이다. 시각(始覺)이 중생이 실천수행을 통해 깨달음을 향해 노력해야 하는 방법과 당위성을 제시한 것이라면, 본각(本覺)은 인간에게 부처와 똑같은 지혜가 존재한다는 사실을 환기시킴으로써 깨달을 수 있는 가능성을 확고하게 보장해 주는 의미가 있다고 하겠다. 이렇게 볼 때 기신론의 시각과 본각이라는 구조는 여래장이라는 개념만으로 인간에게 여래가 될 수 있는 잠재적 가능성을 부여하는 것보다 한층 더 깨달음의 의미를 인간에게 가깝고 가능한 것으로 부각시키는 효과를 지니고 있음을 알 수 있다.

미혹의 세계는 어떻게 전개되는가에 관해서 기신론은 다음과 같이 설명한다. 아뢰야식 안에 자리하고 있는 무명에 의해 마음에 움직임이 일어나면(業識) 주관의 작용이 나타나고(轉識) 객관세계가 나타나며(現識) 외계의 존재가 실재한다고 판단해서(智識) 끊임없이 분별을 일으키게 되는 데(相續識)까지 이르게 되는데, 이처럼 여러 식의 생멸이 서로 모여 발생하므로 중생이라고 하는 것이다. 비록 중생의 마음이 이처럼 여러 가지 모습으로 전개되지만 그 본체는 하나인 것이며 본성이 지닌 신통하게 이해하는 본성은 각각 지니고 있으므로 식(識)이라고 한다는 것이다.[7] 여기서 우리는 중생이 끊임없이 잘못된 생각과 집착을 가지고 분별함으로써 번뇌와 괴로움을 야기하는 나락의 길로 빠져들어 가지만, 그럼에도 불구하고 이러한 흐름이 되돌릴 수 없는 절망이 아님을 다시 한 번 환기시키고 있다는 사실을 알 수 있다.

이상에서 살펴본 것처럼 『대승기신론』은 무명과 진여를 모두 아뢰야식 안에 존재하는 것으로 보기 때문에, 미혹한 현실세계의 전개과정과 깨달음에로의 전환을 모두 용이하게 설명해 줄 수 있는 장점이 있다. 이는 유식설에서 아뢰야식의 성질을 망식으로 규정해서 깨달음에로의 전환에 비연속이라는 문제점이 있는 것과 대조된다. 또한 마음의 기체 안에 무명이 존재하는 것을 인정하지 않는 여래장설과 달리 차별적이고 생멸하는 미혹한 세계가 전개되는 과정을 설명하는 데 어려움이 없게 된다. 결국 『대승기신론』은 유식설이 지니는 장점을 취해서 여래장설의 문제점을 해소하고, 여래장설이 지니는 장점을 취해서 유식설의 문제점을 해소하는 방식으로 두 사상을 종합하고 있다고 할 수 있겠다.

2. 이문일심(二門一心)

불교의 모든 가르침은 중생의 마음을 대상으로 하며, 그 마음 가운데 일어나는 괴로움으로부터 벗어나는 것을 목표로 삼는다고 할 수 있다. 인간이 경험하는 모든 세계는 마음의 세계라고 할 수 있는데, 현실적으로 괴로운 자기의 모습과 깨친 부처의 모습 역시 마음의 문제이기 때문이다. 그런데 이 마음은 항상 두 가지 모습으로 나타난다.

『대승기신론』은 마음의 세계를 마음의 본래 있는 그대로의 모습(心眞如門)과 움직이고 변화하는 모습(心生滅門)으로 나누어 설명하고 있다. 여기서 심진여문(心眞如門)은 변화와 차별이 없는 평등한 부처의 마음 세계이고, 심생멸문(心生滅門)은 끊임없이 변화하고 차별하는 중생의 마음 세계라고 할 수 있을 것이다. 기신론은 두 마음 세계의 특징과 관계 그리고 서로 통하는 과정을 상세히 논하고 있다.

기신론은 진여문에 대해서 모든 것을 실재시하는 분별이 없어 텅 비어 있지만(如實空) 무한한 선행을 할 수 있는 잠재성을 갖추고 있다(如實不空)고 설명하고 있다. 생멸문에 대해서는 앞서 아뢰야식의 설명에서 보았듯이 생멸하는 불각의 모습과 불생불멸하는 각의 모습을 함께 포함시키고 있다. 이러한 의미부여를 바탕으로 해서 기신론은 이 두 가지 마음의 모습이 각각 한마음(一心)을 이룬다고 말하고 있다. 바로 여기에 기신론의 특징이 있다.

마음의 두 가지 모습을 떠나서 초월적으로 존재하는 실체적 존재로서의 일심이 두 모습에 우선해서 존재하는 것이 아니다. 즉 일원적인 일심(一心)으로부터 이원적인 이문(二門)이 발생되는 것이 아니고, 이문을 합해서 일심이 되는 것도 아니라는 것이다. 일심은 이문을 계기로 하여 성립하는 것이고 이문은 일심을 전제로 하고 있는 것이다. 따라서 이문과 일심을 분리된 개념으로 생각하거나 성의하려고 하는 것은 잘못이라고 할 수 있다.

만약 두 문이 각각 한마음이 아닌 서로 다른 실체로서 존재한다든가 통하지 않는 부분으로 존재한다면, 진여문은 항상 온갖 차별상을 떠난 초월적인 본체로서 이상으로만 존재할 것이다. 동시에 생멸문은 온갖 차별상으로 나타나는 현실의 세계에만 머무를 것이다. 그러나 기신론의 견해는 이와는 완전히 다르다. 두 세계는 서로 단절되어 있거나 완전히 다른 세계가 아니라 각각이 온전한 세계라는 것이다. 여기에서 사용되고 있는 문이라는 의미에 주목할 필요가 있다. 문은 열어서 통할 수 있게 하는 것이다. 열어서 통하게 하면 각각 자기의 세계 안에 갇혀 있지 않고 하나의 완전한 세계를 이루게 될 것이다. 그래서 진여문은 진여문대로 생멸문은 생멸문대로 모든 것을 포섭하는 전체가 되는 것이다.

이처럼 기신론은 두 문 각각이 모두 한마음을 이룬다고 말하고 있을 뿐, 일심이라는 실체를 상정하고 그것을 둘로 나누어 보고 있지 않다. 원효가 이문일심이라는 표현을 즐겨 사용하고 있는 이유도 일심이문이라고 말했을 때 생길 수 있는 오해를 막기 위한 것이라고 볼 수 있다. 일심이문이라고 할 경우에는 일심으로부터 이문이 나온다거나 일심이 이문으로 나눠진다고 생각하기 쉽다. 뿐만 아니라 일심을 발생론적인 근원이나 궁극적 실체라고 생각할 우려가 있다. 그러나 이문일심이라고 할 경우에는 일심이 따로 존재하는 것이 아니라 이문을 통해 일심이 나타나고 이문이 각각 일심이라는 뜻을 담을 수 있는 것이다.[8]

이상의 논의를 통해서 우리는 기신론의 이문일심이라는 사상이 깨달은 평등한 세계나 미혹한 차별의 세계가 질적으로 서로 다른 세계가 아니라 각각 온전한 세계라는 것을 역설하고 있다는 사실을 알 수 있다. 나아가 각각의 세계가 서로 단절된 세계가 아니라 서로 통할 수 있고 걸림 없이 오갈 수 있는 세계라는 것을 알 수 있다.

3. 진속(眞俗)의 융통무애(融通無碍)

심진여문을 평등한 부처의 세계요 이상의 세계로서 진(眞)이라고 한다면, 심생멸문은 중생의 세계요 현실의 세계로서 속(俗)이라고 할 수 있을 것이다. 기신론은 그 저술목적이 진과 속이 별개의 것이라고 하는 집착을 다스리는 데 있다고 한다.[9] 그래서 기신론은 이문으로 표현되는 두 세계가 서로 단절된 세계가 아니라 서로 융통하고 있는 것으로 보아 그 모습과 과정을 상세히 설명하고 있다.

먼저 생멸문의 분별심이 작용해서 무명을 버리고 진여를 추구하게 되면 일심의 본원으로 돌아가게 된다. 그러면 모든 분별과 망념을 깨뜨리고 모든 차별상을 떠나게 되는 것이다. 그것은 바로 평등한 진여문의 세계와 다른 것이 아니다. 이것은 속에서 진에 이르는 모습을 그린 것이다(融俗爲眞). 또한 진여문에서는 일체의 분별을 하지 않으므로, 진여가 생멸과 다르고 우월하다는 분별과 집착(根本無明)까지를 버리게 된다. 진여가 우월하다는 집착을 버리게 되면 불변인 진여문에 머무르지 않고 생멸의 세계로 나오게 된다. 이것이 진에서 속으로 나오는 모습이다 (融眞爲俗). 이와 같이 진여문과 화합해서 생멸의 세계로 나오게 되면, 아무런 분별과 행위도 하지 않는 적멸에 머무르지 않고 상황에 따라 적절한 판단과 행위를 할 수 있는 지혜(世間自然業智)가 동반된다.[10]

이상과 같이 『대승기신론』에서는 속에서 진으로 또 진에서 속으로 진과 속이 걸림 없이 오갈 수 있는 모습을 설득력 있게 그리고 있다. 그리하여 현실적인 모습(俗)도 이상적인 모습(眞)에 못지않은 가치와 의의를 지닐 수 있는 것으로 자리매김한다. 이로써 초기 불교 이래 줄곧 문제되어 오던 진속의 문제에 대한 가장 고차원적인 해결방식을 제시하고 있다.

만약 진과 속을 분리하여 다른 것으로 보고 그 어느 하나만을 긍정하게 되면 종교로서 성립할 수가 없게 된다. 이상적인 자기 모습으로서의 진만을 긍정하면 그것을 향해 이루어지는 세속에서의 자기 노력까지가 부정되어 버린다. 한편 현실의 자기 모습으로서의 속만 인정하면 그 불완전성을 넘어선 이상의 자기 모습은 들어설 근거를 잃게 된다. 그래서 어떤 형태로든 진과 속이 함께 긍정되고 가치부여가 되어야 할 필요성이 종교에서는 늘 존재한다.

중관불교에서는 진속불이(眞俗不二)라든가 진속평등(眞俗平等)이라고 말하여 양자를 차별적으로 가치 매기는 것을 배척하고 있다. 그러나 이것은 속은 말할 것도 없고 진까지 집착하지 말라는 뜻으로서 진과 속을 다 같이 버리는 방향인 것이다. 따라서 이것만으로는 진속의 문제에 대한 원만한 해결이 될 수가 없다.[11] 기신론은 진과 속이 서로 같지도 다르지도 않은 관계로 있으면서, 속에서 진으로 또 진에서 속으로 자재롭게 오갈 수 있게 원융무애함을 밝히고 있다. 이처럼 기본적으로 반대 개념을 함축하고 있는 진과 속의 문제를 가장 원만한 형태로 관계 맺음으로써 함께 긍정하는 데서 기신론의 기신론다운 특징이 있다고 할 수 있다.

그렇다면 『대승기신론』이 이렇게 진과 속의 융통을 역설하고 있는 이유는 무엇인가 다시 한 번 생각해 볼 필요가 있다. 앞에서도 간단히 언급했지만 만약 진은 어디까지나 진이고 속은 어디까지나 속에 그치는 것이라면 다음과 같은 여러 가지 문제가 생긴다. 괴로움에 싸여 있는 현실의 중생이 깨달음을 추구하는 수행과 노력을 시작하는데, 그러한 판단과 노력 역시 현실 속에서 이뤄지는 것이고 그런 한에서 그러한 노력 역시 무가치하거나 정당하지 않은 것으로 전락한다. 또한 깨달음을 얻어 이상적인 부처의 세계에 영원히 머무를 뿐이라면 깨달음은 현실과 무관한 것이 되고 말아 깨달음을 추구해서 무엇하나 하는 본질적인 질문에 봉착하게 된다. 진과 속이 융통하고 걸림이 없어야 비로소 속에서 이뤄지는 이상을 향한 지향이 정당성을 갖게 되고, 확립된 이상이 속에서 구현됨으로써 이상의 의미가 살아날 수 있게 되는 것이다.

4. 맺는 말

두 개의 자기가 있다. 하나는 아집으로 인해 괴로운 현실을 살고 있는 중생으로서의 자기이고, 또 하나는 모든 망념과 집착을 버린 곳에 드러나는 본래 있는 그대로 존재하는 이상적인 부처로서의 자기이다. 유식설은 중생으로서의 자기 모습을 논리적으로 잘 설명해 주고 있다. 여래장사상은 이상적인 자기의 모습에 대한 확신을 심어주고 있다.

『대승기신론』은 이 두 개의 자기가 어떤 모습으로 있고 또 어떻게 상통하고 있는가를 체계적으로 잘 설명해 주고 있다. 기신론은 진과 속이 서로 같지도 다르지도 않은 관계로 있으면서, 속에서 진으로 또 진에서 속으로 자재롭게 오갈 수 있으며 원융무애함을 밝히고 있다. 이처럼 기본적으로 반대 개념을 함축하고 있는 진과 속의 문제를 양쪽 모두의 역동성을 잃지 않으면서 가장 원만한 형태로 관계 짓고 있는 데서 기신론의 기신론다운 특징을 찾을 수 있다.

『대승기신론』은 초기 불교 이래 줄곧 문제되어 오던 진속의 문제에 대한 가장 고차원적인 해결방식을 제시하고 있다. 만약 진과 속을 분리하여 다른 것으로 보고 그 어느 하나만을 긍정하게 되면 종교로서 성립할 수가 없게 된다. 이상적인 자기 모습으로서의 진만을 긍정하면 그것을 향해 이루어지는 세속에서의 자기 노력까지가 부정되어 버린다. 한편 현실의 자기 모습으로서의 속만 인정하면 그 불완전성을 넘어선 이상의 자기 모습은 들어설 근거를 잃게 된다. 그래서 어떤 형태로든 진과 속이 함께 긍정되고 가치부여가 되어야 할 필요성이 종교에서는 늘 존재한다. 바로 이 문제에 대해서 『대승기신론』은 이론적으로 가장 성공적인 형태로 체계적인 설명을 제공하고 있다고 할 수 있다.

『대승기신론』이 진속을 자유롭게 오가는 방식으로 양자를 융합하고 있는 것은 중세신학에서 '하잘것없는 시시한 일'로 간주되던 세속적인 일을 루터가 '하나님의 소명'이라고 번역함으로써, 성(聖)과 속(俗)의 분열이라는 중세신학의 문제를 극복하고 성속을 일치시키는 사상적 대전환을 이룩한 것과 대조될 수 있다. 성과 속을 일치시키는 사상적 전환을 이룩하여 종교개혁의 기틀을 마련한 루터나 캘빈은 '속 가운데 성이 내재하고 있다'는 방식으로 성속의 일치를 말함으로써 성과 속의 대립을 해소한다. 이러한 논의는 진과 속의 불이(不二)를 말하는 중관사상의 견해에 비견될 수 있을 것이다. 기신론은 여기서 한 걸음 더 나아가 진과 속이 각기 완전성을 가지고 있음을 인정하면서 동시에 진에서 속으로 또 속에서 진으로 걸림 없이 오갈 수 있음을 말하고 있다. 그런 점에서 진속의 융통무애를 밝히고 있는 기신론의 논의가 진속의 문제라는 종교의 보편적인 문제에 관한 논의 가운데서 가장 완비된 논리와 더불어 풍부한 내용적 함축을 지니고 있다고 말할 수 있을 것이다.

중생과 부처는 서로 질적으로 다르거나 단절되어 있지 않을 뿐만 아니라, 중생 속에 부처가 공존하고 부처 역시 중생을 떠나 존재하지 않는다는 사실을 『대승기신론』은 설득력 있게 보여주고 있다. 그리고 이두 개의 자기는 모두 하나의 마음 안에 있다.

백련

화조도   홍련

출처 : 꽃으로 보는 한국문화 3

제4장

진흙 속에 핀 꽃을 설하는 유마경

1. 유마경과 대승불교

유마경은 불교사의 흐름 속에서 대승불교운동이라는 완전히 새로운 전통을 힘차게 열어가는 데 결정적인 역할을 한 경전이다. 모든 중생을 구제하고자 하는 대승불교의 정신과 아무것에도 걸림이 없는 자유로움을, 유마경은 자유로우면서도 극적인 구성을 통해 감동적으로 보여주고 있다. 이 유마경으로 인해서 대승불교는 인도에서 그 지평을 크게 넓힐 수 있었다. 중국에서 중국불교를 본격적으로 전개시킨 승조(僧肇)는 이 유마경을 읽고 불교에 귀의하였다.[1] 한국불교의 큰 스승인 원효의 사상과 삶도 유마경에서 영향을 받은 바가 매우 컸다. 불교가 전파된 모든 나라의 승려들뿐 아니라 수많은 문인과 예술가들이 이 경을 애송하여 그들의 작품에 수용하였다. 북위 운강석굴의 벽화와 천장화에도 유마경의 내용이 그려져 있다.[2] 뿐만 아니라 유마경은 불립문자(不

立文字)를 모토로 삼는 중국 선종이 성립하게 된 경전적 근거로 작용하였고, 수많은 선승들의 깨침과 설법의 계기가 되었다. 이처럼 유마경은 아시아 여러 나라에서 대승불교라는 장엄한 정신문화를 꽃피우게 하고, 역사에 위대한 족적을 남긴 선철들의 직관과 행동에 큰 영향을 끼친 위대한 고전이다.

2. 대승불교와 공(空)

붓다는 임종 전에 스승의 사후 의지할 곳을 찾는 제자들에게 "자기 자신을 의지하고 진리에 의지하라"고 말했다. 제자들은 진리가 스승인 붓다의 말씀 가운데 있다고 생각했기 때문에 붓다가 45년 동안 설법한 내용을 애써 기억하여 정리하고 그것에 의지하여 수행하고자 하였다. 기원 후 1세기에 이르기까지 출가자 중심의 불교교단은 넉넉하고 안정된 생활을 하면서 붓다의 말씀들에 대한 학문적 연구에 열중하였다. 그들은 붓다의 설법들을 수집하고 그것을 이론적으로 분석하고 정리함으로써 불교의 종합적 교리체계를 확립하고자 노력하였다. 그러다 보니 교리와 계율에 대한 수많은 해석과 이해의 차이가 나타나게 되었고, 이에 따라 수많은 교파의 분열이 생겨났다. 이러한 경향은 주체적 자각과 실천의 방향을 지시하는 붓다의 가르침을 진리 그 자체로 절대화함으로써 생겨난 것이다. 이처럼 진리를 대상화해서 객관적이고 논리적으로 고찰하는 지적인 사변의 경향은 생활 속에서 문제해결의 길을 찾아가는 불교 본래의 실천적 성격과 어긋나는 것이며, 붓다 본래의 가르침이 지닌 본뜻을 벗어난 것이었기에 자연히 일반 대중들과는 거리가 먼 것이 되어 갔다. 불교가 이처럼 붓다 가르침의 근본정신으로부터 벗어나고, 교단이 추가자 중심으로 배타적 권위적으로 운영됨으로써 대중으로부터 고립되어 가는 것에 대한 반성과 비판으로부터 대승불교운동이 시작되었다. 대승불교운동의 시작이 붓다 불교의 근본정신과 가르침의 본뜻을 회복하려는 방향으로 전개되는 것은 너무나도 당연하다.

초기 대승경전인 반야경에서는 공(空)사상을 천명함으로써 불교의 근본정신을 회복하고자 하였다. 붓다의 핵심적인 가르침의 내용은 연기(緣起)라고 할 수 있다. 연기의 의미는 "이것이 있으므로 저것이 있고, 이것이 생겨나므로 저것이 생겨난다. 이것이 없으므로 저것이 없고, 이것이 소멸하므로 저것이 소멸한다."는 정형화된 표현에 잘 나타나 있다. 모든 것은 자기 원인에 의해서 존재하거나 변화하는 것이 아니라 조건에 의지해서 있는 것이고 인연에 따라서 생겼다 사라지는 것이다. 따라서 모든 존재하는 것은 그것 자체로 변치 않는 고정적인 실체성을 가지고 있지 않다. 모든 것은 영원히 자신에게 속하는 아무것도 가지고 있지 않기(無自性) 때문에 텅 비어 있다고 할 수 있다.

이처럼 모든 것의 실체성을 부정하고 비어 있다는 것을 천명하는 공(空)사상은 모든 것을 무의미하게 보는 허무주의나 절망과는 전적으로 다른 것이다. 모든 것이 비어 있음을 자각하게 되면 그것에 매달리거나 붙들리는 집착으로부터 벗어날 수 있을 것이다. 그러므로 공사상의 본령은 집착해서는 안 될 것에 집착하는 어리석음을 깨침으로써 집착을 던져버리게 하는 데 있다고 할 수 있다. 집착을 벗어던짐으로써 자유로워지고 거기에서 참된 주체적 실천이 시작될 수 있다. 애고의식에 사로잡힌 마음을 비우고 자유로워지면 올바른 인식과 참된 실천이 시작된다. 따라서 공사상은 단순한 부정의 논리가 아니요 절대긍정과 실천의 근원이라고 할 수 있다. 반야경에 의해서 시작된 공의 자각과 실천을 좀 더 철저히 밀고 나가서 걸림 없는 사고와 보다 적극적인 실천의 전형을 펼쳐 보인 것이 유마경이라 할 수 있다.

3. 유마라는 인물의 설정과 만인에게 열린 깨달음

유마경은 유마(維摩, 산스크리트어로 더럽혀짐이 없다는 뜻의 Vimala를 소리 나는 내로 음사한 말)라고 알려진 사람이 설한 경전이다. 유마라는 인물은 중인도 바이샬리에 살면서 상업에 종사하던 부자로서 재가 불교신자이다. 처자도 있고 장사도 하고 좋지 않은 장소에 출입하기도 한다는 점에서 일반 서민과 조금도 다름이 없다. 그러나 노름을 하거나 창녀와 접하더라도 욕망에 휩싸여 그것을 충족하기 위해 그런 것이 아니라 그곳에 있는 사람들을 그릇된 길로부터 구해 내기 위해서 그들과 함께하는 것이기 때문에 조금도 욕망에 젖어 있지 않다. 욕망이나 더러움이 가득한 곳에 있으면서도 그것에 의해서 더럽혀지거나 물들지 않는 사람이 바로 유마라는 인물이다.[3] 물들지 않는다(無垢)는 뜻을 지닌 이름을 가진 사람을 경전을 설한 주인공으로 설정한 것은 진리와 깨달음이 더러운 속세를 벗어나서 아예 속세의 더러움과 단절되어 있는 청정한 곳에 따로 있는 것이 아님을 강조하기 위한 의도가 담겨 있다고 할 수 있다.

대부분의 경전은 붓다가 주인공이고 붓다의 언행으로 거의 모든 내용이 채워지고 있다. 그러나 유마경은 주인공 유마의 언행에 관한 이야기로 가득 차 있으며, 붓다 제자들의 언행은 유마의 언행을 부각시키기 위한 배경장치 정도로 다루고 있다. 이처럼 출가자도 아닌 속인 유마를 주인공으로 등장시켜 부처와 동격으로 취급하고 있는 이유는 깨달아서 부처가 된다고 하는 이상이 출가자와 같은 특별한 사람에게만 닫힌 형태로 제시된 것이 아니라 누구에게나 열려 있는 형태로 제시된 것임을 보이고자 하는 데 있다고 하겠다. 재가생활을 하는 가운데서도 출가해서 얻을 수 있는 종교적 이상이 똑같이 실현될 수 있다는 것과 누구든 자신의 마음을 깨끗하게 하고 더러움에 물들지 않게 한다면 부처가 될 수 있다고 하는 것이 여기에 담겨 있는 메시지다. 여기서 한 걸음 더 나아가 자각의 세계에 머물러 홀로 즐기는 것은 중생을 구제할 수 없기 때문에 보살에게는 그것이 속박이고, 여러 가지 방편을 가지고 마음대로 중생을 구제하는 것이 자유롭게 보살행을 수행할 수 있기 때문에 그것을 보살의 해탈이 된다고 말한다.[4] 이처럼 유마경은 소승불교의 권위적이고 형식적인 출가중심주의에 대해서 해학과 역설을 통해 강력하게 비판함으로써 대승불교의 이상을 활짝 꽃피우게 하는 큰 길을 열었다.

4. 유마경의 대강 줄거리

붓다가 마음을 맑게 하면 '현실이 곧 이상향'임을 설법하는데 유마가 근처에 온다. 유마의 공덕과 지혜가 소개되고, 유마는 방편으로 병든 몸을 나타내어 육신의 무상함에 대하여 설명한다. 붓다는 유마의 뜻을 알고 10대 제자를 보내어 문병하고자 한다. 그러나 그들은 이미 자신이 장기로 삼는 부분 즉 사리불의 좌선, 가섭의 걸식, 라후라의 출가 등에 대해서 유마로부터 혹독한 비판을 받은 적이 있으므로 부끄러워 감히 문병을 갈 수 없다고 거절한다. 붓다는 다시 미륵보살과 광엄동자, 지세보살, 선덕 등에게 문병을 갈 것을 권유한다. 그러나 그들 역시 일찍이 유마로부터 논파당한 적이 있기 때문에 문병을 갈 수 없다고 사양한다. 마침내 붓다는 문수사리를 보내는데 문수는 여러 제자 대중들과 함께 문병을 간다. 문수는 유마에게 "그대의 병은 무엇 때문에 생겨났으며 언제 병이 낫느냐?"고 묻는다. 이에 유마는 "일체 중생이 아프기 때문에 나도 아프고, 모든 중생의 병이 나으면 내 병도 나을 것입니다"라고 대답한다.

또 문수가 유마의 빈 방에 대해서 묻자 유마는 무집착과 무구(無求)의 의미에 대해서 설명한다. 이어 중생이라는 고정관념을 버릴 것에 대한 설법과 옷에 붙은 꽃을 떨쳐내려고 애쓰는 사리불에 대한 천녀의 설법이 이어진다. 문수가 어떻게 하면 불도에 통달할 수 있느냐고 묻자 유마는 비도(非道)를 행한다면 바로 불도를 통달할 수 있을 것이라고 대답한다. 유마는 불이법문(不二法門)에 들어가는 요체에 대해서 묻고 31보살들이 나름대로 이에 대답한다. 문수가 유마에게 되물었을 때 유마는 침묵한다. 식사 후 유마의 설법이 이어지고, 무대가 다시 붓다가 설하는 곳으로 옮겨져 중도에 대한 설법을 한다. 이어 정토를 버리고 중생세계에 나타나 자비와 지혜를 나누어 주는 유마의 인생에 대한 사리불의 찬탄이 이어진다. 유마경을 독송하고 유포하겠다는 서원이 있은 다음에 붓다는 이 경전을 미륵보살에게 맡긴다.

5. 유마경의 핵심적인 사상

가. 중생이 아프니까 내가 아프다.

문수가 유마거사를 찾아와서 "병은 참을 만하냐? 더 심해지지는 않느냐? 병은 왜 생겼느냐? 병은 왜 이렇게 오래 가느냐? 언제 낫느냐?"고 물었다. 이에 유마는 대답했다.

어리석음 때문에 애착이 있고, 그리하여 나의 병이 생겼으며, 일체 중생이 병들었으므로 나도 병들었습니다. 만약 일체 중생이 병이 나으면 나의 병도 나을 것입니다. 왜냐하면 보살은 중생을 위하여 생사에 들었는데, 생사가 있으면 병도 있는 것입니다. 만약 중생이 병을 떠난다면 곧 보살도 다시 병들지 않을 것입니다.[5]

이처럼 중생 속에서 중생과 함께 있으면서 중생과 고통을 함께하는 유마의 모습은 바로 대승불교가 이상적 인간상으로 내세우고 있는 보살(菩薩, 깨달은 중생이라는 뜻의 Boddhisattva를 소리 나는 대로 음사한 말)의 전형적인 모습이다. 보살은 말 그대로 깨달았지만 중생으로 머무르고 있는 사람을 가리킨다. 자신은 이미 깨달음을 얻어서 구원을 성취할 수 있지만, 중생을 생각하는 자비(慈悲)의 마음 때문에 이 세상에 중생으로 남아서 중생 속에서 중생과 함께 머무르는 존재가 바로 보살이다. 보살은 중생의 모든 아픔을 같이 아파하고 중생의 모든 소망을 듣고서 그것을 해결해 주고자 불철주야 노력하는 사람이다. 그러므로 보살은 괴로움을 완전히 떠난 존재가 아니라, 중생의 모든 괴로움을 나눠 지고 괴로움 속에 서 있는 존재라고 할 수 있다. 보살은 소승의 아라한(阿羅漢)처럼 나 홀로 깨달음을 얻어 괴로움으로부터 벗어나 열반에 머무르려고 하지 않는다. 보살은 열반에 머무르지 않고(不住涅槃), 중생이 사는 생사의 세계에 다시 내려와 중생과 함께 괴로움을 나누면서 중생을 구원하고자 하는 대승의 이상적 인간상이다. 이러한 이상을 따르는 구체적인 인간의 모습을 유마경은 유마거사를 통해서 생생하게 보여주고 있다.

모든 중생이 다 같이 한꺼번에 구원받는 것을 이상으로 하는 대승불교에서는 지혜와 더불어 자비의 정신을 새롭게 강조하고 자비의 화신으로서 보살의 모습을 제시한다. 자비는 중생의 기쁨을 나의 기쁨으로 알아 함께 기뻐하고(慈) 중생의 아픔을 나의 아픔으로 여겨 함께 아파하는(悲) 것이다. 불교는 이 말을 통해서 다른 존재에 대한 깊은 관심과 사랑을 표현하고 있다. 불교의 자비는 다른 사람에 대한 연민이나 동정과는 전적으로 다른 것이요, 유교의 인(仁)이나 기독교의 사랑과도 다른 것이다. 자비 이외의 다른 말들은 모두 '나'라는 존재와 상대방의 존재 사이에 오고 가는 순수한 감정과 배려를 의미하는 것이라고 할 수 있다. 그러나 불교에서 자비라고 할 때는 어디까지나 불교의 근본 진리인 연기(緣起)에 대한 깨달음에서 비롯된 것이 아니면 안 된다. 모든 존재는 연기의 방식으로 존재하기 때문에, '나'라고 하는 존재도 다른 사람 및 다른 것과 '함께' 그리고 '서로 의지하고 영향을 주는' 방식으로만 존재한다. 나의 존재가 이렇듯 다른 존재와 연결되어 있는 방식으로만 존재한다면, 나와 남은 서로 분리되어 독립적으로 존재하는 다른 존재라고 할 수 없다. 이처럼 나와 남이 서로 연결되어 있는 '한 몸'이라고 알게 되면, 저절로 남을 나와 구분하는 마음 없이 나처럼 아끼고 사랑하게 될 것이다. 이것이 바로 '한 몸'이라고 아는 데서 우러나오는 커다란 사랑 즉 '동체대비(同體大悲)'이다. 구걸하는 거지를 보고서 그가 바로 나임을 자각하고 나를 아끼듯이 거지를 돌보는 것이 불교의 자비이지, 거지와 내가 다른 존재라는 생각이 있는 한 아무리 따뜻하게 보살펴 주더라도 자비는 결코 아니다.

대승불교에서 보살이라는 이상적 인간형이 새롭게 대두된 배경은 어디에 있을까? 그것은 교단 내외의 사회적 여건이 달라진 데서도 그 원인을 찾을 수 있지만, 역시 근본적 진리인 연기에 대한 이해의 깊이가 점차 심화된 데 따른 자연스러운 변화라고 할 수 있을 것이다. 인간의 존재가 원래 그렇게 고립될 수 없는 존재라면 다른 사람들의 불행한 삶과 관계없이 혼자서만 성불하는 것이 애초부터 불가능하다고 할 수 있다. 나와 중생이 한 몸이라는 것을 철저히 자각하게 되면 중생의 아픔이 자신의 아픔으로 그대로 느껴질 것이고 혼자서만 괴로움을 벗어나려는 생각조차 할 수 없을 것이다. 이처럼 같이 사는 사람들 즉 횡적인 인간관계에 보다 많은 관심을 가지고 자비를 강조한다고 해서 불교 본래의 깨달음을 추구하는 노력이 포기되거나 경시되는 것은 결코 아니다. 자비나 중생구제 모두 어디까지나 깨달음에서 비롯된 것이어야 하는 것이다. 그렇지 못하면 자비도 중생구제도 제대로 이루어질 수 없고, 이루어진다 하더라도 참된 것이 못 된다. "위로 깨달음을 구하고 아래로 중생을 교화한다"고 하는 "상구보리(上求菩提) 하화중생(下化衆生)"은 불교가 지향하는 목표를 단적으로 표현하는 말이라고 할 수 있고, 지혜와 자비는 그것을 이루기 위한 방편으로 제시되고 있다는 점에서 불교를 떠받치고 있는 두 개의 기둥이라고 볼 수 있을 것이다.

나. 비도(非道)를 행하면 바로 불도에 통달할 수 있다.

문수가 어떻게 하면 불도에 통달할 수 있느냐고 물었을 때, 유마는 만약 보살이 비도(非道)를 행한다면 바로 불도에 통달할 것이라고 답변한다. 어떻게 하는 것이 비도를 행하는 것이냐 하면 아버지나 어머니 또는 아라한을 죽이거나 부처님 몸에 상처를 내고 교단의 화목을 깨는 등 오역죄(五逆罪)를 범했으면서도 성내고 번민하는 일이 없고 지옥에 떨어져서도 죄에 의해 조금도 더러워진 것이 없는 것이다.[6] 보살은 지옥에 있는 중생을 구하기 위해서는 지옥에 들고, 백정을 구하기 위해서는 백정의 벗이 되며, 호색한을 구제하기 위해서는 음녀의 모습으로 그에게 다가가는 등 흐름을 따라 자유롭고 자재한 방편을 사용하여 중생을 적극적으로 구제한다. 사용하는 방편이 그 자체로는 바람직하지 않은 것으로서 비도(非道)라 할지라도 그것을 행함으로써 불도(佛道)를 이룬다고 하는 것이 유마경이 보여주는 거침없는 보살행이다. 흙탕물에 빠진 사람을 건지기 위해서는 스스로 흙탕물에 뛰어들어 흙탕물을 뒤집어쓰지 않으면 안 된다. 이처럼 정해진 계율을 형식적으로 지키면서 스스로 청결함을 유지하는 데만 유념하는 방식으로는 불도를 통달할 수 없다는 것이 유마경이 던지는 강렬한 메시지다. 중생들이 어떤 무지막지한 행동을 하고 있더라도 그들을 내치지 않고 그들에게 다가가서 그들과 같이 행동함으로써 그들을 그러한 죄악으로부터 구해 내야 한다는 거침없는 적극적 실천이 보살에게는 요구된다. 중생이 가는 어디까지라도 따라가서 최후까지 구원의 손길을 거두지 않는 철저한 자비의 정신이 대승불교를 대승불교이게끔 만드는 특징이다. 심지어 부처를 상하게 하고 교단의 화합을 해치는 일까지도 서슴지 않아야 한다고 하는 점에서 대승불교의 열린 정신과 자비의 실천에 투철한 모습을 여실히 확인할 수 있다. 훗날 선사들이 보여주는, 부처를 만나면 부처를 죽이고 조사를 마나면 조사를 죽인다고 하는 씩씩한 기백도 유마경이 표현하고 있는 이러한 기상과 무관하지 않은 것이라 할 수 있다.

흙탕물이야말로 깨달음의 씨를 성장시키고 꽃피게 할 수 있는 조건이 된다. 번뇌의 진흙 속에서 허덕이는 중생이야말로 불법을 일으킬 수 있는 당체가 된다. 불법은 흙탕물처럼 더러운 중생이 사는 현실세계 속에서 찬란하게 꽃필 수 있다. 그것은 마치 허공 속에서는 씨앗을 심어도 자라지 않지만 더럽고 썩은 흙 속에서는 씨앗이 무성하게 자랄 수 있는 것과 같다.[7] 흙탕물 속에 뛰어들어 그 속에 몸을 담그고, 흙탕물 속에 뿌리를 내리고 살면서, 그 속에서 깨달음과 중생교화를 함께 이루는 보살의 아름다운 모습은 더러운 흙탕물 속에서 깨끗하고 아름다운 꽃을 피우는 연꽃의 모습에 비견될 수 있다.

그러나 비도(非道)라는 방편에 매이거나 물들어서는 아무것도 아닐 뿐 아니라 크게 잘못된 것이다. 불살생이라는 불교의 계율을 제대로 지키는 것은 단순히 모든 살아 있는 것을 죽이지 않는 것이 아니다. 보다 적극적으로 사람을 살리기 위한 모든 노력을 하고, 때로는 살생을 일삼는 사람을 죽여 없애기도 하는 것이 참으로 생명을 사랑하는 불교의 자비정신에 더 부합할 수 있다. 계율을 소극적으로 해석하여 그것을 형식적으로 지키는 데만 급급해서는 현실에서 필요한 중생구제의 활동을 제대로 할 수 없다. 보살의 중생을 향한 보편적이고 절대적인 자비라는 정신을 사려 나가기 위해서는 계율에 얽매이지 않고 계율을 파괴하는 것도 서슴지 않는 적극성을 가져야 중생을 구제하겠다는 염원을 성취할 수 있다. 이런 맥락에서 원광(圓光)이 불살생을 실천해야 하는 승려의 몸으로 살생유택(殺生有擇)이라는 계율을 제시한 것을 이해할 수 있다. 자기 혼자 소극적으로 살생계를 범하지 않는 것으로는 불살생의 정신을 살릴 수 없다. 중생을 대규모로 심각하게 해치는 존재는 불살상계를 어기는 한이 있더라도 제거하는 것이 중생을 살리는 길이라고 할 수 있다. 그런 점에서 볼 때 원광의 살생유택은 불살생계에 대한 대승적인 해석에 따른 것임을 알 수 있다.

다. 유마의 침묵

깨달은 모습이라고 할 수 있는 절대평등의 경지는 어떤 것인가에 대한 문답에서, 많은 사람들은 대립(二)을 설한 다음에 그것을 부정하는 방식으로 얘기하였다. 그러자 문수는 말할 것도 설할 것도 없으며, 볼 수도 없고 알 수도 없다고 말하면서 모든 문답을 떠난 것이 불이법문(不二法門)이라고 해설하였다. 유마는 오직 침묵할 뿐 한마디도 입을 열지 않았다.

여러 보살들은 불이법문의 뛰어남에 대해서 그것을 대상화하고 추상화해서 온갖 언어로 설명했다. 문수는 불이법문이 언어와 지성을 통해서는 도달할 수 없다는 것을 알고 있었기 때문에, 언어로는 알 수도 없고 설명할 수도 없는 모든 문답을 떠난 자리가 불이법문이라고 말했다. 유마는 묵묵히 침묵을 지킬 뿐 아무 말도 하지 않았다.[8]

문수는 불이법문은 언어나 문자를 떠난다고 언어를 통해서 말했다. 유마의 침묵은 그 어떤 그럴듯한 설명보다도 또한 말할 수 없다고 하는 말보다도 더 생생하게 이원적 대립을 벗어난 절대평등의 경지를 웅변해 주고 있다.

그래서 유마의 침묵에 대해서 후세는 "유마의 침묵, 그 소리는 천둥소리와 같다"고 찬탄했다.[9] 언어는 분별적 사유의 산물이기 때문에 그것이 어떤 것이든 언어에 의해 표현되는 한 거기에는 분별과 대립이 존재한다. 유마의 침묵은 언어에 의한 대립을 초극하고 절대평등의 경지에 들어가 있는 모습을 여실히 보여주고 있는 것으로서 불이법문(不二法門)이라 할 수 있다. 이처럼 언어와 문자를 부정하는 유마경의 불이법문은 불립문자(不立文字)와 교외별전(敎外別傳)을 테제로 삼는 선종에 많은 영향을 끼쳤다. 선종은 성립 초기부터 유마경에 의거하여 이론적으로 논의할 수 없는 '부사의해탈(不思議解脫)'의 법문을 밝힌다고 선언할 뿐 아니라, 유마경의 여러 주제들을 공안(公案)으로 채택하고 있다.[10]

유마경은 여러 면에서 파격적이고 역설적인 방법으로 기존의 상식을 뛰어넘는 가르침으로 불교의 근본적인 가르침을 새삼스럽게 일깨운다. 불교의 근본적인 진리는 연기이고 연기이기 때문에 공이다. 공은 그것이 무엇이든 그것을 실체화해서 집착하는 것을 경계하기 위해서 설해진 것이다. 따라서 공의 정신을 제대로 이해한다면 붓다가 가르친 법에도 집착하지 않아야 한다. 뗏목의 비유는 불교가 가르치는 진리로서의 법도 고통에서 벗어나기 위해서 사용하는 방편일 따름이기 때문에, 법에 집착해서 떠받들고 가는 것은 잘못이라는 뜻을 명확하게 밝힌 것이다. 마찬가지로 공을 설한다고 해서 공에 대해서 집착해서 모든 것을 허무하다고 하는 것도 참으로 나쁜 공에 대한 집착(惡取空)이다.

이처럼 모든 집착을 벗어던짐으로써 자유로워지면, 그곳에서 참된 주체적 실천이 시작될 수 있다. 부처의 세계를 이상으로 알고 현실세계를 떠나서 그것을 추구하는 것은 이상에 대한 집착이다. 그러한 집착을 깨기 위해서 유마경은 중생이 사는 현실세계가 바로 부처가 머무는 이상의 세계인 정토(淨土)라고 말한다. 출가하여 부처의 길을 따르는 출가자가 세속에 머물며 세속적인 삶을 살아가는 재가자보다 우월하다든가 깨끗하다는 분별의식도 집착이다. 이러한 집착을 깨기 위해서 유마경은 재가자인 유마를 내세워서 출가자의 편협한 애고의식과 집착을 질책한다.

이처럼 유마경은 여러 가지 집착에 사로잡힌 마음을 비우고 자유로워지면 올바른 인식과 참된 실천이 시작된다는 것을 설득력 있게 보여준다. 그런 점에서 집착을 떠나도록 하는 공사상은 단순한 부정의 논리가 아니요 절대긍정과 실천의 근원이라고 할 수 있다. 반야경에 의해서 시작된 공의 자각과 실천을 좀 더 철저히 밀고 나가서 걸림 없는 사고와 보다 적극적인 실천의 전형을 펼쳐 보인 것이 유마경이라 할 수 있을 것이다.

연꽃, 생명의 꽃

출처 : 한국 미의 재발견 – 불교 조각

제5장

부처의 세계를 설하는 화엄경

1. 부처를 설하는 화엄경

화엄경(華嚴經)은 여러 가지 꽃으로 장식되어 있다는 의미에서 붙여진 이름이다. 부처를 설한 경이라는 의미에서 불화엄경(佛華嚴經)이라고도 하고, 시간적으로나 공간적으로 크고 넓게 존재하는 부처를 설한 경이라는 뜻으로 대방광불화엄경(大方廣佛華嚴經)이라고 한다. 경이 설해진 곳은 석가모니가 성도한 보리수나무 아랫며, 설해진 시기는 성도한 직후라고 되어 있다.[1] 경의 이름이나 설해진 시기 및 장소 등에 함축되어 있는 바와 같이, 화엄경은 진실한 세계인 부처의 세계와 부처가 깨달은 그대로의 진실을 설하는 경전이기 때문에 경전 가운데서 부처 내지 이상으로서의 본래성에 가장 중점을 두고 있는 경전이라 할 수 있다.

그렇지만 경의 내용을 검토하여 보면 세속과 단절되어 저만치 초월해서 멀리 있는 부처나 진리를 설하는 것이 아니라 세속과의 거리를 최대한 단축 내지 밀착시키고 있음을 확인할 수 있다.

화엄경의 주불은 비로자나불(毗盧遮那佛)이다. 비로자나는 '무한한 빛이 널리 비춘다'는 뜻을 지닌 산스크리트어 Vairocana의 음역어이다. 시간적으로 영원하고 공간적으로는 무한하게 '언제 어디서나 존재하는 부처'라는 함의를 지니고 있음을 알 수다. 석가모니불이 역사적으로 탄생하고 성도하고 전법하고 열반한 역사적인 존재로서의 부처라ㄱ 한다면, 비로자나불은 인간의 사유에 의해서 추상화된 보편불이라 할 수 있다. 포이에르바하는 "신이 인간을 만든 것이 아니라, 인간이 신을 만들었다"고 말했지만, 역사적으로 실존한 석가모니불을 제외한 모든 부처는 인간의 요청에 의해서 만들어진 부처라 할 수 있고,[2] 비로자나불이라는 보편불의 개념도 같은 맥락에서 이해할 수 있을 것이다. 그렇다면 언제 어디서나 존재하는 보편불로서의 비로자나불의 존재를 요청하게 된 까닭은 무엇이라 보아야 할지 생각해 보자.

붓다는 임종 전에 자신의 사후 의지할 곳을 찾는 제자들에게 역사적 존재인 석가모니를 의지하려 하지 말고 "자기 자신을 의지하고 진리에 의지하라"고 말했다고 한다. 붓다가 비록 그렇게 가르쳤다고는 하지만, 막상 석가모니 붓다가 실존하지 않게 되자 든든한 의지처 및 지향점으로서의 부처가 실존하지 않는다는 사실에 대해서 허전함과 불안함을 지울 수 없었을 것이다. 이러한 허전함과 불안함은 지금 여기에 한정된 것이 아니고 앞으로 어디에서나 똑같이 느낄 수밖에 없다. 이렇듯 허전하고 불안한 마음을 가지는 한 불교라는 종교의 존속 자체를 장담할 수 없다. 그래서 이러한 허전함과 불안감을 채워주는 부처로서 언제 어디서나 존재하는 부처님이 요청되었을 것으로 추론할 수 있다.

2. 화엄경의 주요한 가르침

가. 모든 존재에 불성이 드러난다.

보편불로서의 비로자나불은 온 우주에 가득 차 있으므로, 모든 존재가 바로 부처의 나타남 아닌 것이 없다. 개개의 존재가 다 여래(如來)의 성품이 그대로 드러난 존재라는 의미에서 여래성기(如來性起) 또는 여래출현(如來出現)이라 한다.[3] 화엄경은, 여래는 한 법이나 한 가지 일이나 한 몸이나 한 국토나 한 중생에게서만 여래를 볼 수 있는 것이 아니라 모든 곳에서 두루 여래를 볼 수 있다고 한다. 존재하는 모습은 허공과 같아서 허공이 모든 형상을 능히 나타내듯이 모든 물질과 물질 아닌 곳에 두루 이르지만, 이르는 것도 아니요 이르지 않는 것도 아닌 것과 같다. 또한 여래의 지혜는 마치 해와 같아서 한량이 없이 널리 비추며 평등하게 두루 비추기 때문에 걸림도 없고 막힘도 없으며 분별도 없다. 한량없는 지혜의 광명은 나쁜 짓을 그치고 착한 일을 하게 하며, 어리석음을 깨치고 지혜로움을 얻게 하는 등 한량없는 일로 중생을 이롭게 한다.[4]

여기서 주목할 것은 만물 내지는 중생 가운데 부처의 성품이 존재하는 방식이다. 모든 존재에 불성이 갖추어져 있지만 그것이 불성이 될 수 있는 가능성 내지 잠세태(潛勢態)로서 있는 것이라면 그것을 현실태(現實態)로 전환하여 불성이 드러나도록 하는 데는 많은 시간을 기다려야 하거나 노력으로서 수행이 필요하게 된다. 그러나 화엄경에서 말하는 것은 모든 존재를 부처의 광명이 감싸고 있어서 존재 그대로 부처의 성품을 나타낸다는 것이다. 그런 점에서 열반경이나 법화경이 현실성에 중점을 두고서 모든 중생이 부처의 성품을 감추어진 형태로 가지고 있다고 하는 것과는 근본적으로 대조된다.

화엄경은 본래성에 중점을 두기 때문에 모든 존재 자체가 불성의 드러남이고 빛을 발하고 있다고 하는 점에서 선험적 입장에 서 있다고 할 수 있다.[5] 이렇게 모든 존재가 그 자체로 불성이 현현하고 있는 것으로 이해하게 되면 존재 하나하나의 가치가 다른 것과의 관계 속에서 차별화되고 상대적으로 평가되지 않고, 절대적인 의미를 지닌 가치 있는 존재로서의 위상을 갖게 된다. 아무리 하찮게 보이는 사람이라 할지라도 그 나름대로 고유한 빛을 발하는 위대한 존재로서의 존엄을 확보할 수 있다는 점에서 화엄의 성기사상은 개체존중의 방향성을 갖는다고 볼 수 있다. 화엄이 지향하는 이러한 방향은 좀 더 구체적인 형태로 "하나가 전체이고 전체가 곧 하나다"라는 사고로 전개된다.

나. 한 티끌 속에 온 세계가 들어 있다.

하나하나의 개별적 존재가 갖는 고유한 가치에 대해서 최대한 존중하는 시선으로 바라보는 화엄적 사유는 부분과 전체와의 관계를 평면적 차원에서 바라보아서 양적으로 다루지 않는다. 우선 공간적 차원에서 "하나의 털구멍 가운데 무수한 불국토가 장식되어 영원히 존재하며, 하나의 티끌 속에 헤아릴 수 없을 만큼 많은 수의 작은 국토가 모두 들어 있다"고 말한다.[6] 또한 시간적 차원에서 "1겁이 헤아릴 수 없는 아승지겁(阿僧祇劫)이고 헤아릴 수 없는 아승지겁이 1겁이다"라고 말한다.[7]

이처럼 화엄경은 공간적으로나 시간적으로 한 점 속에 전체가 비추어 드러나고 있음을 말함으로써 개체적 존재 가운데 존재 전체가 모습을 비추고 있음을 명확하게 표현하고 있다. 이러한 사유는 우리의 일상적 사유로는 결코 도달할 수 없는 놀라운 논리적 비약이라 하지 않을 수 없고 그만큼 매력적인 선언으로 다가오게 된다.

영국 시인 윌리엄 블레이크는 「순수한 점」이라는 시에서 이렇게 노래한다. "한 알의 모래에서 세계를 보고, 한 송이 들꽃에서 하늘을 본다. … 무한을 그대의 손바닥 안에서, 영원을 한순간에 잡아라."[8] '하나가 전체이고 한순간이 영원'이라고 하는 화엄적 사유와 시인의 미적인 직관은 그 맥락이 다른 것이지만, 유사성이 있다는 것은 확실히 알 수 있다.

그렇다면 화엄의 '하나가 전체이고 한순간이 영원'이라고 사유는 어디에 근거를 두고 있고 어떻게 해서 설득력을 지닐 수 있을까? 그 근거는 다름이 아닌 불교의 근본적인 깨달음인 연기(緣起)에서 찾을 수 있다. 모든 것이 존재하는 방식은 다른 것과 관계없이 독립적으로 실체적으로 존재할 수가 없고 다른 것과 상호 조건 짓는 관계 속에서 존재한다. 이처럼 조건 짓는 관계는 끝없이 다른 존재에로 확산되고 결국 모든 존재와 관계를 맺게 된다고 할 수 있다. 이처럼 서로 통하고 서로 작용하며 서로 포함하는 방식으로 겹겹이 무한한 관계의 연쇄로 이어지는 것임을 이해한다면 그물의 한 코를 당기면 전체의 그물이 끌려오는 것처럼 하나가 곧 전체라는 것에 공감할 수 있을 것이다. 모든 존재가 수많은 인연과 조건을 매개로 해서 다른 것과 뗄 수 없는 밀접한 관련을 갖고 있기 때문에, 아무리 작은 존재라 할지라도 전체와 분리될 수 없는 관계로 존재하며 전체에 엄청난 영향을 미치고 있다고 보아야 한다.

하나 속에 전체가 투영되어 있다는 점에서 일중일체(一中一切)라고 하고, 하나가 곧 전체라는 의미로 일즉일체(一卽一切)라고 한다. 화엄은 이러한 관계를 다른 방향에서 봄으로써 다중일(多中一)과 다즉일(多

即一)이라고 말한다. 그렇지만 화엄적 사유에서 강조하고자 하는 것은 "한 티끌 속에 온 세계를 포함하고 있고(一微塵中含十方), 한순간이 곧 무량한 시간(一念即是無量劫)"이라고 하는 것이다. 이렇게 볼 때 화엄 사상을 개체를 전체 속에 용해시키는 사상으로 이해해서 전제왕권의 이론적 배경이 된다고 하는 것은 화엄에 대한 전적인 몰이해에서 비롯된 견해라고 할 수 있을 것이다.

다. 마음과 부처와 중생은 아무런 차이가 없다.

화엄경은 "삼계 내에 존재하는 모든 것은 모두 마음이 지어낸 것"이라고 말한다.[9] 그것은 마치 솜씨 좋은 화가가 여러 가지 그림을 그리듯이 일체의 세계 모든 것을 나타낸다고 한다. 그리하여 마음을 매개로 하여 부처와 중생 사이에 아무런 차이가 없음을 얘기한다.

> 마음과 같이 부처도 역시 그러하다.
> 부처와 같이 중생도 또한 그러하다.
> 마음과 부처와 중생은 구별이 없다.[10]

일반적으로 깨달은 부처라면 미혹한 중생과는 질적으로 엄청난 차이가 있고 중생과는 다른 세계에 초월적으로 존재한다고 생각하기 쉽다. 그러나 화엄경은 모든 것을 마음이 지어낸 것이라고 보기 때문에 부처도 마음이 나타난 것이요 중생도 마음이 나타난 것이라는 점에서 다를 게 없다고 말한다. 중생에게도 있고 부처에게도 있는 것은 마음이라 할 수 있는데, 그 마음이 어떤 상태로 있느냐에 따라서 깨치면 부처가 되고 미혹하면 중생이 될 뿐 본질적인 차이가 있는 것이 아니라는 것이다. 이처럼 화엄은 마음을 매개로 하여 부처와 중생을 각각 실체적 존재로 이원화하여 대립적으로 상대화하는 사고를 차단하고 있다. 같은 방식으로 화엄은 무명과 지혜 및 번뇌와 보리 등을 이원화해서 차별적으로 인식하는 사고를 철저히 깨부수고 있다.

화엄에서 부처와 중생이 본질적으로 다르지 않은 일체라고 하는 선언은 중생 각자에게 불성이 비추어 나타난다고 하는 성기사상(性起思想)의 연장선 속에서 이해할 수 있다. 중생이 곧 부처라고 하는 주장은 어떤 함의를 지니는 것일까? 만약 부처와 중생 그리고 헤맴(迷)과 깨달음(悟)이 본질적으로 다른 것이라면, 중생으로부터 부처로 그리고 미혹으로부터 깨달음으로의 전환은 그 가능성이 논리적으로 봉쇄되어 버린다. 그러므로 부처와 중생 사이에 본질적인 차이가 없다고 강조하는 것은 중생에게 부처가 될 수 있는 가능성을 열어준다는 의미가 있다. 또 한편으로 수행을 통해 부처가 되는 길로 가도록 고무하는 효과를 가질 수 있다. 이렇게 볼 때 중생과 부처 사이에 이원성을 제거하는 것은 '불가능한 것을 하라고 하거나 없는 것을 구하라고 하는 것'이 아님을 확인시켜 주는 의미가 있다. 동시에 중생 안에 이미 성취되어 있음을 깨닫게 함으로써 '할 수 있다'는 보장을 해주고 그렇게 해야 하는 당위성의 근거를 제공한다고 볼 수 있다.

3. 화엄경과 보살도의 수행

화엄경이 중생들 개개인 속에 부처의 성품이 그대로 비추고 있고 드러난다고 말하고 부처와 중생을 본질적으로 다르지 않다고 선언한다고 해서, 중생이 아무런 생각이나 노력 없이 그대로 부처가 된다고 하여 부처가 되기 위한 노력으로서의 수행이 무의미한 것으로 취급되는 것은 결코 아니다. 부처의 모습은 여러 가지 꽃으로 장식되어 있는 것으로 묘사되고 있는데 그 꽃은 다름 아닌 보살도의 실천수행이기 때문이다.

그래서 화엄경은 대단히 구체적이고 체계적으로 보살이 걸어야 하는 길을 제시하고 보살이 닦아야 하는 수행과 실천덕목들을 열거하고 있다. 화엄경의 전체 구조는 부처란 어떤 존재인가를 설하는 내용과 어떻게 하면 부처가 될 수 있는가를 설하는 내용으로 이루어져 있다고 볼 수 있는데, 후자의 부분이 양적으로 훨씬 더 많은 것으로 볼 때 화엄경에서 보살행이 차지하는 비중이 얼마나 큰 것인지를 확실히 알 수 있다.[11] 화엄경의 입법계품과 십지품, 십무진장품, 십회향품을 비롯한 많은 부분에서 설하고 있는 내용은 모두 보살도의 수행과 관련된 것들이다. 부처가 되는 깨달음이 아무 노력 없이 그저 이루어지는 것도 아니요, 다른 사람의 말을 듣거나 이론적인 논의만으로 또는 다른 사람의 힘에 의해서 성취되는 것이 아니라고 말한다. 다른 사람의 돈을 아무리 세어도 자신의 몫은 반 푼도 없는 것과 같이 다문(多聞)이나 타력에 의존하는 것은 무의미하다고 하여, 반드시 스스로의 노력과 실천에 의해서 깨달음을 성취할 것을 강조한다.[12]

화엄경이 부처가 되기 위한 수많은 단계와 과정 그리고 구체적인 실천덕목들을 구체적으로 제시한다고 해서 중생에서 부처로 되는 전환을 멀고 어렵게 설정하고 있는 것은 아니다. 화엄경은 범부 중생과 부처가 다른 점은 바로 발심의 차이에 있음을 강조한다. 발심이란 "나는 부처가 되리라"고 결심하고 처음으로 마음을 일으키는 것으로서 보리심을 일컫는 것이다.[13] 보리심으로서의 발심은 종자와 같이 모든 불법을 일으키고, 좋은 밭과 같이 중생의 순수하고 청정한 법을 기르며, 깨끗한 물과 같이 모든 번뇌의 더러움을 씻는다고 한다.[14] 발심은 자기가 부처라는 사실을 확실하게 알고 믿는 신심(信心)이 바탕이 되어야 한다. 이 경우 믿음은 초월적인 존재나 힘에 대한 믿음이 아니라 불교가 가르치는 진리, 그중에서도 중생 모두에게 불성이 현현하고 있다는 가르침에 대한 믿음이다. 이러한 믿음을 바탕으로 해서 스스로 부처가 될 수 있는 가능성을 확인하고, 깨달음을 얻어 부처가 되는 길로 가고자 하는 마음을 일으킬 수가 있는 것이다.

화엄경에서는 "처음으로 깨닫고자 하는 마음을 일으켰을 때 바로 부처의 올바른 깨달음을 완성한다(初發心時便成正覺)"고 말한다. 처음의 발심 속에 깨달음이라는 방향과 목적이 확정되어 있기 때문에 깨달음의 성취가 내포되어 있다고 할 수 있다. 이처럼 보살도의 수행을 강조하면서도 그것을 어렵거나 먼 것으로 설정하지 않고 중생과 가깝게 그리고 마음만 먹으면 가능한 것으로 설득력 있게 제시하고 있는 점에서 본래성에서 출발한 화엄경이 현실성과 밀접하게 결합하고 있는 모습을 새롭게 확인할 수 있다.

갑인명 금동광배

출처 : 한국 미의 재발견 – 불교 조각

제6장

중생의 편에 서는 정토신앙

불교의 가르침은 제시하고 있는 깨달음에 이르는 길이 따라가기 쉬운 길인지 어려운 길인지에 따라서 크게 두 가지로 나누어 볼 수 있다. 하나는 육로로 걸어가는 것과 같은 어려운 길이고, 다른 하나는 배를 타고 수로를 따라 가는 것과 같이 쉬운 길이다. 어려운 길은 스스로의 노력으로 열심히 수행함에 의해서 깨달음을 이루는 자력문(自力門)이라 할 수 있는데, 모든 성인들이 이를 통해서 깨달음을 열 수 있었기에 이를 성도교(聖道敎)라고 한다. 쉬운 길은 근기(根機)가 저열하여 자력으로는 성불하기가 어려운 사람들이 믿음을 방편으로 삼아 타력에 의지해서 정토(淨土)에 도달하기를 바라는 것이기 때문에 타력문(他力門)으로서 정토교(淨土敎)라고 한다.[1] 스스로 보살도를 수행하고 실천함으로써 성도하는 것을 가르치는 대표적인 경전이 화엄경이라면, 선종은 오로지 자력수행을 통해 부처의 성품을 직접 깨치고자 하므로 철저하게 자력문의 입장에 서 있는 종파라고 할 수 있다. 반면에 정토삼부경 및 미륵경은 스스로의 힘으로 성불하기가 어려운 중생의 입장에 서서 구원의 길을 제시하고 있는 대표적인 경전이고, 관세음보살의 대자대비(大慈大悲)한 신통력에 힘입고자 하는 관음신앙은 타력문을 따르는 대표적인 신앙형태라 할 수 있다.

1. 아미타신앙

아미타신앙은 아미타불(阿彌陀佛)을 믿고 아미타불에 의지함으로써 아미타불이 마련해 놓은 극락정토(極樂淨土)에 왕생(往生)할 수 있다고 믿고 신앙하는 것을 말한다. 아미타불은 무량수불(無量壽佛) 또는 무량광불(無量光佛)이라고 한역되는 것에서 짐작할 수 있는 것처럼 영원히 존재하고 그 광명이 무한한 부처로서 시간적, 공간적 제약을 초월하는 부처라고 할 수 있다.

아미타불은 처음 부처가 되고자 했을 때 모든 중생을 괴로움으로부터 구제하겠다는 서원(誓願)을 세웠다고 하는데 이를 본원(本願)이라고 한다. 아미타불은 부처가 되기 전 법장(法藏)이라는 비구였을 때 여러 가지 서원을 세우는데, 그중에 "만약 내가 부처가 되어서 시방의 중생들이 나의 이름을 부르며 나의 국토에 태어나고자 십념을 해도 만약에 태어나는 자가 있다면 정각을 이루지 않겠다"는 서원이 있다.[2] 여기서 보듯이 아미타불의 중생을 구제하겠다는 서원은 자신의 정각을 걸고 하는 간절하고도 단호한 서원이다. 자신의 전 존재를 내걸고 하는 숙원(宿願)이니만큼 그것은 반드시 실현될 것이라는 믿음을 줄 수가 있다.

정토(淨土)는 온갖 번뇌와 괴로움으로 물든 더러운 세계인 예토(穢土)에 대비되는 말로서 번뇌에서 해방된 항상 즐겁고 자유로운 청정한 세계를 말한다. 그곳에 있는 중생들은 온갖 고통에 시달리지 않고 여러 가지 즐거움만 누리므로 극락이라고도 말한다.[3] 정토란 모든 불보살이 머무는 곳으로서 괴로움이 없고 즐거움만 있는 곳이므로 모든 중생이 가서 살고자 소망하는 세계이다. 자신의 힘으로 이곳에서 행복한 삶을 영위하기가 어려운 중생들이 극락정토에 가서 사는 행복을 누리는 것을 꿈꾸는 것은 너무도 당연하다.

아미타신앙은 법장비구의 서원(誓願)을 밝힌 무량수경(無量壽經)과 극락왕생을 돕는 16관법을 말하는 관무량수경(觀無量壽經), 극락의 모습을 자세히 설명한 아미타경(阿彌陀經) 등을 정토 삼부경이라고 하여 아미타신앙의 기본 소의경전으로 삼고 있다. 아미타불을 믿고 의지해서 극락정토에 왕생하고자 하는 신앙을 추동하는 것은 아미타불이 본원에 의해서 모든 중생을 구제해 준다는 사실에 대해서 추호의 염려나 의심이 없이 믿는 것이다.[4] 아미타 정토의 문은 이 믿음으로부터 시작한다. 자력에 의해서 스스로 깨달음을 얻고자 하는 자력문(自力門)을 따르지 않고 타력문(他力門)으로서의 정토문을 따르려고 하는 것은 스스로 자신이 범부라는 사실에 대한 자각이 있기 때문이다. 그런 점에서 자신을 반성함으로써 비롯되는 자신이 범부라는 사실에 대한 자각은 아미타신앙의 출발점이 된다고 할 수 있다.[5] 범부임을 자각한 다음에는 아미타불을 믿고 의지하여 아미타불의 극락정토에 왕생하겠노라고 마음을 일으키는 발심이 뒤따라야 한다. 아미타불은 극락왕생하기를 발원하는 사람은 반드시 구제하겠다고 약속했기 때문에 믿음이 있는 사람은 먼저 발원을 해야 한다고 말한다.[6] 그러므로 아미타불에 대한 믿음을 바탕으로 아미타불에게 구제를 요청하는 발원은 구제를 받기 위한 최소한의 주체적이고 적극적인 신앙행위라고 할 수 있다. 아미타불에 대한 발원은 한결같은 마음으로 아미타불의 이름을 마음속으로 간직하고 외우는 염불(念佛)을 통해서 이뤄진다. 오로지 지극한 마음으로 아미타불의 이름을 소리 내어 외우는 염불을 흐트러짐 없이 계속하게 되면 아미타불의 영접을 받게 된다는 것이다.[7]

아미타신앙은 내세에는 정토에 태어나기를 바라는 중생들을 위해 염불수행을 하는 것이 주가 되지만, 이와 함께 이미 죽은 사람들의 왕생을 위하는 내세추선(來世追善)의 성격도 가지고 있다. 한편 선과 같이 수행을 강조하는 신앙의 전통 속에서는 원래 타력에 의존하는 아미타신앙을 오직 마음을 깨끗하게 하는 쪽에 초점을 맞춤으로써 자력적인 신앙으로 변용하여 유심정토(唯心淨土)를 설하기도 하였다.[8] 아무튼 극락정토에 가서 행복하고 즐겁게 사는 것은 삶이 고단한 서민대중들뿐 아니라 현실에서 특권을 누리며 호화로운 생활을 하는 귀족이나 왕실의 사람도 꿈꾸는 바이기에 아미타신앙은 모든 사람의 보편적인 신앙으로 자리 잡을 수 있었을 것이다.

2. 미륵신앙

석가모니불이 역사적으로 실존한 부처라면 아미타불은 서방정토라는 이상향에서 중생의 왕생을 인도하고 기다린다고 하는 관념적인 부처이다. 아미타불이 약속하는 중생에 대한 구제는 먼 곳에서 완성되는 것이고 다분히 추상적인 것이어서 현재 이 땅에서 당면하고 절실한 괴로움의 문제에 대한 구체적이고 적극적인 해결을 기대하기 힘들다는 아쉬움이 있다. 사후의 영원한 행복을 바라는 인간의 염원이 아미타불이라는 존재를 요청했듯이, 현실의 고난을 이 땅에서 직접적으로 해결해 주는 구세주의 존재가 있었으면 하는 인간의 소망이 구세주의 역할을 하는 재출현하는 부처로서의 미래불을 요청하는 것도 자연스러운 일이다.

미륵불(彌勒佛)은 이러한 인간의 요청에 부응하는 부처라고 할 수 있다. 현재는 부처가 되고자 수행하는 보살이지만 부처로서 확정되어 있기 때문에 미래의 부처라고 할 수 있다. 인간이 사는 세계와 가까운 도솔천(兜率天)에 머물며 설법하다가 인간이 사는 세계에 내려와서 설법함으로써 중생을 구원하는 바로 다가오는 부처이다. 미륵신앙은 미륵을 믿고 수행하고 선근(善根)을 쌓음으로써 미륵불에 의한 구제를 받고자 하는 신앙이라 할 수 있다.

미륵신앙은 사후에 미륵을 따라 도솔천에 왕생한다고 미륵상생신앙(彌勒上生信仰)과 현세에 이 땅에서 미륵을 친견하고 설법을 들음으로써 구원을 얻겠다고 하는 미륵하생신앙(彌勒下生信仰)으로 구분할 수 있다.

도솔천은 인간이 살고 있는 세계와는 질적으로 다른 극락과 같은 세계이지만 인간이 사는 세계와 같은 범주인 욕계(欲界)에 속한다는 점에서, 인간이 사는 세계와 멀리 떨어진 부처의 세계에 존재하는 아미타 정토와는 다른 곳이다.9) 미륵상생신앙은 사후에 도솔천이라는 정토에 왕생한다는 점에서는 아미타신앙과 다를 바가 없지만, 그곳이 보다 인간의 세계와 가까이 있는 곳이고 미륵불도 보살의 격을 지니고 있다는 점에서 중생에게 보다 구체적이고 친근한 느낌을 줄 수 있다. 미륵신앙의 특징적인 면모는 미륵하생신앙에서 찾을 수 있다. 미륵하생신앙은 미륵이 직접 이 땅에 재림하여 '지금 여기'를 정토로 만든다고 하는 것이다. 따라서 먼 미래의 천상정토(天上淨土)에 대한 약속보다는 당장에 전개되는 지상정토(地上淨土)의 약속이 훨씬 더 강력한 매력으로 서민대중에게 다가갈 수 있다.

미륵하생신앙은 정토의 주체적, 현실적 실현이 핵심이 되고 있으므로 기본적으로 자력신앙의 특징을 강하게 지니고 있으며 오로지 타력에 의존하는 타력적 정토신앙과는 다른 것이다. 미륵하생신앙은 이처럼 고난의 현실을 사후가 아닌 현세에서 즉각 여러 사람의 협동을 통해 실현하고자 하는 개혁의지를 담고 있으므로 서민대중에게 광범위하게 침투되어 구체적, 집단적 힘을 발휘할 수 있다. 실제로 미륵하생신앙은 당장의 삶이 힘들고 괴로워서 먼 미래를 생각할 여유도 없는 서민대중들에게 강하게 어필할 수 있었다. 그래서 궁예나 신돈 같은 사람들은 스스로 미륵임을 자처하면서 기존질서를 뒤엎고 새로운 세상을 만들겠다고 민중을 선동하는 사회개혁의 이데올로기로 이용하는 경우도 생겨나게 된 것이다.

미륵신앙은 아미타신앙과 마찬가지로 지극한 마음으로 미륵의 이름을 부르면 미륵을 친견하고 원하는 소망을 성취하게 된다는 점에서는 다를 바 없다. 그러나 미륵을 친견하기 위해서는 오계(五戒)를 수지하고 십선법(十善法)을 행하는 등 정진을 통해서 선근(善根)을 닦아야 하고, 보시를 행하고 탑을 쌓는 등의 공덕을 쌓아야 가능하다고 말하고 있는 점에서 다르다.

이렇게 볼 때 미륵신앙은 순전히 타력에 의존하는 타력문으로서의 아미타신앙과는 달리 일정 부분 스스로의 노력을 요구하는 다분히 자력문으로서의 특징을 가지고 있다고 할 수 있다. 이 점은 타력문의 특징과 매력을 반감시키는 단점으로 작용하기도 하지만, 미륵신앙이 서민대중의 신앙생활을 지도하는 데 필요한 질서와 윤리를 갖추어 대중을 지도하는 원리로 작동하는 경우에는 강점으로 작용할 수도 있다.

3. 관음신앙

관음신앙은 관세음보살(觀世音菩薩)의 중생을 구제하고자 하는 무한히 큰 자비심과 중생의 모든 고통을 알아보고 온갖 방편을 다 동원해 해결해 주는 무한한 구제력에 의지하여 인간이 현실에서 당면하고 있는 구체적인 어려움을 해결하고자 하는 신앙이라 할 수 있다. 관세음보살이 얼마나 강하게 중생을 구제하고자 하는 본원을 가지고 있으며, 자유자재한 방편을 통해서 얼마나 실제적으로 중생을 구제하는가에 대해서는 법화경(法華經), 능엄경(楞嚴經), 천수경(千手經), 화엄경(華嚴經), 관음수기경(觀音授記經), 관음삼매경(觀音三昧經) 등 수많은 경전에서 설하고 있다.[10]

관세음보살은 한 중생이라도 고뇌, 공포, 걱정, 근심, 외로움, 가난 등의 괴로움에 당면해서 의지할 곳도 쉴 곳도 없을 경우에 그 중생의 괴로움을 보고 듣고 알아서 괴로움을 제거해 줄 수 없다면 정각에 들지 않겠다고 하는 서원을 한 대자대비(大慈大悲)한 보살이다.[11] 관세음보살의 서원은 중생을 모두 구원하겠다는 것뿐 아니라 구원할 수 있는 능력까지 갖추겠다는 것이므로, 중생을 구제하고자 하는 목표는 다른 불보살과 다를 바 없지만, 목표를 실현할 수 있는 방편까지 소유하고 있다는 점에서 특별한 점이 있다. 또한 관세음보살이 하는 구제의 행위들은 모든 고통을 야기하는 근본원인이라 할 수 있는 탐(貪), 진(瞋), 치(痴)를 떠나게 할 뿐만이 아니다. 관세음보살의 구제는 불타지 않고, 물에 빠지지 않고, 도적을 만나도 피해를 입지 않고, 소송을 당해도 잘 풀리고, 독충이나 독약 및 사나운 짐승의 피해도 입지 않고, 훌륭한 아들을 낳고, 예쁜 딸을 낳게 해주는 등 중생들이 살면서 현실적으로 맞닥뜨리게 되는 어려움과 괴로움으로부터 벗어나서 이익과 안락을 주는 내용으로 가득 차 있다.[12] 이처럼 관세음보살의 구제가 어떤 불보살의 구제보다도 중생의 현실적인 삶에서 절실하게 해결이 요청되는 구체적인 문제들에 집중되고 있다는 점에서 서민대중들에게 강력한 호소력을 지닐 수 있다.

관세음보살은 중생이 고난에 직면해서 관세음보살을 생각하거나 관세음보살의 이름을 부르기만 하면 그것을 알아보고 곧 그 앞에 몸을 나투어 중생의 소원을 들어주어 문제를 해결해 준다고 한다.[13] 관세음보살은 부처의 덕과 능력을 모두 지니고 있는 부처와 다름없는 존재이지만, 늘 중생 곁에 중생과 함께 머물면서 중생과 고통을 함께 나누는 존재이기 때문에 중생에게는 훨씬 더 친근한 존재로 느껴질 수밖에 없다. 또한 중생의 아프고 가려운 곳을 속속들이 꿰뚫어 보고 있고 그것을 해결할 수 있는 자유자재한 신통력을 모두 갖추고 있으므로 가장 믿고 의지할 수 있는 존재라 할 수 있다. 따라서 현실적인 여러 가지 문제를 안고 고민하고 있는 서민대중들이 가장 즐겨 찾는 수호신이자 해결사로 자리 잡게 되었다. 관세음보살은 세상에서 일어나는 모든 일을 지켜보고 듣고 알고 있어야 하고, 수많은 중생들의 수많은 요구를 다 들어주어야 하기 때문에, 이를 위해서는 천 개의 눈과 천 개의 손을 가지고도 부족하다는 생각을 하게 된다. 이러한 생각이 관세음보살의 형상을 상상해서 조상할 때 천수천안(千手千眼觀世音菩薩)의 모습으로 형상화하게 한 것으로 추론할 수 있다.

아무튼 관음신앙은 중생이라는 현실성에 가장 근접하게 다가감으로써 중생들로부터 가장 폭넓은 지지와 동참을 이끌어낸 불교신앙이라 할 수 있다. 초월적인 힘을 가진 존재를 믿고 그에게 기원함으로써 복을 받고 재앙을 물리치며 소원을 성취하고자 하는 신앙은 그 내용면에서 현세구복적인 무교신앙과 비슷한 점이 많다. 현세에서 복을 구하고자 하는 소망은 언제나 어디서나 누구에게나 강력한 형태로 존재하기 때문에 거기에 가장 잘 부응하는 신앙이 요청된 것이고 그 요청에 대해서 불교가 제시한 현실적인 대안이 관음신앙이라고 볼 수 있을 것이다.

연화문 서까래기와 사천왕사

출처: 한국 전통 건축 장식의 비밀

제7장

선사상의 흐름으로 본 진과 속의 문제

1. 중국 선종의 시작

초기 불교에서 선정(禪定, dhyāna)은 명상을 의미하며 명상은 깨달음의 지혜를 얻기 위해서 필요한 수단으로서 정신집중을 하는 것으로 생각되었다. 따라서 선정은 그 자체를 목적으로 하는 것이 아니고, 어디까지나 마음의 혼란을 가라앉혀서 깨달음이라는 밝은 지혜를 얻기 위한 전단계로서 간주되었던 것이다. 그러나 사실상 붓다의 선정은 단순히 마음을 가라앉히고 정신을 통일하고 집중하는 것만을 의미하는 것이 아니라, 연기의 도리를 관조하는 것까지를 포함하는 것이었다. 선정과 지혜는 분리될 수가 없는 상호 의존적이고 동시적인 것이어서 그것을 선후나 인과의 관계로 나눌 수가 없는 것이다.

중국에 와서 선(禪)은 단지 심신통일의 기술이나 지혜를 얻을 수 있는 정신의 상태를 의미하는 것이 아니라, 완전히 새로운 의미가 더해져서 불교라는 가르침의 본령을 직접 밝히고자 하는 선사상으로 확립되었다. 『능가경(楞伽經)』은 붓다가 정각을 이룬 후 열반에 이르기까지 일자(一字)도 설하지 않았다고 말하고, 또 달을 가리키는 손가락만 쳐다봐서는 진실을 볼 수 없다고 설한다.[1] 언어나 문자에 의해서는 있는 그대로의 진리를 표현할 수 없다는 뜻이 일찍이 중론 등에서도 표명된 바 있지만, 진실은 문자를 떠나 있는 것이라는 생각이 불립문자(不立文字)라는 중국 선종의 종지(宗旨)를 세우는 근거가 되었다. 참된 진리는 언어나 문자 그리고 그것의 집합이라 할 수 있는 경전의 가르침에 대한 이해로는 불가능하다는 의미에서 교외별전(敎外別傳)이라는 것이다. 그렇다면 참다운 진리는 어디에 있고 어떻게 터득할 수 있다는 말인가? 참다운 진리는 진리를 깨친 부처의 마음속에 있는 것이라 할 수 있고, 부처의 성품을 보기 위해서는 그것이 그대로 비추어 드러나 있는 중생의 마음을 직시함으로써 스스로 깨달아야 한다고 생각하게 된다. 이렇게 해서 "자신의 마음을 직관함으로써(直指人心) 그 마음의 본성이 바로 부처의 마음임을 깨닫게 된다(見性成佛)"는 중국 선종의 기치가 세워지게 된다.

여기서 알 수 있는 것처럼 중국의 선종은 철저하게 붓다 가르침의 본래면목을 있는 그대로 깨치고자 하는 본래성에 대한 지향에서 출발한다. 또한 다른 누구의 도움도 받지 않고 오직 스스로의 노력과 수행에 의해서 자각하고자 하는 자력문(自力門)의 입장에 가장 충실하게 따르고자 한다. 이러한 입장은 스승인 나에게 의지하려 하지 말고 너 자신에게 의지하라고 하는 붓다의 가르침에 잘 부합하는 것이기도 하다.[2] 중국의 선은 이처럼 철저하게 인간의 마음을 꿰뚫어 보는 마음의 수행을 중심으로 이뤄지게 되는데, 이러한 전통은 역설적으로 화엄사상과의 연장선에서 이해할 수 있다. 화엄사상은 모든 것을 마음이 지어낸 것이라고 보기 때문에 부처도 마음이 나타난 것이요 중생도 마음이 나타난 것이라는 점에서 다를 게 없다고 말한다. 그래서 마음을 매개로 하여 마음과 부처와 중생 이 삼자는 아무 차별이 없다고 선언한다.[3] 이러한 화엄적 사고의 바탕 위에서 중국의 선사상이 이론적으로 타당성을 확보하고서 튼튼하게 자리 잡을 수 있었다는 사실은 부인할 수 없다. 문자와 언어적 사유를 부정하면서 출발한 선이기 때문에 그에 대해서 이론적 설명을 가하는 것이 선의 입장과 배치된다고 할 수 있지만, 선수행도 하나의 수행이니만치 이론적 기반이 없이는 지탱될 수 없다. 왜 마음에 집중하는 수행을 해야 하는가에 대한 자기 정당화가 필요하다는 점에서, 중국 선이 의식적이건 아니건 관계없이 화엄적 사고에 힘입고 있는 것만은 분명하다.

2. 평온한 마음으로서의 안심(安心)

중국 선종은 달마로부터 시작하는데 달마는 황제와의 대화에서 절을 짓거나 공양을 바치는 것 등은 전혀 공덕이 되지 않고, 부처의 청정한 지혜를 파악하는 것이 진정한 공덕이라고 말한다.[4] 그리고 불교의 근본적인 가르침을 깨닫기 위해서는 성인이나 범부가 모두 똑같은 진실한 성품을 가지고 있다는 사실을 철저하게 자각해야 한다고 설한다.

그러기 위해서는 심신을 통일하여 장벽과 같이(壁觀) 평온한 안심(安心)의 상태를 유지해야 한다고 가르친다. 안심하게 되면 진(眞)과 망(妄), 성(聖)과 속(俗) 등 일체의 상대적인 차별과 분별이 사라지게 되어 청정한 본성을 회복하게 된다고 말한다.[5]

달마의 안심(安心)은 선종의 2조 혜가(慧可)와의 문답에도 등장한다. "마음이 안심이 안 된다." "마음을 가져오면 안심시켜 주겠다." "마음을 찾을 수 없다." "그 말을 들으니 안심이다."[6] 이렇게 이어지는 대화를 통해서 전하는 메시지는 적어도 마음을 대상화해서 분별적으로 파악하는 마음은 환상에 지나지 않으며, 진심은 불안이 없이 항상 평온한 것이니, 마음을 어지럽히지 말고 산란한 마음을 가라앉히라는 것이다.

3조 승찬(僧璨)은 평안을 추구하여 움직임을 그치고자 하면, 평안은 더욱 요동치게 될 것이라고 말한다.[7] 마음의 평안 역시 대상적으로 추구해서 얻어지는 것이 아니라는 뜻을 표현한 것으로 이해할 수 있다.

4조 도신(道信)은 안심(安心)이란 일체의 모든 인연을 다 멈추고 망상을 쉬게 하여 심신을 놓아버리는 것이라고 말한다.[8] 안심은 마음을 순일하게 유지하여 움직이지 않게 지키는 것이고(守一不移), 그때 자기의 본래 청정한 본심을 볼 수 있다는 것이다. 수일불이(守一不移)는 허공처럼 깨끗한 눈을 가지고 집중해서 일체를 관하며 항상 동요함이 없는 것이라고 설하는 것에서 알 수 있는 것처럼, 마음을 하나의 사물에 집중시켜 관하도록 하는 구체적인 실천법이라 할 수 있다.

5조 홍인(弘忍) 역시 수심(守心)을 강조함으로써 청정한 본심을 망념과 사견으로부터 잘 지킬 것을 가르치고 있다.[9]

이상의 고찰을 통해서 알 수 있는 이들 선사들의 공통된 생각은 다음과 같이 정리할 수 있다. 인간의 마음은 본래 청정한 것인데, 그 참다운 성품을 제대로 밝히지 못하는 것은 마음이 이리저리 분별하면서 추구하고 움직이기 때문이니, 마음을 평온하게 하여(安心) 마음을 집중해서 동요함이 없도록 지키는 것(守心)이 수행의 요체라고 하는 것이다.

3. 상대적 분별이 없는 무심(無心)

6조 혜능(慧能)은 신수(神秀)와의 대론을 통해서 마음을 이해하는 새로운 전기를 마련한다.

신수는 "몸은 보리수요, 마음은 명경대와 같다. 때때로 부지런히 떨고 닦아서, 티끌을 일으키지 말아야 한다(身是菩提樹 心如明鏡臺 時時勤拂拭 勿使惹塵埃)."는 게송을 지었다.

혜능은 "보리는 본래 나무가 없고, 명경 또한 받침대가 아니다. 본래에 한 물건도 없거늘, 어느 곳에서 티끌이 일어나리오(菩提本無樹 明鏡亦非臺 本來無一物 何處惹塵埃)."라는 게송으로 답했다.[10]

신수는 본래 청정한 것이 마음인데 거기에 망념이 일어나 본래의 마음을 가리고 있으니 망념을 없애야 한다고 말한 것이다.

그런데 혜능은 본래 털어낼 망념이란 없다고 말함으로써, 참 마음과 망령된 생각의 차이를 분별하는 마음이 있는 한, 참 마음을 깨치는 것은 요원하다고 해서 무심(無心)이라고 말한 것이다.

혜능의 제자 신회(神會)는 한 생각도 망념이 일어나지 않게 되면(念不起) 마음의 본성을 자각할 수 있다고 하여 무념(無念)을 혜능으로부터 시작되는 남종선의 종지로 삼았다.[11] 무념이나 무심은 아무것도 생각해서는 안 된다거나 모든 생각을 끊어버려야 한다는 요구로 이해되어서는 안 된다. 그와 같이 이해하는 것은 자유롭게 하는 가르침을 목에 씌우는 칼로 둔갑시키는 것과 같은 것이다.[12] 무심은 어떤 것은 부정하고 어떤 것은 긍정하는 식의 상대적이고 분별적인 사고에 매달리지 말라는 뜻으로 이해해야 한다.

그래서 혜능은 36가지 상대적 개념들에 대해서 한쪽을 들면 다른 쪽으로 응대하라고 말함으로써 한쪽의 극단적 개념에 고착되지 않는 중도의 자유로움을 강조하고 있는 것이다.[13]

상대적 개념에 의한 분별을 버리게 되면 성(聖)을 좋아하거나 속(俗)을 미워하지 않고, 착함을 취하고 악함을 미워하지 않으며, 옳고 그름(是非)을 떠나게 되어 말 그대로 무심히 있는 그대로 보고 자연스럽게 행동할 수 있게 될 것이다. 우리 마음이 어느 특정한 생각에 사로잡히지 않으면 왕래가 자유롭고 막히거나 걸림이 없이 자유롭게 활동할 수 있게 된다고 하는 것이 무심의 참된 의미이다.[14]

이러한 사고는 노자의 무위이무불위(無爲而無不爲)의 사상과 유사한 점이 있다.[15] 노자의 무위이무불위는 무리하게 억지로 함이 없으면서 하지 않음이 없다는 뜻이니, 그것은 하지 않는 것이 아무것도 없으면서도 자연스럽게 완벽하게 한다는 뜻을 함축하고 있다.

혜능의 무심도 이러한 맥락에서 해석하게 되면, 구체적 사태에 부응해서 어떤 생각도 자연스럽고 적합하게 할 수가 있다는 것으로 이해할 수 있을 것이다. 한 가지 중요한 것은 근거도 없고 타당하지도 않은 한 생각에 사로잡히지만 않으면 되는 것이다.

4. 일삼아서 하지 않는 무사(無事)

상대적 분별을 떠나서 무심히 바라보는 태도는 마음에 대해서도 망념(妄念)을 버리고 진심(眞心)을 추구하는 방식으로 진심을 추구함으로써 진심에 집착하게 되는 것을 거부하게 된다. 이처럼 특정한 측면에 집착하는 분별적 사고를 떠나게 되면 우리가 찾고 추구해야 하는 진심이 따로 있는 것이 아니라 일상의 마음이 그대로 진심이라는 사고에 도달하게 된다.

그래서 마조도일(馬祖道一)은 "평상심이 곧 도(平常心是道)"라고 설법한다. 평범하고 예사스런 마음은 조작함이 없기 때문에 좋고 나쁨이나 취하고 버림이 없고, 범부라든가 성자라는 구별을 하지 않는다. 그러므로 일부러 무언가를 이루고 무언가를 위하려고 하지 않는다. 이는 평상심으로 무심하게 살아가는 한가한 수도인의 삶의 모습으로서 본래무사(本來無事)와 같은 것이다.[16] 일삼아서 따로 무엇을 하지 않는 것이 무사(無事)이다. 따라서 지금 가고 머물고 앉고 눕는 일이 모두 도에 다름 아니라는 것이다. 그는 또 말하기를 본래부터 있고 지금 있는 것이기 때문에, 도를 수행할 필요가 없다고 말한다.[17]

일상적인 마음이 모두 도(道)이듯이 일상생활이 모두 진리로 통하는 길이라고 하는 사고는 이후 선사들에게 여러 가지 방식으로 전승된다.

청원행사(靑原行思)는 불교의 참뜻을 묻자 요즘 시자의 쌀값이 얼마냐고 답함으로써, 해가 뜨면 일하고 우물을 파서 마시고 논을 갈아 먹는 일상생활이 곧 도임을 밝힌다.[18]

임제의현(臨濟義玄)도 불법에 많은 도리가 있는 것이 아니라, 옷 입고 밥 먹고 무사히 생활하는 평상무사(平常無事) 외에 다른 것이 아니라고 말한다.[19]

대주혜해(大珠慧海)의 "배고프면 밥을 먹고, 졸리면 잔다", 조주선사(趙州禪師)의 "나도 옷을 입고, 밥을 먹는다", 나옹혜근(懶翁惠勤)의 "학인의 본분은 옷 입고 밥 먹는 데 있다", 김시습(金時習)의 "목이 마르면 마시고, 배고프면 먹는다", 경봉선사(鏡峰禪師)의 "밥 먹을 때 밥먹고, 잠잘 때 잠잔다"고 하는 설법은 모두 평범한 일상생활이 바로 부처의 도라는 것을 되풀이해 강조한 것이라 볼 수 있다.[20]

운문선사(雲門禪寺)가 "날마다 좋은 날"이라고 한 것도[21] 맑은 날과 비오는 날이 좋고 나쁘다는 상대적인 가치로 분별될 수 있는 것이 아니라, 그대로 다 좋은 날로서 차별이 없다는 뜻을 표현한 것이다. 이러한 표현도 불도(佛道)를 구하는 수행과 일상생활이 별개가 아니라 일상생활에 무심히 종사하는 것 그 자체가 바로 진리의 길로서 도(道)라는 뜻을 내포하고 있는 것으로 해석할 수 있다.

임제의현이 말한 "서 있는 곳이 그대로 진실된 세계(立處皆眞)"라는 말도 인간의 일상적인 현실생활을 떠나서 진실한 세계가 따로 있는 것이 아니라고 하는 마조도일의 일상긍정의 생각을 이어받은 것이라고 볼 수 있다.

인간의 평상심은 수리나 수선이 필요 없는 본래 완전한 청정심이라는 사실을 자각하게 된다면 따로 닦아야 한다든다 깨쳐야 할 것이 없기 때문에 별다른 수행 역시 필요 없는 것이 된다. 그렇다고 해서 수행을 아예 말라는 뜻으로 이해하면 안 된다. 일상생활과 별다른 수행이 있다고 생각하여 수행에 집착하지 말라는 뜻에서 한 말이지 불수(不修)를 주장하는 것은 아니기 때문이다. 자연스럽지 않은 작위성과 분별에 따른 집착이 없는 것, 그것이 바로 청정한 본래심(本來心)으로서의 도라고 할 수 있다.[22]

본래성을 지향하는 데서 출발한 중국의 선사상은 평상심이 도(道)요, 일상생활 그 자체가 바로 진리로 통하는 길이라고 선언하는 데 이르러서는 일상의 현실을 절대적으로 긍정하는 모습을 보게 된다. 이처럼 차 마시고 밥 먹고 똥 누고 오줌 누는 평범한 일상적인 생활을 실천하는 가운데 영원의 진실이 있다고 하여 일상생활에 투철히 임하라고 가르치는 것은 진과 속 어느 한쪽만을 추구하지 않고 양쪽을 일치시킴으로써 진과 속 모두를 함께 추구하고자 하는 요청에 잘 부합하는 것이다.

공자도 "인(仁)이 멀리 있는 것이 아니라 내가 행동하는 그곳에 있다"고 말했고,[23] 맹자도 "도는 아주 가까운 데 있다"고 말했다.[24]

이처럼 도가 멀리 있는 것이 아니라 가까운 곳에 있다고 하는 것은 중국적 사유의 출발점이라고 할 수 있는 것이기 때문에, 중국사상사의 흐름은 결코 본래성을 일상의 현실과 동떨어진 먼 곳에 그냥 두고서 추구하는 쪽으로 흐르지 않는다. 현실에서 이뤄지는 세속의 일상생활을 최대한 긍정하면서도 세속에 매몰되지 않는 본래성을 함께 추구하려는 노력은 속(俗)을 절대적으로 긍정함으로써 속 가운데서 진(眞)을 창조적으로 되살려 내는 중국적 사유의 산물이라고 볼 수 있다.[25]

중국의 선사상이 이처럼 진에서 속으로 끊임없이 다가가는 방향으로 전개된 것은 화엄경이 애초에 부처의 세계에 초점이 맞추어진 경전임에도 불구하고 내용적으로는 현상세계의 개체 하나하나에 절대적인 의미를 부여하는 사고를 전개하는 것과 같은 맥락에서 이해할 수 있을 것이다.

연꽃

출처 : doopedia.co.kr

제3부

진과 속을 오가는
한국의 불교사상

불교는 인도에서 발생하여 중국을 거쳐서 우리나라에 전해진 외래 종교이다. 불교가 비록 인간의 혈통이나 계급의 차이를 무의미한 것으로 간주하는 보편성을 지니고 있다고 하더라도, 곧바로 또는 시간이 지남에 따라서 저절로 이 땅에 보편적인 종교로 자리 잡을 수 있었던 것은 아니다. 이 땅의 사람들에게 낯설고 이질적이었던 불교가 전래되고 수용되며 지평을 넓혀감으로써 보편적인 신앙으로 자리 잡기까지에는 여러 가지 계기와 조건들이 작용하고 있음을 알 수 있다. 대체로 새로운 문화가 낯선 땅에 전해지는 경우에 그것의 전래와 수용 및 보편화되는 과정은 일정한 패턴을 가지고 있음을 알 수 있다. 새로운 것이 낯선 땅에 다가올 때 그것이 새롭고 신기하다는 이유만으로 호기심을 불러일으킬 수는 있지만 그것만으로 받아들여지는 것은 아니다. 그것이 받아들여지기 위해서는 받아들이는 사람의 정서에 긍정적으로 다가가야 하고 생각과 가치관에 거슬리지 않아야 한다. 불교가 이 땅에 전래되고 수용되어 점차 그 지평을 넓혀가서 보편적인 신앙으로 자리 잡아 가는 과정을 살펴보면 전형적인 패턴을 따르고 있음을 확인할 수 있다.

불교는 이 땅의 사람들에게 워낙 낯설고 생경한 모습과 내용을 가지고 있기 때문에 그 모습 그대로 전해지고 받아들여질 수는 없었다. 받아들이는 사람들의 정서에 호소하고 생각이나 가치관에 부합하기 위해서는 부득이 자신의 모습을 받아들이기 쉬운 모습으로 바꾸어서 다가갈 수밖에 없다. 그래서 불교는 이 땅에서 받아들이는 사람들이 매력을 느낄 수 있는 부분과 모습을 통해서 다가가고, 때로는 이 땅의 현실적 상황과 욕구에 맞추어 자신의 모습을 변형하기도 하는 신축성을 발휘한다. 이것은 불교가 본래성으로부터 벗어나 현실성에 접근하는 방향으로 전개되는 것으로 이해할 수 있다. 이처럼 불교가 이 땅에 자리 잡고 지평을 넓혀가기 위해서 자기 변질과 현실에 대한 타협을 허용하기는 하지만 그렇다고 해서 불교 자체의 본질과 존립 자체를 포기할 정도까지 치닫는 것은 아니다. 불교의 현실에 대한 타협과 변질이 한계를 넘을 때는 그것을 경계하는 길항작용(拮抗作用)이 자연스럽게 뒤따르게 된다. 그래서 불교의 본질을 추구함으로써 본래성으로 회귀하려는 방향의 노력이 시작된다. 참다운 불법을 구하기 위해서 중국이나 인도로 유학을 떠나는 승려들의 구도열이나 불교를 제대로 알기 위해서 불교교학의 연구에 치열하게 매달리는 것은 모두 불교의 본래성을 추구하는 모습으로 이해할 수 있다.

그런 점에서 불교의 대중화와 교학의 발전은 서로 다른 두 가지 방향에서 상호 연관을 맺고 있다고 볼 수 있다. 하나는 불교의 대중화가 불교의 지평을 그만큼 확대시켰다는 점에서 본격적인 불교연구와 그에 따르는 결과로서 교학의 융성을 초래했다고 볼 수 있다. 다른 한편으로는 대중화하는 과정에서 겪을 수밖에 없는 본래성으로부터의 괴리를 회복하기 위해서 불교의 본질을 추구하고자 하는 노력이 일어났고 그 결과로서 교학이 발전하게 되었다는 것이다. 아무튼 불교의 대중화와 교학의 발전은 상반되는 것 같은 측면을 지니면서도 서로를 촉발시키는 상생의 관계로 작용하고 있음을 알 수 있다.

통일신라시대의 교학은 중국의 불교와 거의 같은 수준을 유지할 정도로 융성하였고, 나아가 그것을 한 단계 발전시키고 심화시킴으로써 독자적인 불교를 꽃피울 수 있을 정도로 절정을 이루었다. 이 시기에 이룩한 교학의 수준은 세계의 지성사라는 관점에서 볼 때 우리나라 전체 역사를 통해서 가장 높은 경지에 다다른 것이었다고 할 수 있다. 그러나 최고수준의 교학은 추상적인 관념과 정교한 논리에 의해서 구축되는 것이기 때문에 일반 서민대중이 쉽게 접근할 수 있는 것이 아니다. 뿐만 아니라 교학의 연구가 전문적이고 번쇄한 훈고학적인 주석에 치우치게 되면 구체적인 현실과 역사 속에서 살아 있는 사상으로 기능할 수 없다. 진리를 대상화해서 객관적이고 논리적으로 고찰하는 지적인 사변의 경향은 생활 속에서 문제해결의 길을 찾아가는 불교 본래의 실천적 성격과 어긋나는 것이기도 하다.

여기에서 우리는 교학의 발전 또한 두 가지 다른 방향에서 의미를 갖는다는 사실을 알 수 있다. 하나는 불교의 본질을 추구함으로써 본래성에 다가가고자 하는 방향이다. 다른 한편으로는 불교의 실천적 성격으로부터의 이탈이다. 그렇기 때문에 교학의 발전이 정점에 도달하게 되면 붓다 본래의 가르침의 본령으로 돌아가 실천성을 회복하고자 하는 움직임이 일어나게 되는데, 그것이 바로 부처의 마음을 직접적으로 향하는 선종이라 할 수 있다. 신라 말에 선종이 들어오고 교학이 풍미하던 불교계를 점차 장악하게 되는 변화가 일어나는 것은 이러한 맥락에서 이해할 수 있다.

통일신라시대를 거치면서 불교는 이미 대중화되고 보편화된 신앙으로 현실 속에 깊게 뿌리를 내리고 있었기 때문에, 사회적 현실의 여러 가지 조건과 변화들로부터 자유로울 수 없었다. 고려왕조의 출발에서부터 불교는 왕권과 긴밀한 관계를 맺고 있었고, 사회현실의 변화과정에 따라서 불교 역시 현실적으로 변화해 가는 과정을 겪는다. 이러한 고려 불교의 전개 양상은 끊임없이 세속화하는 모습으로 묘사할 수 있다고 생각한다. 물론 그 과정에서 조그만 반성과 흐름을 돌리고자 하는 각성과 노력이 일어나기는 했지만 전체적인 흐름의 방향은 바뀌지 않는다. 고려 불교의 세속화는 한편에서는 불교의 본래성으로부터 멀어지는 측면으로 설명할 수 있지만, 다른 한편으로는 불교가 현실의 생활 속에서 삶을 지도해 나가는 이념으로 자리 잡았다는 점에서 불교의 본령인 실천성이 잘 살려지고 있었다고 평가할 수도 있다.

이상과 같이 한국의 불교는 삼국시대에 전래한 이래로 고려시대의 불교에 이르기까지 본래성으로서의 진(眞)과 현실성으로의 속(俗)을 오가면서 여러 가지 다른 모습으로 전개되어 나갔다고 할 수 있다. 이러한 전체적인 틀을 가지고 한국의 불교가 어떠한 내용과 모습으로 전개해 나가는지를 국면마다의 특징을 부각하면서 차근차근 살펴보기로 한다.

제1장

불교의 전래와 토착화

1. 삼국의 불교 전래

　고구려는 중국과 인접하고 있기 때문에 삼국 가운데 가장 먼저 불교가 전래될 수 있었다. 불교가 전해지는 순서는 먼저 민간을 통해서 전해지고 다음에 왕실을 통해서 공식적으로 전해진다. 그러나 그 이전에 진나라의 지둔도림(支遁道林, 314-366)이 고구려의 도인에게 당시의 고덕(高德) 법심(法深)을 소개하는 편지를 보냈다고 하는 기록이 있다.[1] 공식적인 전래보다 얼마나 빨리 전해졌는가는 분명치 않지만 적어도 불교를 전해 준 것으로 되어 있는 진나라의 지둔도림 법사가 서기 366년에 입적했기 때문에 소수림왕 2년 서기 372년의 왕실을 통한 전래보다는 최소한 6년 이상은 앞선다고 할 수 있다.[2]

　소수림왕 2년 여름 6월 진(秦)왕 부견(符堅)이 사신과 승려 순도(順道)를 파견하여 불상과 경문을 보내왔다. 왕이 사신을 보내 토산물을 바침으로써 감사를 표하였다. 태학을 세워 자제들을 교육하였다. 소수림왕 4년에 승려 아도(阿道)가 왔고, 소수림왕 5년 봄 2월에 처음으로 초문사(肖門寺)를 창건하여 순도를 머물게 했다. 또한 이불란사(伊弗蘭寺)를 창건하여 아도를 머물게 하였으니, 이것이 해동 불법의 시초이다.[3]

백제의 불교 전래에 관해서는 민간전래를 확인할 수 있는 자료는 남아 있지 않고, 왕실을 통한 전래의 기록만이 있다. 기록에 따르면 침류왕 원년 394년에 동진의 승려 마라난타(摩羅難陀)가 백제에 왔고, 왕이 예를 다하여 궁궐로 맞이했으며, 이듬해 절을 지어 승려 10명을 출가시킨 것이 백제 불교의 시초라고 한다.[4] 고구려나 백제가 왕실이 앞장서 불교를 적극적으로 받아 들였던 데 반하여 신라에서는 법흥왕 14년인 527년에 이차돈의 죽음이라는 희생을 치르고서야 불교의 공식적인 수용이 이루어졌다. 그러나 순교라는 극적인 계기를 통해서 불교가 받아들여진 다음에는 훨씬 적극적으로 불교를 수용하였기 때문에, 불과 40년이 경과되지 않았는데도 절과 절이 별처럼 벌여 있고 탑과 탑이 기러기처럼 줄을 이었으며 다른 세계의 보살들이 이곳에 출현하고 서역의 이름난 승려들이 올 정도로 급속하게 번창하였다.[5] 물론 신라에도 불교가 공인되기 훨씬 이전인 417년부터 500년에 이르기까지 꾸준히 민간을 통해서 불교가 유통되고 있었음을 보여주는 설화들이 많이 있다.[6]

이상의 고찰을 통해서 볼 때 불교는 민간을 통해서 불교가 전래되고 한참을 경과한 다음에 왕실을 통해서 불교가 공식적으로 전래되는 사실을 확인할 수 있다. 사실을 통해 확인할 수 있는 것처럼 민간 차원의 전래를 통해서 불교가 왕실에 이미 알려져 있었기 때문에 왕실은 불교에 대한 관심을 이미 가지고 있었던 것이고, 그러기에 불교의 전래를 적극 환영하여 맞이할 수 있었다고 할 수 있다. 이질적인 신앙으로서의 불교가 민간에게 어떻게 전파되고 받아들여지게 되었는가는 구체적으로 알 수가 없다. 그러나 신라를 제외하고 불교는 왕실을 통해서 환영을 받으며 적극적으로 수용된다.

2. 불교의 수용

민간전래를 통해서 불교가 먼저 유입되었다고 했는데, 고구려와 백제에서의 민간전래를 통해서 어떤 형태의 불교가 전해졌으며 그것이 받아들여지게 된 요인이 무엇인지에 대한 구체적인 기록이 없다. 그러나 고구려의 도사에게 전해진 편지의 내용 가운데 소개된 법심(法深)이라는 사람은 불교를 도교적인 개념을 통해 이해하던 격의불교(格義佛敎)의 대표적인 인물이고, 소부와 허유가 산을 사서 은둔하였다는 말은 못 들었다고 하는 등 현학적인 청담(淸談)을 논하는 내용이 있는 것으로 보아 중국 남북조 당시 유행하던 격의불교였을 가능성이 높다. 그러나 이는 고구려의 도인에게 전해진 내용일 뿐이고 그 밖에 일반 서민들에게도 불교는 전해졌을 가능성이 높은데 그 내용은 도인에게 전해진 것과는 달랐을 것이다.

수용은 전해진 외래의 것을 받아들인다는 의미로서 받아들이는 쪽의 주체적 판단과 선택의 결과라고 할 수 있다. 그리고 적극적인 판단과 행위를 하는 데에는 그렇게 할 만한 요인이 작용하고 있다고 보아야 한다. 민간 차원의 불교수용은 중국의 경우에서 보는 것처럼 신비와 영험을 말하거나 보임으로써 가능했을 것으로 추측된다. 이는 진흙탕을 밟고 지나가도 더럽혀지지 않는 하얀 발을 지녔다고 해서 백족화상(白足和尙)이라고 불리는 담시(曇始) 스님이 수많은 신기한 일들을 보여줌으로써 사람들을 끌어들여 교화를 베푼 것이 고구려 사람들이 불교를 전해 들은 처음이라고 하는 기록을 통해서도 확인할 수 있다.[7] 이러한 사정은 불교가 민간을 통해서 신라에 전해지는 모습을 전하는 설화들의 내용 중에 천지가 진동한다든가 병을 고쳐주는 등의 신비하고 영험한 행적들을 보이는 사례가 등장하는 것[8]을 통해서도 확인할 수 있다.

왕실을 통해서 고구려와 백제에 불교가 전래하는 모습을 보면 왕이 앞장서서 극진한 예를 다하여 환영하는 방식으로 받아들이고 있다. 왕실에서 이처럼 불교의 전래를 환영하며 받아들인 까닭은 어디에서 찾을 수 있을까? 우선적으로 찾을 수 있는 직접적인 이유는 불교의 전래가 국제적인 외교의 노선을 통해서 사절과 함께 들어왔기 때문에 외교의 관례와 국제적 협력관계의 강화라는 차원에서 환대한 것으로 이해할 수 있다.[9] 그러나 이후 왕실이 불교에 대해서 적극적인 장려정책을 펼치는 것으로 보면 단순히 외교관계에 대한 고려만으로 불교의 적극적 수용을 설명할 수는 없다.

순도가 일찍이 고구려로 건너와 전파한 불교가 어떠한 것이었나 하는 것에 대해서는 인과(因果)의 도리를 보여주고 불법을 믿으면 복을 얻게 된다는 것을 말함으로써 사람들을 끌어들였다는 내용으로 기록되어 있다.[10] 순도는 사람들이 질박하여 불교의 본질적인 가르침을 이해할 만한 사전지식이 없었기 때문에 불교의 기초적인 가르침인 인과의 도리를 말한 것이었지만, 당시의 사람들에게 큰 공감을 얻지 못해서 교화를 크게 펼 수가 없었다. 그러나 고구려 고국양왕 8년(391)의 교지나 백제 아신왕 원년(392)의 하교(下敎)를 통해서 보면 "불법을 숭신(崇信)하여 복을 구하라"고 불법을 장려하고 있다.[11] 적어도 불교가 복을 얻는 가르침으로 이해되고 백성들에게 가르쳐진 것은 확실하게 알 수 있다. 이러한 사정은 신라의 경우에도 마찬가지다. 법흥왕이 흥륜사(興輪寺)를 창건하면서 "백성들을 위해 복을 닦고 죄를 소멸하는 도량을 만들고 싶다"[12]고 말하고 있는 것을 통해서 이를 확인할 수 있다.

복을 얻고 화를 피하고자 하는 것은 모든 인간의 보편적인 소망이기 때문에 불교가 여기에 부합하는 종교라는 것을 알게 되면 긍정적으로 받아들이게 될 것이 분명하다. 국가적인 차원에서도 불교를 믿음으로써 나라가 태평 안락하고 외적의 침입을 막아주는 등의 이익을 얻을 수 있다는 확신이 불교를 적극적으로 수용하게 만드는 요인으로 작용하고 있다.[13] 개인적인 차원이든 또는 국가적인 차원이든 현실에서 필요한 복을 구하는 것은 당시에 토착신앙으로 자리 잡고 있었던 무교(巫敎)의 기본적인 가치관이었기 때문에 그것과 합치하는 가르침으로서 복을 구하는 종교인 불교를 받아들이기가 쉬웠을 것이다. 그러나 현세에서 복을 구하는 것에 대해서는 무교가 보다 확실하고 구체적으로 약속하기 때문에 복을 구한다고 하는 것만으로 무교를 대신하는 종교로서 불교를 받아들이기를 기대할 수는 없다. 무교에서 복을 구하는 방식은 초월적인 신통한 힘을 지닌 것으로 간주되는 여러 신들에게 복을 달라고 비는 행위를 통해서이다.

여기서 우리는 '복을 비는 것'과 '복을 구하는 것'의 차이에 주목할 필요가 있다. 복을 비는 것은 타력에 의존하는 것이지만 복을 구하는 것은 자력적인 노력이 들어간다는 점에서 차이가 있다. 백성들에게 "복을 구하라" 또는 "복을 닦아라"라고 권하고 있을 뿐 "복을 빌어라"

라고 말하지 않는 것에서 적어도 자력신앙으로서의 불교에 대한 최소한의 이해가 자리 잡고 있다는 것을 확인할 수 있다. 이러한 차이에 주목할 때 무교가 아닌 불교를 믿고 받아들여야 하는 당위성도 보다 명확하게 드러날 수 있다. 이상과 같이 생각해 볼 때 적어도 왕실 차원에서는 불교의 초보적인 가르침으로서 순도가 가르친 인과의 도리에 대한 인식이 상당한 정도의 수준에 달하고 있었음을 알 수 있다.

왕실에서 불교를 적극적으로 수용하고 장려한 이유는 외교적인 고려나 복을 구하는 것 이외에 불교 자체의 독특한 내용 속에서도 찾을 수 있다.

앞서 얘기한 것처럼 불교의 기본적인 가르침으로 이해된 인과의 도리는 인간의 삶이 신이나 자연 또는 숙명에 의해서 좌우되는 것이 아니라 자신의 주체적인 행위에 의해서 결정된다고 하는 행위결정론으로서의 업설(業說)이다. 이러한 업설은 백성들로 하여금 착하고 열심히 살아가도록 고무할 수 있는 설득력 있는 원리로 기능할 수 있다. 이차돈이 불법을 따르면 백성을 다스리는 데 도움이 된다고 말하는 것도 이러한 맥락에서 이해할 수 있다. 또한 불교의 인과응보설은 해석하기에 따라서 자신에게 유익한 결과를 가져올 수 있는 효과가 있다. 현재 왕이나 특권적인 지위를 차지하고 있는 사람은 현재의 지위를 누릴 만한 도덕적 당위성을 인과설로부터 확보할 수 있다. 인과의 도리는 원인 행위가 없는 결과는 없다고 하는 것이기 때문에 결과로서 나타난 현재의 처지에 상응하는 원인이 있음을 당당하게 주장할 수가 있다. 한편 고달픈 처지에 있는 서민대중은 인과의 도리를 앞으로 선업(善業)을 쌓아 좋은 결과를 창출해 낼 수 있다고 하는 희망의 메시지로 해석하여 기쁜 마음으로 받아들일 수 있다.

또한 불교의 사상 속에 등장하는 전륜성왕이나 미륵 같은 존재에 자신을 가탁함으로써 백성을 지도하고 구제하는 훌륭한 통치자로서 자임할 수도 있다.[14]

이 밖에도 불교에는 무교에서는 찾아볼 수 없는 내세관으로서 극락왕생하는 내용이 매력적인 요소로 작용했을 가능성이 크다.[15] 왕실에서는 현세에 누리는 복락을 내세에서도 계속해서 누리고자 하는 소망이 강한 형태로 있었을 것이고, 이러한 기대에 부합하는 불교의 왕생사상은 매우 달가운 것으로 여겨졌을 것이다. 사후에 좋은 곳에서 복을 누리며 왕생할 수 있다는 사상은 비단 현세에서 특권적 지위를 누리는 사람들뿐 아니라 일반 대중들에게도 환영받을 만한 약속으로 기꺼이 받아들여졌을 것이다.

이상에서 살펴본 것처럼 불교의 수용은 받아들이는 쪽의 주체적 판단과 선택의 결과라고 할 수 있다. 어떠한 연유로 받아들이게 되었는지에 관해서는 받아들이는 사람이 누구냐에 따라서, 그리고 불교를 어떻게 이해했느냐에 따라서 여러 가지로 설명될 수 있음을 고찰해 보았다. 일단 받아들였다 하더라도 그것이 삶의 한 부분으로 자리 잡기 위해서는 또 다른 요인과 조건이 작용한다고 볼 수 있다.

3. 불교의 토착화

새로운 문화가 기존의 문화와 완전히 이질적인 것이라면 그것은 쉽게 받아들여지거나 뿌리내릴 수 없을 것이다. 한편 별로 다를 게 없는 것이라고 한다면 구태여 새것을 받아들여서 기존의 것을 대체할 필요가 없을 것이다. 그런 점에서 새로이 전래한 불교의 수용과 토착화를 이해하기 위해서는 기존의 신앙적 바탕인 무교적인 것과의 연속과 불연속이라는 두 측면을 주목할 필요가 있다고 생각한다.

앞에서 얘기한 것처럼 불교를 복을 구하는 유익한 가르침으로 이해하고 가르친 것은 바로 기존의 가치관과의 연속과 불연속의 측면을 동시에 보여주는 대표적인 예라고 할 수 있다. 복을 얻고 재앙을 피하고자 하는 현세구복적인 무교의 가치관을 그대로 받아들이면서도, 복을 구하는 방식을 타력에 의지해 비는 행위를 통해서 구하지 않고 스스로의 노력을 통해 주체적이고 적극적으로 구하는 방식으로 바꿈으로써 불교적인 특징을 살리는 방향으로 융화가 이루어진 것이라고 할 수 있다. 그리고 이러한 융화를 이루어냈기에 현실 속에서 자리 잡고 뿌리를 내릴 수 있었다고 생각한다. 불교의 토착화 과정에서 보여주는 기존의 질서와 적절히 타협하고 융화하는 모습은 비단 가치관의 측면에 있어서 뿐만 아니라 신앙이나 의례 그리고 문화 등 삶의 다양한 측면에서 공통적으로 확인할 수 있는 바이다.

무교적 사고의 기본은, 이 세계는 초월적인 힘을 가진 신들에 의해서 지배되고 있다는 것이다. 원래 신이라는 개념은 자신의 삶에 영향을 미치는 힘을 의미한다. 따라서 고대인의 삶에 영향을 미치는 자연현상 하나하나가 모두 신으로 떠받들어지게 되고 그 최고 정점에 하늘이 자리하게 되는 것은 이러한 사고의 흐름에서 볼 때 극히 자연스러운 것이다. 산악이나 강의 신을 숭배한다든가 하는 신앙도 있었지만 하늘을 숭배하고 하늘에 제사하는 의식이 국가적인 차원에서 가장 비중 있게 진행되고 있었다.

부여의 영고(迎鼓), 고구려의 동맹(東盟), 예의 무천(舞天), 마한의 제천(祭天) 등의 행사는 모두 하늘에 제사 지내는 의식이라고 할 수 있다.[16] 그런데 불교에서는 세계를 지배하는 최고신으로서의 하늘님의 개념을 제석천(帝釋天)으로 변용하여 수용하는 형태를 보여준다. 제석천은 세계를 창조하는 최고의 신이 아니라 세계를 다스리고 지배하는 성격이 강하기 때문에 무교의 하늘님 관념과 유사한 특징을 갖는다.[17]

그러나 무교에서 숭배하는 하늘님은 자의적인 방식으로 세계를 다스리기 때문에 하늘에 빌면 소원을 들어주지만, 제석천은 인과의 법칙을 작동함으로써 세계를 다스리기 때문에 착한 행위와 삶에 의하지 않고는 사적인 소망을 들어주지 않는다는 점에서 다르다.

실제로 신라에서 불교가 수용되고 공인되는 과정에서는 토착신앙에 기반하고 있는 기존세력의 반발이 심해서 이차돈이 순교를 해야 했고 일관의 말에 따라 승려가 사살되는 등의 희생을 치러야 했다.[18] 또한 조정의 대신들은 법흥왕의 불교수용에 반대하여 불교에 대해서 정상의 도(常道)가 아니요, 나라를 다스리는 바른길(理國之大義)이 아니라고 비난하는 논의를 하고 있다.[19] 이러한 극심한 반대에 부딪혀 법흥왕은 흥륜사 공사를 중단하였고, 법흥왕 18년(531)에는 화백회의의 장으로서 상대등이라는 직책을 설치함으로써 타협을 보았다. 상대등의 설치는 왕의 전제권이 상당한 제약을 받게 된다는 의미를 지닌다. 불교 반대세력의 수장격인 상대등 철부(哲夫)가 죽은 후 바로 다음 해인 535년에 중단되었던 흥륜사 공사를 재개할 수 있었던 것도 신라에서 불교가 뿌리내리는 데 얼마나 큰 어려움을 겪었는가를 말해 준다.[20] 이렇듯 무교적 토착신앙에 바탕한 기존의 질서가 워낙 완고한 것이었기에 불교의 공인이 이루어졌다고 해서 그 질서가 하루아침에 불교적인 것으로 바뀔 수는 없는 것이다. 그래서 불교가 뿌리내리기 위해서 여러 가지 측면에서 무교적인 색채들을 수용하지 않을 수 없었다고 할 수 있다.

불교의 팔관회는 무교에서 숭배하던 천령(天靈), 오악(五嶽), 명산대천(名山大川), 용신(龍神) 등을 섬기는 제사로서 거행되었다.[21] 이는 무교의 신앙을 그대로 이어받은 것이지만 그 내용은 희생을 바치고 가무음주를 동반해서 제사 지내는 것은 아니었다. 팔관제(八關齋)라고 불리는 것처럼 무교식의 제사가 아닌 불교식의 제(齋)로서 욕망을 정화시키고 마음을 경건하게 하며 전사자의 명복을 기원하는 등의 행사로 성격을 달리히는 것으로 비뀌었다.[22]

불교의 점찰법회는 점을 통해서 개인의 전생을 알아보고 현생의 길흉화복을 점치며 그 결과에 따라 알맞은 수행을 함으로써 화를 피하고 복을 구하는 법회라고 할 수 있다. 이는 무교가 수행하던 사람의 운명을 점치는 행위를 그대로 이어받아서 불교의 법회로서 의례화한 것이다. 여기서 주목할 것은 기존에 익숙한 관습인 점치는 형식을 빌려서 올바른 수행으로 인도하는 목적으로 행해지고 있다는 점이다.

명랑(明朗)이 주도한 문두루법회(文斗婁法會)는 무교적 신앙행위의 주요 목적인 병을 치료하고 재앙을 소멸시키며 외적의 침입을 물리치는 등의 현실적인 절실한 요청에 부응하는 법회로서 거행되었다. 이는 불교가 무교적 요소들을 무조건 배척해 버리지 않고 가능한 한 포용하려고 하는 모습으로 이해할 수 있다. 이 밖에도 사찰 안에 칠성각이나 산신각 내지 용왕전 등의 건물을 함께 배치함으로써 기존의 여러 신앙과 관습을 끌어안고 가는 모습은 불교가 이 땅에 확고히 자리 잡기 위해서 토착적인 요소들에 대해서 얼마나 관용적이고 탄력적으로 대응하고 있는가를 명확히 보여주는 증거라 할 수 있다.

이상의 고찰을 통해서 새롭게 전래된 외래종교로서의 불교가 오랜 세월에 걸쳐 완고한 질서로 자리 잡은 무교적 토착신앙과 관습 및 문화들 사이에서 수용되고 뿌리내리기 위해서 어떠한 노력을 하는가를 살펴보았다. 불교가 이 땅의 현실에 뿌리를 내리는 것이 중요한 요청이었기 때문에, 불교 스스로 현실에 맞추어 유연하게 포용하고 타협하며 적응해 나가는 모습을 보았다. 때로는 기존의 것을 부분적으로 수용하면서 불교의 특성을 가미하여 주체적으로 변용하기도 하고, 때로는 자신의 정체성과 배치되는 측면을 감수하면서까지 현실에 다가가는 모습을 보이기도 하였다. 이는 불교가 본래성을 완고하게 묵수하는 경직된 태도를 버리고 유연하게 현실성에 접근하고자 하는 노력의 과정으로 이해할 수 있겠다.

연꽃

출처 : Xavier

제2장

신라에 있어서 불교의 대중화와
지평의 확대

1. 들어가는 말

　삼국시대의 불교가 주로 왕실을 중심으로 한 중앙 귀족층을 토대로
하고 있었다면, 통일신라의 불교는 그 지평을 일반 대중에게까지 넓힌
대중불교의 시기였다고 할 수 있다. 불교가 고구려에 처음 수입되고
(372), 신라에 공식적으로 전래된(572) 이래, 불교는 줄곧 그 지평을 넓
혀왔다고 할 수 있다. 그리하여 신라가 삼국을 통일할 즈음에는 국민의
8, 9할이 계를 받고 부처님을 받들었으며,[1] 빈천한 거지들과 무지몽매
한 자들까지도 불타의 이름을 알고 남무(南無)의 염불을 일컬을 정도로
불교가 보편화되어 있었다.[2] 통일신라의 불교는 이처럼 보편화된 토대
위에서 출발하여 대중불교를 완성하고 정착시킨 점에서 한 특징을 잡
을 수 있다. 그리고 이처럼 크게 확대된 불교의 지평이 신라시대 교학
을 활짝 꽃피우게 한 원동력이 되었다고 할 수 있다. 통일신라시대의

교학은 중국불교와 거의 같은 수준을 유지할 정도로 융성하였고, 나아가 그것을 한 단계 발전시키고 심화시킴으로써 신라 불교라는 독자적인 불교를 성립시켰다. 통일신라시대에 교학이 크게 발전했다는 사실은, 신라 불교를 특징짓는 가장 중요한 점이라고 할 수 있다. 그리고 이 시기에 발전시킨 최고수준의 교학은 불교문화 내지 민족문화의 측면에서 가장 가치 있게 평가할 수 있는 것이다.

불교가 본래적으로 인간의 혈통이나 계급의 차이를 무의미한 것으로 취급하는 보편성을 지니고 있다고 해서, 곧바로 또는 시간이 지남에 따라서 저절로 보편적인 종교로 자리 잡게 되는 것은 아니다. 불교가 서민대중의 보편적인 신앙으로 자리 잡기까지에는 여러 가지 계기와 조건들이 갖추어지지 않으면 안 된다.

그래서 필자는 이 글에서 불교의 대중화에 초점을 맞추고, 통일신라시대를 전후해서 불교의 대중화가 어떠한 요인에 의해서 진행되며 또 어떠한 과정을 거쳐서 완성되어 가는지를 추적하고자 한다. 불교 지평의 확대는 본격적인 불교연구를 촉발하고 보다 다양하고 높은 수준의 교학을 요구한다. 한편 교학의 융성은 대중의 여러 가지 종교적인 요구에 부응할 수 있는 실천의 이론적 토대를 제공함으로써, 불교의 대중화에 긍정적으로 기능할 수 있다. 이런 점에서 불교의 대중화와 교학의 발전은 긍정적으로 상호 촉발하는 관계를 갖고 있다고 볼 수 있다.

한편 불교가 대중화하기 위해서는 대중에게 다가가려는 불교 측의 노력이 필수적으로 요구된다. 그리고 대중에게 다가가는 과정에서는 불교가 갖고 있는 본래적인 모습이나 정신으로부터의 이탈도 어쩔 수 없이 발생하게 된다. 이처럼 본래적인 것으로부터 멀어지게 되면 다시 그것을 회복하려는 내적인 요구가 발생하게 되고 그것이 교학의 연구로 이어지게 된다. 이런 점에서 불교의 대중화는 불교의 본질적인 모습이나 정신을 추구하는 순수교학의 연구를 촉진하는 역방향의 흐름을 불러일으키는 내적인 계기가 된다고 할 수 있다. 따라서 필자는 이 글에서 불교의 대중화와 순수교학의 연구가 갖는 내적인 연관을 아울러 밝혀보고자 한다.

2. 인과응보설의 자기중심적 해석

서민대중이 불교를 수용하고 신앙하기 위해서는 무엇보다도 불교가 자신에게 의미 있는 것이라고 하는 인식을 서민들 스스로 하지 않으면 안 된다. 수용하는 주체의 불교에 대한 긍정적 인식이 없는 상태에서 이루어지는 지배층의 장려나 정책은 그것이 아무리 적극적이라 하더라도 대중화하는 데 성공할 수 없다. 그렇다면 서민대중은 불교를 무엇이라고 이해했으며, 거기서 어떠한 긍정적 의미를 발견했을까? 불교가 중국에 전래될 때나 우리나라에 전래될 때의 사정을 보면, 불교는 대체로 인과응보(因果應報)의 도리가 핵심적인 내용을 이루는 것으로 많은 사람들에게 가르쳐지고 이해되었음을 알 수 있다. 순도(順道)가 불교를 고구려에 처음 전래할 때, 당시 사람들에게 인과(因果)의 도리를 일깨우고, 화복(禍福)으로써 인도하였다.[3]

법흥왕은 흥륜사(興輪寺)를 창건하면서 백성들을 위해 복을 닦고 죄업을 없애는 곳을 짓고자 한다고 말하고 있다.[4] 이처럼 불교를 착한 행위를 통해 즐거운 삶을 얻도록 하는 인과응보의 도리로서 가르치고 이해할 때, 불교에서 사람들은 어떤 의미를 얻을 수 있었을까를 생각해 보자.

불교의 인과응보설은 인간의 삶이 신이나 운명에 의해 결정되는 것이 아니라, 자신의 행위에 의해서 달라진다고 가르친다. 착한 행위를 하면 고귀한 사람이 되고 즐거운 복락을 얻게 되며, 악한 행위를 하면 미천한 사람이 되고 괴로운 결과를 겪게 된다는 것이다. 이것을 전생과 후생에 확대하여 적용하면 삼세인과응보설(三世因果應報說) 즉 윤회설이 된다. 불교의 삼세인과응보설은 불교의 초보적인 가르침으로서, 전문적인 이해의 수준에 도달하지 않으면 이해할 수 없는 공(空)사상처럼 난해하지 않기 때문에, 누구에게나 쉽게 이해될 수 있다. 그런데 불교가 가르치는 인과응보설은 "착한 사람이 잘 살아야 한다"고 하는 인간의 보편적 도덕 감정에 잘 부합한다. 그리고 인과응보설은 도덕과 행복을 일치시키고 있기 때문에 사람들에게 커다란 설득력을 지닐 수 있다.[5] 현세에서 복락을 누리며 사회의 지배층에 속하는 사람들은 인과응보설을 자신이 누리는 현세의 특권적인 지위를 도덕적으로 정당화시켜 주는 것으로 해석하게 된다. 실제로 삼국에서 모두 지배층이 앞장서서 적극적으로 불교를 받아들이고 전파시키는 데 힘을 쏟았던 데는, 바로 불교의 인과응보설을 자신들에게 유리한 정치적 이데올로기로 활용코자 하는 현실적인 고려가 작용하고 있었다고 할 수 있다. 한편 열악한 처지에서 여러 가지 현실적인 고통에 시달리고 있는 서민대중의 경우는, 인과응보설에서 현실의 비참한 상태가 자신의 노력에 의해서 극복되고 변화될 수 있다는 희망을 발견하게 된다. 또한 인간의 삶이 현재의 일세(一世)로 끝나지 않고 전세-현세-후세로 계속된다는 윤회설은 무한한 세계관을 제공한다. 현세 중심의 세계관으로부터 죽음에 대한 공포를 떨칠 수 없었던 사람들은 세계와 인생이 무한하다는 사실에서 경이로운 충격과 종교적 위안을 얻을 수 있다. 현세의 좋은 처지를 향유하는 사람은 이러한 즐거움이 짧은 현세로 끝나지 않고 영원히 지속될 수 있다는 점에서 안도감을 얻는다. 한편 서민대중은 내세(來世)의 길고 큰 즐거움에 대한 기대로 인하여, 극심한 고난과 역경을 일시적인 것으로 가볍게 받아 넘길 수 있는 마음의 여유를 찾을 수 있다. 실제로 하나뿐인 솥을 시주하고, 남아 있는 쌀을 다 털어 출가하는 아들 진정(眞定)에게 주며 빨리 가도록 재촉하는 홀어머니의 얘기에서,[6] 현실의 고난을 대하는 서민의 마음을 읽을 수 있다.

이처럼 불교의 인과응보설은 사회적인 신분이나 계층과 관계없이, 해석 여하에 따라 모든 사람에게 희망과 안식을 제공할 여지가 있다. 그리고 사람들은 각기 자신의 처지에서 자신에게 유리한 해석을 내림으로써, 불교를 안식처로 삼게 되었던 것이다.

3. 승려들의 실천적 수행과 교화

서민대중이 불교를 받아들이도록 하기 위해서는 우선 현실적으로 불교에 접할 수 있는 기회가 제공되어야 한다. 또한 불교를 무지하고 미천한 자신들과는 관계가 없다거나 거리가 먼 것이라고 생각하는 소외감을 없애주어야 한다. 삼국시대에는 불교를 접할 수 있는 장소인 사원이 통구(通溝), 평양(平壤), 광주(廣洲), 공주(公洲), 부여(夫餘), 경주(慶州) 등과 같이 중앙과 도성을 중심으로 자리 잡고 있었고, 지방에는 통일 시기가 가까워질 무렵에야 소수의 사원만이 건립되었다.[7] 이러한 상황에서 불교는 주로 왕실과 귀족층들에게 독점될 수밖에 없으며, 서민대중은 불교를 다른 세계에 존재하는 낯선 것으로 느끼고 있었을 것이다. 이러한 때에 불교를 서민대중의 곁으로 가져가서 그들에게 친근한 형태로 제공한 승려들의 실천적인 수행과 교화는 불교를 대중화시키는 데 직접적인 역할을 수행했다고 본다.

진평왕(579-631)대의 혜숙(惠宿)은 도성에서 멀리 떨어진 한 시골 마을에 머무르면서 촌민들을 교화했다.[8]

혜공(惠空)은 항상 이름 없는 조그마한 절에 머무르며, 언제나 미치광이처럼 술에 취하여 등에 삼태기를 지고 골목거리에서 노래하고 춤을 추었다.[9]

대안(大安)은 왕이 불러도 궁궐에는 들어가지 않고, 밥그릇을 두드리면서 "대안(大安), 대안"을 외치고 시장판을 떠돌아다녔다.[10]

원효(元曉, 617-686)는 속복(俗服)을 입고 큰 박을 치고 춤을 추며, 스스로 무애가(無碍歌)라는 노래를 지어 부르면서, 전국의 촌락을 방방곡곡 빠짐없이 돌아다녔다. 때로는 술집과 기생집을 출입하고, 여염집에 기숙하기도 하고, 산이나 물가에서 좌선하기도 하였다.[11]

이상과 같은 기록을 통해서 보건대, 이들 선구적인 승려들은 도성의 사원에서 찾아오는 귀족층만을 상대하고 있지 않았다. 그들은 도성의 사원을 찾아다닐 만한 생활상의 여유가 없는 서민대중 속으로 스스로 찾아가서, 직접 불교를 전해 주고 있다. 뿐만 아니라 농부나 초부(樵夫)가 가지고 다니는 삼태기, 거지가 가지고 다니는 밥그릇, 광대가 지니는 박 등을 가지고 다니면서, 그들과 다름없이 술 마시고 노래하고 춤추는 등의 행동을 서슴지 않는다. 이처럼 서민대중과 함께 어울려, 그들과 같은 행색을 하고 같은 언동을 함으로써, 이들이 불교에 친화감을 가질 수 있도록 배려하고 있다. 이는 서민들에게 불교를 전하고 교화하는 데 있어서 매우 효과적인 방편(方便)이었다고 할 수 있다.[12]

이러한 적극적 교화활동을 통해서 서민들은 쉽게 불교에 접하고 그것을 편하게 받아들일 수 있었다. 그리하여 원효의 시기에는 빈천한 거지나 더벅머리 개구쟁이들까지도 불타의 이름을 알고, 남무(南無)의 염불을 할 수 있게 되었던 것이다. 이후 신라에는 불교의 대중화에 전문적으로 종사하는 승려가 등장해서, 여러 가지 민중교화 방법을 사용했다는 사실을 알 수 있다. 그중 하나가 범패(梵唄)를 불러 불전(佛典)의 뜻을 손쉽게 이해시켜 대중의 신앙심을 일깨우던 범패사(梵唄師) 또는 작범법사(作梵法師)라고 불리는 승직(職僧)의 존재이다. 이들은 정교하고 특유한 음곡으로 범패를 불러 민중을 매혹시킴으로써 대중교화에 큰 영향력을 행사했다.[13] 통일 이후 불교의 대중화가 뿌리를 내릴 수 있었던 데는, 이들 선구적인 승려들의 적극적인 서민교화의 활동에 힘입은 바 크다고 할 수 있다.

4. 대중적 불교의식

인간의 지속적 종교적 활동의 내용은 내면적, 종교적 자세로서의 신앙체제와 그것이 밖으로 나타난 종교적 행동으로 되어 있다. 그중에서 일차적으로 사람들의 관심을 끌게 되는 것은 가시적인 신앙행위라 할 수 있다. 그중에서도 개인적 차원에서 이뤄지는 신앙행위보다는 집단적으로 이뤄지는 신앙행위가 사람을 끌어 모으는 데 더 큰 흡인력을 지닌다는 것은 말할 필요도 없다. 특히 서민대중은 개인의 깊은 종교적 사유에 의해서보다는, 집단적으로 행해지는 종교행위에 휩쓸려 신앙을 확립해 나가는 경우가 대부분이라고 할 수 있다. 그런 점에서 집단적으로 이뤄지는 신앙행위로서의 불교의식은 불교의 대중화와 뗄 수 없는 관계가 있다고 할 수 있다.

불교가 수입된 이래 여러 형태의 집단적 불교의식이 행해졌겠지만, 공식적인 기록을 통해서 알 수 있는 불교의식의 시행은 진흥왕 12년 (551)에 행해진 인왕백고좌회(仁王百高座會)와 팔관제(八關齊)가 처음이라고 할 수 있다.[14] 이후 신라 말까지 10여 회에 걸쳐서 백좌강회(百座講會)가 열린 것으로 기록되어 있다. 신라의 팔관회에 관한 기록은 3회에 그치고 있지만, 고려 태조의 훈요(訓要) 제6조에 "짐(朕)이 지극히 원하는 바는 연등(燃燈)과 팔관(八關)에 있으니, 연등은 부처를 섬기고자 하는 것이고 팔관은 천령(天靈), 오악(五嶽), 명산(名山), 대천(大川), 용신(龍神)을 섬기고자 하는 것이다"라고 기록하고 있는 점에서 볼 때,[15] 통일신라에서 10월에 열리는 팔관회가 정월에 열리는 연등회와 더불어 연중행사로 치러졌으리라고 짐작된다.[16]

인왕백고좌회를 열어 인왕경의 독송을 국가적인 행사로 적극적으로 거행한 데는, 경의 근본이념에 따라 지혜를 밝혀 국가사회에 구현시킴으로써 인왕(仁王)의 도리를 다하고자 하는 목적과, 경의 독송으로 인해 생긴다고 하는 공덕을 얻고자 하는 목적이 혼재하고 있다고 할 수 있다. 그중에서도 이러한 의식을 거행하고 거기에 참여하는 사람들이 직접적인 소망은 후자 즉 국토의 재난과 외적의 침해를 막아주며 중생에게 복을 주고 온갖 재앙으로부터 보호해 준다는 공덕을 얻는 데 있었다고 할 수 있다. 이러한 신앙행위는 비록 경의 본질과는 거리가 있는 것이라 할지라도, 남녀노소에 관계없이 널리 경전의 내용에 직접 접할 수 있는 계기로 작용했다는 점에서, 불교를 전도하고 포교하는 데 큰 기여를 하였다고 볼 수 있다.[17]

연등회는 재래의 농경의례에 의한 민속적인 연중행사를 기반으로 하며, 민속행사 중에 포함된 축제적 요소가 불교적 등 공양 의례와 결합

됨으로써, 대중적으로 보급되어 전국 각지에서 행해지는 일반화된 풍속으로 자리 잡게 되었다.[18]

팔관회는 천령(天靈), 산천(山川), 용신(龍神) 등을 섬기는 다신교적 내지 무교적 전통을 기반으로 하며, 재래신앙과 불교적 수행방법으로서의 팔관제회가 결합된 것으로서, 금욕수행의 불교적 성격보다는 가무적 성격이 두드러져 국민적 축제와 같이 되었다.[19]

민간의 신앙의례에 불교적 채색이 가해진 연등회와 팔관회와 같은 신앙의례는 그 신앙의 내용이나 의식절차의 면에서 토속적인 측면을 그대로 이어받고 있다. 그중에는 신 등에 제사를 지냄으로써 소원을 이루고자 하는 다신교적 신앙내용이나, 희생을 바치고 음주 가무하는 의식의 절차 등은 불교 본래적인 것과 상치되는 측면이 강하다. 그러나 이를 큰 수정이나 변화 없이 불교의례로 포섭함으로써, 일반 대중 속에 쉽게 그리고 급속히 불교를 전파할 수 있었을 뿐 아니라, 생활화된 습속으로 뿌리를 내리게 할 수 있었던 것이다.

5. 불교의 다양화와 실천불교의 수용

사람마다 지적 수준의 차이와 정적 취향의 차이가 천차만별이다. 통일신라는 삼국을 통일한 만큼, 구성원들이 처하고 있는 사회적 상황이나 생활방식이 더욱 다양했다고 볼 수 있다. 따라서 불교가 국민 속에 파고들어 보편화되기 위해서는 이들의 다양한 수요와 욕구에 어느 정도 부합하지 않으면 안 되었다. 삼국 통일을 전후하여 불교가 보편화된 데는 불교 자체가 그만큼 다양해진 것과 무관하지 않다고 할 수 있다. 즉 다양한 종류의 불교와 다양한 형태의 신앙행위가 여러 사람들의 종교적인 욕구를 충족시킬 수 있었기에 불교가 보편화될 수 있었던 것이다.

통일신라시대에는 구사종(俱舍宗), 성실종(成實宗), 삼론종(三論宗), 섭론종(攝論宗), 열반종(涅槃宗), 법화종(法華宗), 유식종(唯識宗), 화엄종(華嚴宗) 등 이론적 불교라고 말할 수 있는 여러 종파의 사상들이 빠짐없이 들어와 연구되고 있었다. 뿐만 아니라 미륵신앙, 미타신앙, 관음신앙, 율종, 밀교 및 말기에 들어온 선종 등 실천을 주로 하는 불교가 성행했다.[20] 게다가 자력적 신앙형태와 타력 의존적 신앙형태, 민속과 결합하여 축제적 성격이 강한 신앙형태, 점복 및 예언과 결합한 신앙형태, 기도나 주술과 결합한 신앙형태 등 매우 다양한 신앙형태가 존재했다. 이 중에서 현학적인 교리체계를 탐구하는 이론 위주의 교학이나 한적한 장소에서 깊은 선리(禪理)를 추구하는 수행 중심의 실천불교는 서민대중의 종교적 수요와 거리가 멀다고 할 수 있다. 서민대중의 정서와 합치되고 그들의 직접적인 관심을 끌 수 있는 것은, 종교적 실천의 내용이 단순하거나 공덕을 짓고 복을 닦는 등의 현실적 이익과 결합된 것이라고 할 수 있다.

현실적으로 열악한 조건 속에 있고 힘도 미약해서 스스로 문제를 해결하기 어려운 서민대중들은 초월적인 존재의 무한한 자비심과 신비한 힘에 의존하기 쉽다. 그래서 초월자의 이름을 부르거나 간절히 생각만 하여도 이에 호응한다고 하는 관음신앙(觀音信仰)이나 미타신앙(彌陀信仰) 등 대표적인 타력(他力) 의존적 신앙형태가 일반 서민들에게 크게 환영을 받게 된다.

삼국 통일기에 있어서 관음신앙은 삼국유사에 12, 13종이나 되는 관련 사실을 기록하고 있고, 십일면관음(十一面觀音)과 천수관음(千手觀

音) 등으로 내용이 더욱 풍부해지고 다양화되는 것으로 보아, 서민대중 속에 깊이 뿌리내리고 있었음을 알 수 있다.[21]

미타신앙 역시 이미 민족신앙으로서 자리 잡을 만큼 독특한 뿌리를 상당히 깊이 내리고 있었고, 그 신앙 영역도 매우 넓게 퍼져 있었다.[22]

관음신앙은 삼국유사의 관음설화에서 표현되어 있는 것처럼, 맹아(盲兒)의 눈을 뜨게 하며[23] 갓난아이에게 젖을 먹여 돌보는[24] 등 중생들의 실존적 한계상황에 적극적으로 참여하여 문제를 해결해 준다는 점에서 서민들에게 큰 호소력을 지닐 수 있었다.

미타신앙은 현세에서는 가장 불리하고 불행한 조건에 있는 여자 노비라 할지라도, 내세(來世)에는 현세에서 누리지 못하는 여러 즐거움을 마음껏 누릴 수 있는 곳(極樂淨土)에 태어날 수 있다는 점이 서민들에게 큰 위안이 될 수 있다.[25] 극락왕생(極樂往生)하고 싶은 심정은 현세에서 복락을 누리는 왕실이나 귀족도 예외는 아니므로, 미타신앙은 모든 계층을 망라하는 가장 보편적인 형태로 자리 잡게 되었다.

이 밖에 미륵신앙은 모든 문제가 해결되는 이상세계(龍華世界)를 현세에서 미륵(彌勒)이 하생(下生)해서 실현한다는 미륵하생신앙(彌勒下生信仰)이 중심이 되므로,[26] 현실의 고난이 너무 절박해서 먼 내세(來世)를 기다릴 여유가 없는 서민들에게 커다란 호소력을 지니게 된다.

밀교는 삼국유사(三國遺事) 권오(卷五) 신주편(神呪篇) 제육(第六)에 실린 밀본(密本, 선덕왕대), 명랑(明朗, 문무왕대), 혜통(惠通, 효소왕대)의 기사가 말해 주듯이, 주술이나 비법(秘法)을 통해서 병이나 외적, 악신 등 여러 재앙을 간단히 제거한다는 점에서,[27] 끊임없는 재난을 겪어야 하는 서민들을 가장 쉽게 그리고 강하게 끌어들일 수 있었다. 그래서 밀교는 통일신라시대에도 크게 성행하고 줄곧 이어져서, 안혜

(安惠), 랑융(朗融, 애장왕대)을 거쳐서 고려 태조 때의 광학(廣學), 대연(大緣)에 이르러서는 신인종(神印宗)이라는 종파를 형성하기에 이른다.[28]

또한 사실(史實)을 통해 보건대 점찰법회(占察法會) 및 점찰 관계의 교법이 신라에서 적지 않게 행해졌으며, 신라 불교사상 차지하는 비중도 작지 않음을 알 수 있다.[29] 점찰법회는 서민들에게 친숙한 점이라는 방법을 통해서 과거와 미래의 모습을 관찰하게 함으로써, 미래에 대한 불안감을 떨쳐버리도록 한다. 이 점이 내일을 기약할 수 없는 불안한 상황에 사는 서민들에게 큰 위안이 될 수 있었을 것이다.

이상과 같이 신앙의 목적이나 내용 및 방법 등에 있어서 서민들의 정서에 합치하는 다양한 형태의 불교가 나름대로의 기능을 수행함으로써, 통일신라시대에 불교는 서민대중 속에 깊이 뿌리를 내리게 되었다. 이 시기의 불교는 교학이 제시하는 추상적이고 관념적인 이상만을 서민들에게 강요하지 않고, 서민대중의 현실적 상황과 욕구에 맞추어 자신을 변형시키는 신축성을 발휘했다고 할 수 있다. 다시 말해서 신라의 불교는 자신의 정체성과 본질을 고집하면서 자신의 위치에서 서민대중을 향해 손짓만 한 것이 아니라, 서민의 생각과 삶 속에 다가가 그들과 함께하려고 하는 유연한 태도를 가졌기 때문에 현실의 대중 속에 자리잡을 수 있었던 것이다.

6. 불교 지평의 확대와 교학의 발전

불교가 현실의 대중들에게 다가가기 위해서 스스로 유연하고 다양한 대응과 노력을 기울이지 않으면 안 되지만, 그 과정에서는 불가피하게 자신의 본질과 정체성을 망각하거나 훼손할 가능성이 있다. 불교의 현실에 대한 타협과 변질이 그 한계를 넘을 때는 불교 그 자체의 존립을 위협하게 되고, 보다 본질적인 불교에 대한 욕구도 상대적으로 증폭하게 된다.

복을 얻고 온갖 재앙으로부터 보호받을 수 있는 공덕을 얻기 위한 목적으로 그리고 음주 가무하는 축제의 형식으로 불교의식을 거행하는 것은 불교가 추구하는 본래의 모습과는 크게 상반되는 것이다. 또한 현세나 내세에서 개인적인 복락을 추구하거나, 점을 친다든지 타력에 의지해서 자신의 문제를 해결하려는 시도 역시 불교의 본래적인 정신과 상당한 거리가 있다. 이처럼 불교의 본질로부터 동떨어진 것이 불교로 인식되게 되면 불교의 정체성과 생명력이 상실될 우려가 생기게 된다.

종교가 현실에 자리 잡기 위해서 현실성을 가져야 하며 종교로서의 기능과 생명력을 유지하기 위해서는 본래성을 지녀야 한다. 본래성을 떠나서는 현실성도 없다.[30] 불교가 신라에서 토착화하려는 순간부터 토착화하기 위한 타협이 불가피했던 것처럼, 다른 한쪽에서는 그 타협이 한계를 넘는 것을 경계하는 길항작용(拮抗作用)이 또한 따랐다. 구법(求法)을 위해 중국이나 인도에 건너간 승려들은 이러한 관점에서 이해할 수 있다.[31]

이렇게 볼 때 불교의 대중화와 교학의 발전은 서로 다른 두 가지 방향에서 관계를 지을 수 있을 것이다. 하나는 불교의 대중화가 불교의 지평을 그만큼 확대시켰다는 점에서, 본격적인 불교연구와 그에 따르는 결과로서 교학의 융성을 초래했다고 볼 수 있다. 그러나 다른 한편으로는 대중화하는 과정에서 겪을 수밖에 없는 불교의 변질을 바로잡기 위해서, 불교의 본질을 추구하는 노력이 일게 되고, 이로 인해 교학이 발전하게 되었다는 것이다. 우리는 여기서 불교의 대중화와 교학의 발전이 상반되는 듯하면서도, 통일신라시대에 있어서 서로를 촉발시키는 상생(相生)의 관계로 작용하고 있다는 사실을 확인할 수 있다.

7. 나오는 말

통일신라시대의 불교는 보편적인 지평을 확보하고 대중불교로서 자리 잡았다는 점과 교학이 눈부시게 발전하여 최고의 수준을 이룩했다는 두 가지 점에서 크게 특징을 지을 수 있다. 필자는 이 두 가지 특성이 단순히 병렬적으로 나열될 수 있는 별개의 것이라고 보지 않는다. 반대로 두 가지 특성이 상호 긍정하고 상호 갈등하는 두 가지 관계로 밀접한 관련을 맺고 있다고 보고, 이 글에서 불교의 대중화를 축으로 하여 그것을 밝혀보았다.

불교 지평의 확대는 본격적인 불교연구를 촉발하고 보다 다양하고 높은 수준의 교학을 요구한다. 한편 교학의 융성은 대중의 여러 가지 종교적인 요구에 부응할 수 있는 실천의 이론적 토대를 제공함으로써, 불교의 대중화에 긍정적으로 기능할 수 있는 것이다. 이런 점에서 불교의 대중화와 교학의 발전은 서로를 촉발시키는 상생(相生)의 관계로 작용하고 있다고 할 수 있다.

한편 불교가 대중화하는 과정에서는 대중에게 다가가기 위해서 불가피하게 자신의 본래적인 모습으로부터 이탈할 가능성이 있다. 불교의 현실에 대한 타협과 변질이 그 한계를 넘을 때는 불교 그 자체의 존립을 위협하게 되고, 보다 본질적인 불교에 대한 욕구도 상대적으로 증폭하게 된다. 그런 점에서 불교의 대중화와 순수교학의 발전은 상반되는 측면을 지니면서도 서로를 필요로 하는 역설적인 연관을 갖고 있다고 할 수 있다.

이상과 같은 불교의 대중화와 교학 발전의 밀접한 연관관계는 선문의 형성이라는 역사적인 흐름에도 그대로 적용된다고 할 수 있다. 교학이 이론의 체계화에 편향되어 식자층의 전유물이 되면, 그것은 사회나 대중의 현실적인 관심으로부터 멀어지게 된다. 이때에 보다 서민적이고 실천적인 성질을 지닌 선불교가 등장하는 것은 당연한 추세이다. 이렇게 볼 때 통일신라 불교의 큰 흐름(대중화-교학의 융성-선문의 형성)은 단순히 병렬적으로 존재하는 것이 아니라, 교학의 융성이라는 특징을 중심축으로 해서 전체가 하나의 흐름을 형성하고 있다고 할 수 있을 것이다.

연꽃

출처 : 국립중앙과학관 – 우리나라 야생화

제3장

통일신라에서 꽃피운 교학의 황금시대

불교의 대중화를 통해서 이룩한 불교 지평의 확대는 본격적인 불교 연구를 촉발하고 보다 다양하고 높은 수준의 교학을 요구하게 된다. 왜냐하면 불교가 대중화하는 과정에서 대중에게 다가가기 위해서는 불가피하게 자신의 본래적인 모습으로부터 이탈할 가능성이 있기 때문이다. 그런데 불교의 현실에 대한 타협과 변질이 그 한계를 넘을 때는 불교 그 자체의 존립을 위협하게 되고 보다 본질적인 불교에 대한 욕구도 상대적으로 증폭하게 된다. 또한 불교의 대중화와 지평의 확대로 그만큼 다양하고 여러 가지 차원의 불교에 대한 수요가 발생하게 될 것이고, 그에 따라 불교의 본래성을 추구하는 요청도 뒤따를 수밖에 없다고 생각한다. 그런 점에서 불교의 대중화와 순수교학의 발전은 상반되는 측면을 지니면서도 서로를 필요로 하는 역설적인 연관을 갖고 있다고 할 수 있다.

통일신라시대의 불교는 보편적인 지평을 확보하고 대중불교로서 확고하게 자리 잡은 데 힘입어 불교의 교학이 눈부시게 발전했다는 데 가장 큰 특징이 있다. 통일신라시대에 이룩한 교학의 발전은 한국의 지성사에서 이룩한 최고의 수준이라고 자부할 정도로 눈부신 것이었다. 원측(圓測)은 신구 유식사상을 비판적으로 종합하여 자신의 독자적인 사상체계를 구축하였다. 의상(義相)은 화엄학의 분야에서 불교이론의 극치라 할 수 있는 화엄사상을 실천적으로 해석하고 적용함으로써 독자적인 경지를 구축하였다. 원효(元曉)는 불교의 여러 다양한 사상들을 이문일심(二門一心)이라는 『대승기신론(大乘起信論)』의 논리를 활용하여 자신의 일관된 체계로 용해하여 담아냄으로써 산봉우리처럼 우뚝선 일가(一家)를 이루었다. 이상의 세 스님이 통일신라에 꽃피운 교학은 단지 자신의 사상을 구축한 데서 머무르지 않고 중국과 다른 나라에까지 큰 영향을 미치고 불교사상사의 전개와 흐름에 큰 역할을 하였다. 이제 이들이 구축한 교학의 내용을 자세히 검토함으로써 당시 이룩한 불교의 수준과 특성을 조명해 보고자 한다.

1절 신구 유식을 비판적으로 종합한 원측

1. 원측이 불교를 이해하는 틀

원측(圓測)의 불교사상을 이해하기 위해서 우선 검토해 보아야 할 것은, 그가 불교를 보는 기본적인 관점 및 입장이라고 할 수 있다. 즉 그의 불교에 대한 이해의 틀을 살피는 것이 그의 불교사상을 이해하는 관건이 될 수 있을 것이다. 원측이 불교를 어떠한 틀로 이해하고 있는가를 해명하기 위해서, 두 가지 방향으로부터 접근해 갈 수 있다. 하나는 원측이 무엇을 불교라고 보는가를 밝히는 일이다. 또 하나는 원측이 불교의 다양한 사상내용을 어떻게 이해하고 있는가를 살피는 일이다. 전자의 작업은 곧 불교의 본질에 대한 규정이라고 할 수 있는 교체론(敎體論)에 대한 검토라고 할 수 있다. 후자의 작업은 불교에 대한 기본적이해의 체계라고 할 수 있는 교판(敎判)에 대한 검토라고 할 수 있다. 이를 차례로 검토함으로써 원측이 불교를 이해하는 틀을 구명해 나가고자 한다.

가. 교체론

교체론은 무엇을 불교라고 볼 것이냐에 관한 논의다. 붓다로부터 직접 설법을 들을 수 있었던 제자들에게는 이런 것은 전혀 문제가 되지 않았다. 그러나 시간이 오래 지남에 따라 사람들이 불교가 아닌 것을 불교라고 생각하는 경우가 생겨나게 되었다. 그래서 이러한 혼란을 제거하고 참 불교를 천명할 필요가 생겼고, 불교의 본질은 무엇인가라는 논의를 하지 않을 수 없게 된 것이다. 불교를 따르고 연구하는 사람들에게 있어서 무엇을 불교라고 보아야 하느냐는 문제는 그들의 사고와 행동의 기본 지침이 되는 것이다.

원측은 현존하는 모든 저술의 초두에서 교체에 관한 항목을 설정하여, 이전까지 제기된 여러 교체설을 소개하고 이에 대한 논의를 하고 있다. 원측은 교체를 형식적으로는 총괄적인 표현작용을 의미하는 개념으로 정의한다. 그러나 표현된 의미내용을 교체라고 하는 견해에 대해서도 근거와 의미가 있다고 인정하며, 서로 어긋나지 않는다고 해설한다. 원측의 이러한 태도는 기존의 여러 가지 교체론에 대해서도 일관되게 나타난다. 음성을 교체로 보는 설과 언어를 교체로 보는 설을 평하면서, 각기 뛰어난 데가 있다는 점을 들어서 모두 긍정적으로 받아들인다. 또한 언어표현 이외의 것도 교체로 보아야 한다는 견해와 설하지 않은 것이 교체라고 하는 견해에 대해서도, 모두 깨달음을 얻게 하는 방편이라고 하여 긍정적으로 해설한다. 원측의 이러한 태도를 보고서, 원측이 모순된 사고를 하고 있거나 아예 자신의 견해가 전연 없는 것으로 생각할지도 모른다. 그러나 원측은 서로 다른 견해의 준거와 장점을 각각의 맥락에서 밝히거나, 담고 있는 의미내용과 목적의 공통성을 지적함으로써 함께 긍정하고 있다. 이는 어느 특정의 입장이나 견해를 배타적으로 고집하거나 무비판적으로 모두 긍정하는 것과는 분명히 구분되는 것이다.

원측은 명확히 자신의 견해를 피력하고 있다. 교체의 문제에 있어서도 원측은 중생의 마음속에 불교의 모습으로 떠오르는 영상이 불교의 본질이라고 보는 유식의 견해를 취하고 있다. 그러나 영상을 부정하는 중관파의 견해까지도 자신의 유식학적 관점으로 포용하고자 한다. 원측의 이러한 노력 속에서 우리는 원측이 가지고 있는 기본적인 사고방식 내지 불교를 보는 전체적 틀을 잠정적으로 끄집어낼 수 있다. 그것은 모든 불교의 가르침을 그 자체로서 절대적 진리로 보는 것이 아니라, 중생을 부처가 되게 하는 하나의 방편이라고 보는 사고방식이다. 이러한 틀에 입각하기 때문에 효과적인 설명의 방편으로서 유식의 교리를 채용하지만, 거기에 얽매이지 않을 수 있었다고 생각한다.

나. 교판론

교판이란 붓타의 여러 가지 교설을 분류하고 해석하는 것(敎相判釋)이다.[1] 교판은 불교사상 가운데 여러 가지 다른 교설이 존재한다는 의식이 있을 때 발생한다. 동시에 교판은 여러 가지 다른 교설들이 모두 붓다가 설한 것이라는 믿음과 더불어, 그들 가운데서 붓타의 근본정신을 찾고자 하는 노력이 수반될 때에만 행해지는 것이다.[2]

교판에는 두 가지 계기가 동시에 작용한다. 하나는 서로 다른 교설들 사이의 차이점을 보다 뚜렷이 밝히고자 하는 측면이다. 다른 하나는 여러 가지 차이에도 불구하고 이들을 하나로 묶을 수 있게 하는 통일성을 추구하는 측면이다. 이 두 가지 측면이 동시에 조명될 때만이 여러 다른 교설들은 표준에 따라 질서 있게 정리될 수 있다. 이렇게 하여 수립된 교판 체계는 불교 교리 연구의 지침이 될 뿐 아니라, 불교 이해의 틀로서의 역할을 하게 되는 것이다.

원측은 특정의 학파나 종파에 속하지 않은 사람으로서, 교판을 통해 서로 다른 교리 사이에 조화와 통일을 모색하고 있다. 그의 이러한 교판 태도는 동시대에 활동했고 법상종(法相宗)을 개창한 규기(窺基)와 선명하게 대조된다. 규기는 교판을 통해 교리의 차별을 강조함으로써,

자종(自宗)의 절대적 우월성을 확보하고자 의도하고 있다. 두 사람의 교판에 임하는 기본 태도의 이러한 차이는 필연적으로 구체적인 교판 내용에 있어서의 차이를 가져온다.

첫째, 『해심밀경』의 삼시교판(三時敎判)에 대한 해석의 차이다. 삼시교판은 제삼시(第三時)의 교설인 『해심밀경』 등의 유식사상에 절대적인 지위를 부여하고 있다. 따라서 규기는 경문(經文)의 일언일구에 충실하게 이를 해설한다. 주로 자기가 신봉하는 교설과 다른 교설의 차이를 부각시키는 방식을 취함으로써, 자종의 배타적 절대성을 확보하고자 한다. 이는 종파 관념과 직결되는 신앙적 태도라고 할 수 있으며, 사람들에게 확실한 귀의처를 제시하는 의미가 있다고 할 수 있다. 이에 대해 원측은 여러 교설이 각각 나름대로의 진실한 의미를 지닌다고 보기 때문에, 다른 교설에 대한 배타적 성격을 지닌 삼시교판의 내용을 그대로 수용할 수는 없었다. 그래서 그는 삼시에서 구체적 시간의 의미를 탈락시킴으로써, 삼시교판 자체가 객관적 사실로서의 권위를 지닌 것이 아니라 경전 이해의 한 방식에 지나지 않는다는 뜻을 표시한다. 또한 삼시교판에 제시된 세 가르침의 차이를 숨고 나타남(隱顯)으로 해석함으로써, 본질적인 내용에 있어서의 차이를 인정하지 않는다. 그래서 여러 교설들이 지닌 다양성을 살리면서 이들 모두를 중생이 부처 되게 하는 가르침으로 통합한다. 원측의 이러한 태도는 주관적 편견을 배제하고 여러 교설을 대하고자 하는 것이므로 학문적 성격을 지닌다고 하겠으며, 폭넓은 연구와 포용적인 정신으로 인도하는 의미를 지닌다 하겠다.

둘째, 공관에 대한 평가의 문제이다. 유식학은 형식상 공관에 대한 반명제의 성격을 지니는 것이므로, 공관에 대해서 비판적 태도를 보이거나 유식학에 대해서 상대적으로 높은 평가를 하는 것이 당연해 보인다. 규기는 바로 이러한 입장에서 공관을 취급하고 있다. 그는 공관이 한쪽(空의 측면)만을 알고 다른 한쪽(有의 측면)은 모르는 것으로 규정한다. 이러한 평가는 어디까지나 유식의 우월성을 포기하지 않겠다는 규기의 의지와도 연관이 있는 것이라고 생각된다. 이에 대해서 원측은 유식학이 내용적으로는 공관과 다르지 않은 것임을 강조한다. 즉 공사상에 대한 철저한 이해가 곧 유식학이라고 보는 것이다. 또한 양 사상은 서로가 다른 한쪽이 갖기 쉬운 집착을 제거하여 준다는 의미에서 동일한 것이라고 본다. 원측은 유식불교가 중관불교가 함축하고 있는 의미를 명백하게 보여주고 있다는 점에서, 유식불교의 교리를 보다 자세히 다루고 있고, 그런 의미에서 그를 유식사상가라고 부르는 것이다.

이렇게 볼 때 그의 유식사상은 중관사상까지를 포괄하는 보다 폭넓고 유연한 체계를 구축하고 있음을 알 수 있다. 그래서 중관 계통의 경전인 『반야심경』이나 『인왕경』을 주석하는 데 있어서 유식의 교리를 대폭 채용할 수 있는 것이다. 또한 유식계 경전인 『해심밀경』을 주석하는 데는 중관불교의 입장을 많이 반영하고 있다. 원측의 유식사상은 신유식이나 구유식처럼 유식이라는 틀 안에서만 전개되는 것이 아니다. 원측 유식사상의 체계는 불교 전체를 담아낼 만큼 그 외연이 크고 유연하기 때문에, 신구 유식의 서로 다른 체계를 모순 없이 담아낼 수 있는 것이다.

2. 원측 유식사상의 이론적 체계

가. 유식설

원측은 유식의 의미를 해설하는 곳에서 구유식과 신유식의 서로 다른 입장 가운데 어느 하나에만 의존하지 않고 양쪽의 견해를 모두 채용한다. 원측은 구유식에서처럼 식은 어디까지나 '그릇되게 인식하는 것'으로서, 인식하는 작용(能緣)만을 의미하고, 인식되는 것(所緣)을 포함하지 않는다는 입장에서 유식을 해석한다. 그리하여 유식무경(唯識無境)이란 어떠한 의미의 경도 없다는 것이며, 결국 식이 자신을 대상화하지 않고 자기를 여실히 자각해야 한다는 뜻을 함축하고 있다고 한다. 원측은 또 식 자체(自證分)가 인식주관(見分)과 인식대상(相分)으로 이분화하여 견분이 상분을 인식하는 것이지만, 이때의 견분과 상분은 자증분과 다른 것이 아니라는 의미에서 유식이라 한다고 해설하고 있다.[3] 이는 식이 변하여 나타난 대상을 내경(內境)이라고 하여 역시 식에 속하는 것으로 보는 신유식의 입장을 표명한 것이다. 이러한 해설은 어디까지나 인식은 주관적인 인식작용과 객관적인 인식대상이라는 두 가지 계기가 있어야 한다는 신유식의 견해에 따르는 것이라고 할 수 있다. 인식의 주관과 객관의 무분별 내지 동일을 주장함으로써 생기는 인식 불가능이라는 논란을 피하기 위해서, 인식주관이 인식주관 자신을 인식한다고 말하지 않는다는 것이다.

이처럼 원측은 세상을 이해하는 방식에 여러 가지가 있고, 똑같이 유식으로 모든 것을 파악하는 입장이라고 하더라도 서로 다른 견해가 있다는 사실을 충분히 알고 있고, 그것을 구체적으로 나열하고 있다. 그에게 중요한 것은 깨달음을 얻어 현재의 불만족스러운 상태를 해결하는 것이지, 어떠한 방식에 따르느냐가 결정적으로 중요한 의미를 지닌 것으로 보지 않는다. 유식이라고 설한 것도 좋은 의사가 중생의 병에 따라 맞는 약을 투약하듯이 바깥 경계에 이리저리 휩쓸리는 중생들을 깨달음으로 인도하기 위한 방편일 따름이라고 원측은 보고 있다.[4] 원측은 교설 자체만을 분리한 상태에서 논리적 체계성이나 정합성을 문제시하지 않고, 그것이 어떤 경우에 어떤 의미를 제공할 수 있느냐에 보다 관심을 가지고 있었다고 할 수 있을 것이다.

원측은 마음작용을 분석하고 인식의 구조를 해명하는 심분설(心分說)에 일, 이, 삼, 사분설의 다른 견해가 있음을 잘 알고 있었다. 원측은 일, 이, 삼, 사분설을 불타, 무착과 세친, 진나, 호법으로 이어지는 시대적 흐름에 따라 차례로 배당하고 있다. 그리하여 원측은 일, 이, 삼, 사분설의 견해 차이를 시대의 흐름에 따라서 이치를 다 밝혔느냐 아니냐의 차이 즉 자세함의 차이가 있을 뿐, 유식의 이치 자체에 있어서는 차이가 없다고 해설하고 있다. 원측의 이러한 해설은 규기가 해석하고 이후 많은 사람들에 의해 정설로 인정되어 온, 일분설은 진제, 이분설은 난타, 삼분설은 진나, 사분설은 호법이 주장했다고 하는 것(安一難二陣三護四)과는 조금 다르다는 것을 알 수 있다. 규기의 설은 서로 다른 네 견해를 호법과 거의 동시대의 학자들의 견해로 배당하고 있다. 그러나 실제로 안혜(安慧)나 난타(難陀)는 인식작용의 구조를 분석한다고 하는 입장에서 의식적으로 일분설과 이분설을 주장한 것이 아닐 뿐만 아니라, 주장했다는 사실을 입증할 만한 전거도 찾아볼 수 없다.[5] 이것은 후에 규기가 호법의 사분설을 중심으로 심분설을 조직적으로 설명하면서 각각의 특징에 따라 임의로 배당한 데 지나지 않는 것이다. 규기는 호법의 사분설만이 올바른 이치를 설했다고 보기 때문에, 다른 견해에 대해서는 각자의 의도와 맥락을 무시한 평면적이고 일방적인 해석을 함으로써 상대적으로 낮은 평가를 하고 있다. 이에 대해 원측은 각각의 견해가 제출된 역사적 맥락이 다르다는 점을 감안하고, 그 각각의 맥락에서 이해하고자 하는 입장에 서 있다고 할 수 있다. 따라서 각각의 견해가 갖는 의미와 역할에 대해서 긍정적으로 평가할 수 있었고, 이들에게서 일관되게 유지되고 있는 유식의 이치에 주목할 수 있었던 것이다.

나. 식과 현상

원측은 분명히 팔식설의 입장을 취하고 있다. 그는 팔이라는 숫자를 명백히 밝혀서 심의식(心意識)을 팔식이라고 말한다. 그는 『능가경(楞伽經)』을 인용하여 팔식은 경험을 축적하고 행위를 일으키기(集起) 때문에 심(心)이라 이름하고, 칠식은 나를 중심으로 해서 헤아리기(思量) 때문에 의(意)라고 이름하며, 육식은 대상을 분별하기(了別) 때문에 식(識)이라 한다고 말함으로써 다르게 표현하고 있다.[6] 원측이 팔식설의 입장을 굳게 지키고 있다는 사실은 중관불교에서 취하는 육식설에 대해서 육식설을 그 자체로서 용인하지 않고 팔식설을 함축하고 있다고 해석하는 방식으로 감싸주는 데서도 알 수 있다. 원측은 용수가 표면상으로는 육식만을 설했지만, 그것을 내용적으로 분석해 보면 의식에 각각 아뢰야식(阿賴耶識), 말나식(末那識), 의식(意識)에 해당하는 상중하의 삼품(三品)이 있다고 말하고 있으므로, 실제로는 제칠식과 제팔식의 존재를 알고 있었다고 보아야 한다고 해명한다.[7]

원측은 팔식설의 입장에서 진제의 구식설을 맹렬히 비판한다. 원측은 진제가 칠식을 아타나식(阿陀那識)이라고 한 것에 대해 아타나는 팔식의 이명(異名)에 불과한 것이기 때문에 그 이름부터가 잘못된 것이며, 결정코 성불하지 못한다는 것도 경전에서 식을 전환하여 지혜를 얻는다고(轉識得智) 한 뜻과 어긋나므로 옳지 않다고 평한다.[8] 또한 진제가 팔식 외에 순수청정한 식으로서 제구아마라식(第九阿摩羅識)을 따로 세우고 있는 것에 대해서, 아마라식이 자신만을 비춘다(反照自體)고 설명하는 것 등이 논거가 없으며, 무구식(無垢識)은 팔식의 청정분(清淨分)에 해당하는 것이기 때문에 따로 세울 필요가 없다고 강하게 비판한다.[9] 아마라식은 오로지 불타의 식을 의미하는 것으로서 범부의 식을 부정함으로써 나타나는 것인데,[10] 이처럼 범부의 식과 불타의 식을 단절하여 거리를 주는 것에 대해서 원측이 동의할 수 없었기 때문이다. 원측이 범부중생을 무한한 가능성을 지닌 존재로 매우 희망적으로 보고 있다는 사실을 기억하면 이를 잘 이해할 수 있을 것이다.

　팔식의 체를 하나로 보느냐 별개로 보느냐는 문제에 관해서 진제(眞諦)로 대변되는 구유식에서는 구식이 오직 하나의 식이라고 보고,[11] 호법(護法)의 견해를 계승하는 법상종에서는 팔식의 체가 모두 다르다는 입장을 취한다. 그러나 원측은 육식의 체를 하나로 보고, 팔식과 칠식의 체가 따로 존재한다고 보는 입장을 취한다. 원측은 팔식설에 입각하여 인간의 마음이 심층에서 표층을 향하여 세 가지 방식으로 능동적 작용을(三能變) 일으키는 모습을 효과적으로 설명하기 위해서, 마음에 세 층을 설정한 것이다. 먼저 가장 심층에 자리 잡고 있는 잠재심인 알라야식이 자기 존재의 양상에 따라 세계를 능동적으로 변화시켜 인식하고(初能變), 다음에 역시 잠재심인 말나식이 작용함으로 인해서 자기중심적으로 사물을 보고 판단하며(第二能變), 표층의 마음인 전오식(前五識)과 제육의식(第六意識)이 능동적으로 자각하고 취사선택하며 행동을 결정한다.

　이처럼 마음을 삼중구조로 파악함으로써 인간이 주체적으로 세계를 어떻게 인식하며 변화시키는가를 설명하는 것이 유식불교의 기본적인 설명방식이다. 이로써 볼 때, 원측이 제시한 마음의 세 가지 실체는 마음으로 현상세계를 구조적으로 설명하는 데 실질적으로 가장 잘 대응하고 있음을 알 수 있다. 이는 본체론 내지는 현상론의 한쪽 끝에 서서, 자신이 서 있는 한 면만을 강조하는 신유식이나 구유식의 견해와는 전적으로 차원을 달리하는 것이라 할 수 있다.

원측은 모든 식의 근원체라 할 수 있는 알라야식의 성질을 진망화합식(眞妄和合識)이라고 간주한다. 원측이 알라야식을 정분(淨分)과 염분(染分)의 두 성질을 모두 지니는 것이라고 보는 점에서는 법상종의 견해와 일치한다. 하지만 알라야식의 실성(實性)을 정분(淨分)이라고 보는 점에서 다르다. 현장으로부터 비롯하는 법상종(法相宗)에서는 알라야식에 깨끗한 측면과 더러운 측면이 함께 있다고 보지만, 알라야식을 전체적으로 볼 때는 역시 더러운 것으로 간주한다. 원측은 알라야식이 본성적으로 깨끗하다고 보고, 더러움에 물들게 되는 것을 일시적 현상에 지나지 않는 것으로 간주한다. 어떤 경우에도 본성의 깨끗함은 잃지 않고 있다고 하는 것이다. 원측이나 법상종의 견해는 깨달음에로의 전환과 현상세계의 생기를 동시에 설명해야 하는 어려움을 거의 해소하고 있다고 할 수 있다. 차이가 있다면 현상세계의 존재의 모습을 분석하고 설명하는 데 더 비중을 두느냐, 아니면 중생을 구원으로 인도하는 데 더 비중을 두느냐의 강조점에 있다고 할 수 있다.

원측은 현상세계를 설명하는 핵심 개념인 종자의 문제에 대해서, 종자가 경험에 의해서만 얻어진다는 신훈설(新熏說)과 경험 이전에 본래 갖추어져 있다고 하는 본유설(本有說)을 비판하고, 신본합설을 주장하는 『성유식론』의 입장을 충실히 따른다. 그리하여 원측은 인간의 선천성과 후천성의 비중을 같은 비중으로 평가한다.[12] 기본적으로 호법의 입장을 정당한 것으로 보는 점에서 원측과 규기는 일치한다. 규기는 종자에는 훈습에 의해서 발생하는 신훈종자(新熏種子)와 스스로 본디부터 그러한 법이종자(法爾種子), 그리고 원래의 가능력에 훈습력이 가해져서 증장하는 것의 세 종자가 있다고 한다. 원측은 모든 종자는 항상 신훈(新熏)과 법이(法爾)가 서로 의지하는 방식으로 생장한다고 보는 점에서 규기와 약간 다르다고 할 수 있다. 원측은 신훈과 본유가 합해져서 새로운 결과가 발생하는 경우, 두 가지가 모두 직접적인 원인이 된다고 본다. 그는 한쪽이 주된 원인이 되고 다른 쪽은 보조적인 요인으로 취급하는 견해를 비판한다.[13]

원측은 인간의 소질이나 능력에는 순전히 선천적인 것이나 순전히 후천적인 것은 없다고 보고, 모든 경우에 선천적인 면과 후천적인 면이 함께 있다고 보고 있는 것이다. 또한 규기는 본성으로 말미암아 후천성이 얻어진다고 보는 견해를 취한다. 이러한 견해는, 본성의 차이는 아무래도 극복될 수 없다고 하는 운명론에 귀착할 가능성이 있다. 규기의 이러한 견해는, 중생의 본성적인 차이를 결정적인 것으로 보고, 그에 따라 깨달을 수 있는 가능성에도 차이가 있다는 오성각별설(五性各別說)로 이어진다. 그러나 원측은 『성유식론』에서 주장하는 본성을 바탕으로 해서 습성이 형성된다고 하는 견해와 『인왕경』에서 주장하는 습성으로 인해서 본성이 이루어진다는 견해를 서로 어긋나지 않은 것으로 해석하여 모두 받아들인다.[14] 이처럼 본성(本性)으로 말미암아서 습성(習性)이 얻어지는 경우와 습성으로 인해서 본성이 형성되는 경우를 모두 인정하게 되면, 인간의 본래적 평등성과 현실적 다양성을 효과적으로 설명할 수 있는 이점이 있다.

원측은 식의 변화가 서로 인(因)이 되고 과(果)가 되는 상호 인연에 의해서 이루어지는 것이기 때문에, 종자(種子)로부터 현행(現行)을 낳는 인과는 시간적으로 과거나 미래가 아닌 현재로서 동시이며, 공간적으로도 같은 바탕에 선다고 주장한다.[15] 이는 『성유식론』과 법상종에서 종자가 새로운 결과를 발생시키는 인과(因果)의 과정을 이시(異時)라고 보는 것과 대조되는 견해이다.[16] 만약에 이시인과설(異時因果說)과 같이 전찰나(前刹那)의 종자가 후찰나(後刹那)에 이르러서 과(果)를 생(生)한다면, 이는 이미 없어진 존재가 다른 것을 생기게 하는(能生) 작용을 하는 것이므로, "현재는 체가 있으나 과거와 미래는 체가 없음(現在有體 過未無體)"을 표방하는 대승교리에 어긋난다고 할 수 있다.[17]

이상과 같이 원측은 알라야식의 능동성을 지나치게 강조하고 알라야식으로부터 세계가 전개되는 과정을 일방적 흐름으로 설명하는 알라야식 연기설이 유(有)에 치우친 것임을 지적한다. 그리하여 잘 모르는 사람은 공을 설하면서도 유에 집착하게 된다고 강하게 비판하고 있다.[18] 이러한 비판을 통해서 우리는 원측이 식의 변화에 의해 현상세계의 모든 것을 설명하는 법상종의 견해를 기본적으로는 충실히 수용하면서도, 그러한 설명이 지나치게 일방적이라는 점을 간파하고 있었다는 사실을 알 수 있다.

다. 존재의 형태와 언어의 문제

유식불교에서는 존재의 형태를 세 가지로 분류한다. 첫째로 토끼의 뿔이나 석녀의 아이 등과 같이 실재성이 없는 것은 인간의 마음에 의해서 망상된 것, 잘못 상정된 것이라는 의미에서 편계소집성(遍計所執性)이라고 부른다. 둘째로, 지각, 정서, 사고와 같은 심적 활동은 인연에 따라 생겨나는 것이며, 다른 것의 힘에 의지하여 생겨나는 것이라는 뜻에서 의타기성(依他起性)이라고 부른다. 셋째로, 있는 그대로의 상태

(眞如)로서 참다운 실재를 들 수 있다. 이것은 마음이 대상을 착각하지 않고 있는 그대로 파악하는 무분별지라고도 말할 수 있다. 따라서 이것은 존재적으로, 인식적으로 또한 가치적으로 최고로 완성된 것이라는 의미에서 원성실성(圓成實性)이라고 한다.

그런데 삼성설(三性說)에서 말하는 세 가지 존재형태는 인식주체 쪽에서 본다면, 자기 마음의 세 가지 존재방식이라고 할 수 있다. 그런 점에서 유가행파는 공을 논리의 세계에서 체험의 세계로 이끌어 올려서, 자기 마음이라는 구체적인 인식활동의 장에서 공을 체험적으로 파악하고자 했다고 볼 수 있다.[19] 또한 수행과 실천의 장에서 본다면, 의타기성은 실천적으로 수행생활을 성립시키는 기체(基體)로서 그때그때의 조건에 따라 변화하는 자기라고 할 수 있고, 편계소집성은 미망에 휩싸여 있는 자기의 모습이라고 할 수 있으며, 원성실성은 깨달음에 도달한 자기의 모습을 말한다고 할 수 있다. 이렇게 볼 때 삼성설은 존재형태에 대한 해명이라고 하는 객관적인 관점에서 설해진 것이라기보다는, 미혹의 세계로부터 깨달음의 세계로 나아가고자 하는 실천적인 관점에서 설해지고 있음을 알 수 있다.

알라야식을 중심으로 하는 식론(識論)이 미혹의 세계에 대한 분석(이론적 측면)에 치중하고 있고, 유가행이 깨달음으로의 전환(실천적 측면)에 치중한 것이라면, 삼성론은 식론과 유가행을 통일적으로 파악하는 사고방식이라고 할 수 있다. 이런 점에서 본다면 삼성론이야말로 유식불교의 체계를 총체적으로 드러내는 것이라 할 수 있다.

원측은 삼성론을 중심으로 하여 유식사상을 체계화하고 있다. 그는 『해심밀경』에 대한 해설에서 뿐만 아니라, 『반야심경』 및 『인왕경』 등 중관 계통의 경전을 해설하는 데 있어서도 철저하게 삼성의 관점을 채용해서 해설한다. 이 점에 있어서 원측은 구유식과 입장을 같이한다고 볼 수 있다. 그러나 삼성설의 구체적 내용에 있어서는 구유식의 삼성설을 날카롭게 비판한다. 그는 진제가 『불성론(佛性論)』의 "집착하지 않는다"는 말을 주석하면서, "집착하는 작용(能執)으로서의 의타기성과 집착하는 대상(所執)으로서의 편계소집성이 모두 없는 것이다"라고 해설하는 것에 대해서, 단호하게 잘못이라고 지적한다. 그는 진제의 이러한 해석에 대해서 "그것은 역자(譯者)의 잘못이라고 할 수 있는바, 의타기성까지 부정하는 것(遣)은 진제 자신이 의거하고 있는 유가론 등의 뜻에 어긋나기 때문이다"라고 비판한다.[20] 원측에 의하면 의타기성을 부정하는 것은 모든 존재의 근거를 박탈하는 것이 되어, 잘못된 현상들뿐 아니라 올바른 진리도 부정하는 악취공(惡取空)에 떨어지게 된다.[21] 악취공은 자신을 포함한 모든 것의 가치를 부정해 버리는 허무주의와 같은 것으로서, 불타와 유식불교가 가장 힘주어 비판하는 것이다.

이상의 고찰을 통해서 우리는 원측의 유식사상이 어떻게 구성되어 있는가를 확인할 수 있다. 원측은 전체적 체계를 구축하는 틀에 있어서는 구유식과 같이 삼성론을 위주로 하고 있지만, 그 구체적 내용에 있어서는 구유식의 진제설을 비판하고 현장의 신유식의 견해를 지지하고 있다. 원측이 삼성론 중심의 입장을 취한 것은 삼성설이 현상세계를 이론적으로 설명하는 측면과 깨달음으로의 실천적 전환이라는 측면을 전체적으로 포괄하고 있기 때문이다. 원측이 삼성, 삼무성에 대한 구체적 설명에 있어서 현장의 견해를 지지하는 것은 그것이 유식불교의 이치에 부합하기 때문이다. 이렇게 볼 때 원측은 보다 포괄적인 구유식의 틀에 보다 논리적인 신유식의 이론을 결합하여 자신의 체계를 완성했다고 할 수 있다.

유식불교에서는 언어가 드러내는 것과 언어가 의거하는 근거를 구분한다. 언어는 반드시 무언가에 의거해 있지 않으면 안 되는데, 그 언어가 의거하는 사건이나 사물은 전연 무(無)인 것은 아니라고 이해하는 것이다. 이처럼 명칭에 의해서 세워진 것(名言所立)과 명칭이 의거하는 것(名言所依)을 구분하여, 두 가지를 존재론적으로 구분하는 데서 삼성설이 성립하게 된다.[22] 즉 실재하지 않는 것에 대해서 언어를 부여해서 거짓 존재를 설정한 것이 편계소집성이고, 가설의 근거가 되는 것이 의타기성이라고 이해한다. 그리하여 전자는 완전히 무라고 할 수 있지만 후자는 어떤 의미에선가 그 존재성이 인정되어야 한다고 함으로써, 존재적 차원을 구분하고 있다. 그리고 원성실성으로서의 실재의 세계는 언어를 떠난 세계이면서 대상적 판단을 떠난 있는 그대로의 것을 말한다고 한다.

여기에서 보듯이 유식의 삼성설에는 언어작용에 대한 분석을 통한 언어와 존재에 대한 예리하고 깊은 성찰이 있다. 그리고 그것을 통해 언어에 의한 관념의 추상화 내지는 외화(外化)의 허망성(虛妄性)을 강하게 비판한다. 어디까지나 관념이나 언어에 대응하는 외적 사물은 존재하지 않는다는 것이다. 또한 최고의 인식대상(勝義)인 있는 그대로의 존재로서의 진여에 대해서도, 개념적인 사고의 대상이 아니며 개념이나 말로써 나타낼 수 없다고 하여, 언어의 한계와 부정적 측면을 강조한다.

그러나 유식불교의 치밀한 언어작용에 대한 분석은 언어의 부정적 측면뿐만 아니라 그 긍정적 측면을 발견해 내고 이에 대해서도 어떤 불교사상 못지않게 관심을 기울인다. 유식불교는 언어가 해탈로 인도할 수도 있다는 것을 인식하고, 언어를 활용하는 이론이나 논리를 적극적으로 연구하였다. 그 결과 유식철학은 방대하고도 복잡한 이론체계를 구축하였으며, 특히 인명(因明) 즉 논리학을 고도로 발달시킬 수 있었던 것이다.[23)]

원측 역시 언어의 부정적 측면과 긍정적 측면을 잘 통찰하고 있었다. 원측은 언어적 분별에 의해서는 가장 높은 경지의 실재를 드러낼 수 없다는 점을 인정하면서도, 언어는 해탈의 도구 역할을 할 수 있다는 점에 대해서도 주의한다. 우선 원측은, 언어가 비록 진리를 표현하고 전달하는 데는 불완전한 도구일지라도, 언어에 의하지 않고서는 아무것도 이루어지지 않는다고 하여, 언어가 우리의 삶에 불가피하다고 말한다.

원측은 도리를 깨우쳐 들어가는 것에는 일정한 방식이 있는 것이 아니라고 본다.[24)] 그래서 불이(不二)의 도리를 가르치는 세 가지 방법에 관하여 설명한다. 처음에 여러 보살들은 말로 설명함으로써 가르쳤는데, 이는 가르침을 드러내 보임으로써 이해시키는 것이다.

다음에 문수보살은 말을 버림으로써 가르쳤는데, 이는 말을 통해서 도리를 깨칠 수도 있지만 말에 얽매이면 본뜻으로부터 멀어지게 된다는 사실을 보인 것이다.

마지막에 유마거사는 침묵으로써 가르쳤는데, 마음이 고요하면 진리와 만나게 된다는 것을 일깨운 것이다.[25)]

여기에서 원측은, 언어가 진리를 가리는 장애물이 될 수도 있고, 지혜에 이르는 매개물이 될 수도 있는 두 가지 가능성을 지니고 있다는 점을 지적하고 있다. 한편 최고의 진리는 말에 의해서가 아니고, 스스로 마음을 가라앉힘으로써(止) 얻게 되는 통찰(觀)에 의해서 가능한 것임을 시사하고 있다고 볼 수도 있다.

원측은 여기서 한 걸음 더 나아가 언어에 의지함으로 말미암아 마침내 의미를 이해하기도 하고, 진실을 관찰하기도 하며, 자각의 경지에 다다를 수도 있다고 말하고 있다.[26] 원측의 이 말은 언어가 제 기능을 잘 발휘하면, 해탈의 도구 역할을 훌륭히 수행할 수 있다는 사실을 적극적으로 강조한 것이라고 할 수 있다. 이처럼 원측은 언어의 기능적 효용성에 대해서 매우 긍정적으로 평가하고 있었기 때문에, 언어의 올바른 사용법에 대한 연구에도 관심을 보여, 『인명정리문론소(因明正理門論疏)』, 『대인명론소(大因明論疏)』 등 논리학에 관한 저술을 하였던 것이다.

3. 원측에 있어서 수행과 실천의 문제

가. 구도의 가능성: 일천제성불론

차별적인 현상계의 분석에 치중하는 유식불교는 그 시선을 인간에게 돌려 인간이 지니는 소질, 능력, 근기의 차이에 주목한다. 그리하여 인간의 성품을 보살정성(菩薩定性), 독각정성(獨覺定性), 성문정성(聲聞定性), 부정종성(不定種性), 무성유정(無性有情)으로 나누는 오성각별설(五性各別說)을 확립하고, 각각의 불성구유(佛性俱有) 여부와 성불(成佛)의 가능성 여부를 논한다. 이러한 오성각별설의 초점은 인간 가운데 무성유정(無性有情)의 존재를 인정하고, 이들은 결코 성불할 수 없다고 하는 것이다. 이 무성유정이 바로 일천제(一闡提)에 해당한다. 중국에서는 현장법사가 유식의 교의를 인도로부터 전역(傳譯)하고, 자은대사 규기가 이를 이론적으로 뒷받침하면서 오성각별설이 자은종 특유의 사상으로 신봉되었다. 그런데 원측은 같은 유식학자이면서도 자은종의 이러한 이론을 일축하고, 일천제도 성불할 수 있음을 분명히 함

으로써 독특한 입장을 취하고 있다.[27]

원측은 경전상에 오성각별설이 있고 일천제는 성불하지 못한다는 말이 있음을 인정하지만, 그것은 어디까지나 방편설임을 지적한다. 즉 불교는 모두 한가지로 부처가 되게 하는 가르침이라는 점에서 다름이 없지만,[28] 인간으로 하여금 큰 가르침을 받고 발심하도록 하기 위해서 그와 같이 설한 것이라고 말한다.[29] 그런데 자은파에서는 거꾸로 '일체중생실유불성(一切衆生悉有佛性)'이라고 하는 일승적(一乘的) 주장이 바로 현실적으로 존재하는 오종성(五種性) 특히 무성유정(無性有情)으로 하여금 희망을 잃지 않고 보살도를 수행하도록 하기 위한 방편이라고 보는 것이다. 이렇게 보는 시각의 이면에는 실제로는 위의 방편적 교설과는 달리 아무리 시간이 지나도 성불할 수 없는 종류의 인간이 있다는 주장이 자리 잡고 있는 것이다. 그러나 이러한 해석은 방편이라는 말의 산스크리트어가 'upāya'로서 'approach', 'arrive at'과 같은 의미를 지니고 있음을 생각해 볼 때 문제점이 여실히 드러난다.[30] 즉 방편이 방편으로서 의미를 지니려면 실제로 목적에 이르게 하는 데 효과가 있어야 하는 것이다. 그런데 실제로 필경(畢竟) 성불하지 못하는 인간이 있다면 그에게는 '일체중생실유불성'이라는 말이 아무런 효과도 발생시키지 못한 셈이며, 그런 점에서 방편이 될 수 없는 것이다.

자은파가 인간이 본성적으로 평등하지 않다는 주장을 편 데 대하여, 원측은 그들의 비난을 감수하면서까지 중생이 평등하다는 사실을 적극적으로 주장한다.[31] 원측은 일체중생에게 모두 평등하게 여래가 될 가능성(如來藏)이 있다고 함으로써, 일체중생이 모두 불성을 지니고 있음을 밝힌다. 원측은 모든 중생에 여래장이 있다는 사실을 법신이 평등하게 보편실유(普遍實有)하다는 데서 이끌어낸다. 그리고 이로부터 오성

(五性) 모두에 불성이 있다는 사실을 증명하고 있다.[32] 여래장이란 원래 그대로의 깨달은 상태(眞如本覺)가 번뇌에 덮여 있는 동안의 이름이고, 번뇌로부터 벗어난 것을 법신(法身)이라 하므로, 중생에 여래장이 있음을 알 수 있다는 것이다.[33]

원측의 이러한 견해는 성불의 이상과 중생이라는 현실을 가깝게 설정함으로써, 모든 중생이 성불할 수 있음을 확고히 해준다. 그러나 이러한 견해는 한편에 있어서, 여래장을 지니고 있는 중생이 어떻게 해서 무명과 번뇌에 휩싸이게 되었는가에 대한 설명을 하는 데는 논리적인 약점을 지닌다. 이런 점에서 보면, 원측과 자은의 차이는 인간의 이상적인 모습에 관심을 두느냐, 아니면 현실적인 모습에 관심을 두느냐의 차이에서 비롯된 것이라고 할 수 있겠다.

원측은 일천제에게도 성불할 수 있는 직접적 원인은 있다고 볼 수 있으므로, 언젠가는 발심수행할 수 있을 것이라고 한다. 다만 현재 발심수행하지 못하는 것은 그럴 만한 조건들(緣)이 갖추어지지 않았기 때문이라는 것이다. 그러나 자은은 일천제를 일시적으로 조건이 갖추어지지 않은 것(時邊)과 성불할 수 있는 근본적인 원인조차 없는 것(畢竟)으로 나눔으로써, 여전히 결정코 성불하지 못하는 무인(無因)의 일천제가 있음을 주장하고 있다.[34]

원측은 비록 일천제라 하더라도 불보살의 자비원력(慈悲願力)에 의해서 성불할 수 있음을 밝히고 있다. 원측은 아무리 일천제라 할지라도 타력에 의해서 성불할 수 있는 가능성조차 없다고는 보고 있지 않으며, 불보살의 자비원력이 위대함을 굳게 믿고 있다는 사실을 알 수 있다. 그러나 자은은 이 두 일천제 외에 무성천제를 설정하여 이의 필경불성불(畢竟不成佛)을 설하면서, 그렇기에 대자보살도 성불을 기약할 수 없다고 주장하고 있다. 만약 불보살의 위력으로도 구제될 수 없는 일천제가 있다고 한다면, 그것은 불보살의 능력에 한계가 있음을 말하는 것이고, 이는 무량한 공덕을 갖춘 불보살이라는 개념과 어긋나게 되는 것이다. 그러므로 불보살의 존재를 인정하는 한, 그들의 자비력에 의해서도 구제될 수 없는 일천제가 있다고 말하는 것은 논리적으로 모순이 될 것이다.

이상에서 살핀 바와 같이, 원측은 규기에 의해서 체계적으로 주장된 일천제불성불론에 정면으로 도전하여, 모든 인간에게 성불의 가능성을 부여하였다. 그리고 이로 인해 원측은 오성각별설을 특유의 종지로 자임하는 자은종파의 사람들로부터 심한 질시와 배척을 당하였다. 그러나 원측은 불교라는 이치의 보편성을 무엇보다도 중요시하였기 때문에, 당대를 풍미하는 현장과 자은의 일파들에 맞서 인간의 보편적 구원을 당당히 주장할 수 있었다. 그리고 그러한 주장은 당시 중국인들의 대중적 정서나 희망과도 일치하는 것이었다. 자은종파가 특유의 사상으로 받들었던 오성각별설은 끝내 중국인들에게 환영받지 못하였다. 그래서 자은파가 오성각별설을 고집했던 사실을 중국의 법상종이 겨우 40여 년 만에 쇠미해진 이유 가운데 하나로 꼽기도 한다.[35] 이것과 관련해 생각할 때, 원측의 일천제성불론의 의의는 한층 큰 것이라고 할 수 있다.

나. 수행과 자기 변혁

원측은 보살의 수행에 있어서 가장 중심이 되는 것은 지관이라고 말하고 있다.[36] 지(止)는 자기 스스로 올바로 인식할 수 있는 상태 즉 흐림이 없는 거울과 같이 산란하지 않은 마음의 상태(一心不亂, 이를 정[定]이라고도 함)로 되는 것이고, 관(觀)은 세계를 있는 그대로 인식하는 것(如實見法, 이를 혜[慧] 또는 지[智]라고도 함)이다.[37] 인간의 인식은 어디까지나 자기를 중심으로 하여 이뤄지는 것이므로, 자기의 존재의 상태(마음의 상태)와 관계없는 인식은 없다고 할 수 있다. 이처럼 지와 관이 서로 떨어질 수 없는 관계로 상호 의지하는 것이기 때문에, 유가(瑜伽)의 수행은 지와 관의 균형 있는 실천을 의미하는 것이라고 말하는 것이다.[38] 원측은 지와 관이라는 유가의 수행은, 올바르게 이치를 헤아리고 올바른 행동을 하며 올바른 결과를 초래하는 것 모두를 포괄한다고 말하고,[39] 또 지혜와 자비가 평등하게 작용하는 것이라고 해설한다.[40] 이렇게 볼 때, 지관으로 대변되는 유식에 있어서의 수행은 바르게 알고 바르게 행동하며 바른 사람이 되는 삶의 방식 전체를 의미한다고 해야 할 것이다.

원측은 유식불교에서 설하는 수행의 다섯 단계(五位)를 따르면서, 전체적으로는 52단계(10신[信], 10주[住], 10행[行], 10회향[廻向], 10지[地], 등각[等覺], 묘각[妙覺])를 설하고 있다. 이는 규기가 10신의 단계를 제외하고 이미 불교의 가르침에 뜻을 둔 단계로부터 시작해서 41단계(10주, 10행, 10회향, 10지, 불과[佛果])의 수행을 설하는 것과는 다른 면모라고 할 수 있다. 원측의 관심은 규기보다 아래쪽으로 향하고 있고, 모든 사람을 포괄하여 함께 가고자 하는 대승의 정신에 보다 투철하다고 할 수 있다. 원측은 범부가 수행을 시작하기 위해서 준비하는 과정(資量位)에 남다른 관심을 보이고 있다. 이는 대개의 유식학자들이 보살의 단계에서의 수행인 수습위(十地)에 대해서만 집중적으로 관심을 보이는 것과는 다른 모습이라고 할 수 있다. 원측은 발심을 강조함으로써, 불도에 귀의하고자 하는 기본적인 마음 자세의 중요성을 일깨우고 있다. 동시에 처음 발심하는 자세와 마음을 흩뜨리지 않고 굳게 유지하는 것이 곧 깨달음과 같은 것임을 역설한다. 여기에서 우리는 원측이 한편으로 범부가 불도에 귀의할 것을 촉구하면서, 다른 한편으로 처음 불도의 수행을 시작하는 초심자에게 희망과 용기를 심어주려고 의도하고 있음을 알 수 있다.

수행이란 일시적인 것이거나 부분적인 획득을 의미하는 것이 아니고, 삶의 모든 과정에 걸쳐서 끊임없이 다듬어 감으로써 자기 스스로 바뀌는 것이다. 따라서 수행의 과정은 자기 전환의 과정이라고 할 수 있는 것이다. 이것을 유식학에서는 전의(轉依)라고 하는데, 전의는 자신을 변환시키며 진리에 도달하는 과정을 뜻하기도 하고, 변혁된 상태 내지는 도달하여 얻은 진리 그 자체를 의미하기도 한다. 전의는 생리적으로 신체와 정신이 자유롭게 되고(身輕安, 心輕安), 존재적으로 진리의 구현자(法身을 얻음)로 되며, 인식적으로 진실을 직관하는 지혜를 얻는 것(無分別智를 얻음)으로의 변화를 의미한다고 할 수 있다.[41]

그런데 무엇이 어떻게 변화하는가에 대하여 원측은 조건에 따른 자기(依他起) 중에서, 분별하는 집착을 없앰으로써 진실이 드러나는 것이라고 말한다.[42] 또한 원측은 의타기 중에서 집착된 것만을 제거하는 것을 선취공(善取空)이라고 하고, 이와는 달리 의타기성이나 원성실성의 존재까지를 모두 부정해 버리고, 도대체 아무것도 인정하지 않는 것을 악취공(惡取空)이라고 말한다.[43] 그리하여 분별하고 집착하는 근거로서의 자기(依他起)까지를 버리라고 하는 진제의 견해를 유식학의 종지와 위반하는 오류라고 분명하게 지적한다.[44] 이처럼 원측이 신랄하게 비판하는 일차적인 이유는 전의의 문제에 관한 진제의 학설이 유식학 및 불교의 도리와 전적으로 어긋난다는 점에서 찾을 수 있다. 그러나 보다 큰 이유는 진제의 설에 따르면, 깨달음이 정지적인 것이 되고말 것이라는 데서 찾을 수 있다.

원측은 최고의 경지인 깨달은 상태를 무위(無爲)와 유위(有爲)의 두 가지로 나누어, 변하지 않는 진여열반(眞如涅槃)뿐 아니라 대상을 분별하고 좋은 행위를 하는 모습으로 해석한다.[45) 원측은 깨달은 상태를 정지적인 것으로만 이해하지 않고, 깨끗한 바탕 위에서 실천적으로 활동하는 모습(無漏有爲)으로 본다.[46) 원측이 보는 깨달음이란 고요히 세상을 비추는 지혜(無分別智)만이 아니라, 세상의 차별상을 명백히 살펴 꼭 필요한 일을 할 수 있는 지혜(後得智)가 갖추어져서, 중생을 적극적으로 구제하는 활동을 계속하는 것을 말한다.[47) 법상종은 깨달은 사람의 모습을 어디까지나 깨친 자로서의 위엄과 무게를 잃지 않는 것으로 그리고 있다. 따라서 설사 중생을 구제하고자 하는 활동을 한다고 할지라도(發業), 중생 속에 뛰어들어 적극적으로 보살행을 실천하는 모습과는 거리가 멀어질 수밖에 없다. 중생을 이롭게 하기 위해서는 중생의 받아들일 수 있는 능력(根機)에 맞추어야 한다. 그런 점에서 원측은 여래에게도 심사(尋伺)가 있다고 말하고, 이에 따라 적절한 방식으로 설법과 행동을 하는 적극적인 실천자의 모습으로 여래를 설명하고 있다. 이러한 설명의 차이를 통해서 원측의 관심이 사회적인 보살도의 실천에 쏠리고 있음을 확인할 수 있다.

다. 사회적 실천

원측은 사회적 실천행으로서의 보살행을 큰 맥락에서 보고 적극적으로 과감히 실천할 것을 강조한다. 그 과정에서의 부분적인 잘못이나 조그만 부작용은 마치 불에 달구어진 쇠그릇에 물 한 방울을 떨어뜨리면 곧 소멸하는 것처럼 문제가 되지 않는다고 말한다.[48) 대승불교에서 복덕행만을 강조하지 않고, 그것을 가능케 하는 지혜를 동시에 강조하는 이유도 여기에 있다고 할 수 있다. 보살은 우선 지혜의 눈으로 중생의 고통을 보아 그것을 없애주어야겠다는 확고한 생각을 내고(發心), 이를 위해 모든 고난을 참고 열심히 노력하며(行), 끝내 그 뜻을 이루어 중생을 이롭게 해야 한다고(果) 원측은 말한다.[49] 보살은 모든 행동 내지 삶의 동기와 과정 그리고 결과에 있어서 항상 중생을 생각하고 위해야 한다는 것이다.

원측은 또한 보살도를 실천하는 방법에 관해서, 보살은 중생을 인도하기 위해서는 중생의 종류와 근기에 따라 좋지 않은 방편(魔自在方便)이라도 써서, 그들의 악행을 교화하여 선으로 인도해야 한다고 말한다. 예를 들어 호색한을 인도하기 위해서는 음탕한 여자가 되어서 먼저 색욕으로 끌어온 다음, 불도에 들게 해야 한다는 것이다.[50] 이처럼 보살은 중생을 구제하려는 동기와 중생을 이롭게 하려는 목적에서라면, 자신을 돌보지 않고 모든 방편을 동원하여 무슨 일이든지 서슴지 않고 하는 적극적인 실천자여야 한다는 것을 원측은 역설하고 있다. 심지어는 도(道)가 아닌 행위까지를 할 수 있어야만 불도(佛道)에 통달한 사람이라고 할 수 있다는 것이다. 원측이 불상을 파괴하는 등 불교교단을 해치는 행위까지를 허용하고 있다는 사실에서, 우리는 보살도의 실천에 대한 원측의 적극적인 태도가 어느 정도인지를 알 수가 있다. 아울러서 원측이 대승불교에서도 벗어나지 못하고 있는 불교 중심의 폐쇄적인 입장으로부터 초월하고 있음도 확인할 수 있다. 원측은 단순히 중생의 복지와 행복을 기원한다거나 중생이 스스로 움직이도록 간접적으로 설법하는 정도에 머무는 것이 아니라, 역사에 직접 개입하여 중생과 같은 상태에 머물며 중생의 짐을 짊어지고 가는 적극성을 요구하고 있는 것이다.

4. 신라 유식학의 계보와 사상

원측의 유식학은 진제 계통의 구유식과도 다르고, 현장 계통의 신유식과도 다른 독특한 것이었다. 원측이 확립한 유식사상은 그 자신만의 생각으로 머물지 않고, 많은 사람의 동조를 받으면서 하나의 계통을 형성하며 전승되었다. 이 계통은 도증(道證)을 비롯하여 승장(勝莊), 태현(太賢), 둔륜(遁倫) 등 주로 신라의 학승들이 계승하였기 때문에 신라유식(新羅唯識)이라고 한다. 또한 원측계의 유식학파는 원측이 주로 머물던 서명사(西明寺)의 이름을 따서 서명학파(西明學派)라 부르기도 하는데, 이는 법상종파를 본사인 자은사(慈恩寺)의 이름을 따서 자은학파(慈恩學派) 또는 자은종(慈恩宗)이라고 부르는 것과 마찬가지다.

도증에 대해서는 전기나 현존하는 저술이 없어서 자세한 것은 알 수 없다. 다만 원측보다 30여 년 뒤의 사람으로 일찍이 중국에 가서 원측의 문하에서 저술활동을 하다가, 효소왕 2년(692)에 귀국한 것으로 보아 대략 640-710년경의 사람으로 추정되고 있다.[51] 그런데 혜소(慧沼)의 『성유식론요의등(成唯識論了義燈)』에서 원측의 학설과 함께 도증의 『성유식론요집(成唯識論要集)』을 인용하여 논파하고 있는 것으로 볼 때, 도증은 원측의 학설을 가장 충실히 계승한 사람이라고 할 수 있다. 실제로 혜소의 저술과 태현의 『성유식론학기(成唯識論學記)』 등에서 인용되고 있는 『성유식론요집』의 내용은 원측의 학설을 변호하면서 규기의 학설을 비판하는 내용이 대부분이다.

승장은 처음에는 현장 문하에 입문하였다가 다음에 원측 문하로 들어온 사람이다. 그는 혜소를 비롯한 여러 고승들과 함께 번역 사업에 참가할 정도로 중국에서도 제일급에 속하는 학자였다.[52] 원측이 입적하였을 때 그의 사리를 거두어 원측이 즐겨 머물렀던 종남산에 안장했다고 하는 것으로 보아 원측의 문인임을 알 수 있다.[53]

둔륜(遁倫, 또는 道倫)은 신라 출신 유학승으로서 그의 『유가론기(瑜伽論記)』속에서 이따금 법상종의 정통설과 어긋나는 말을 하는 것으로 보아 원측 계통이라고 볼 수 있다.[54]

태현은 경덕왕(742-764) 때 크게 활약했던 사람으로서, 도증에게서 유식학을 배워 신라에 유식학을 뿌리내리게 했기 때문에 그를 해동 유식종의 종조(宗祖)라고 부른다. 그의 유식학은 원측과 규기의 학설을 비판적으로 취사선택하고 있으며, 원효나 법장의 학설도 융합함으로써 성상(性相)의 여러 학설들을 종합하고 있다. 그래서 동국의 후진들이 모두 그 가르침을 준수하였고, 중국의 학자들도 왕왕 이것을 안목으로 삼았다고 한다.[55] 태현이 비록 학문적으로 원측의 학설을 충실히 따르고 있지 않다고 하더라도, 인맥으로 보나 학풍의 유사성으로 보아 원측의 비판적 계승자라고 볼 수 있을 것이다.

원측-도증-태현으로 이어지는 신라 유식은 현장이 전역한 신유식의 학설을 대부분 채용함으로써 이를 널리 보급하는 데 일조를 하였다. 특히 신유식에서 주로 의지하는 경전(所依經典)인 『성유식론(成唯識論)』의 팔식설을 정의(正義)로 삼고 진제의 구식설을 비판함으로써, 팔식설에 입각한 신유식이 크게 선양되었다고 할 수 있다. 그래서 공사송복(貢士宋復)이 쓴 원측의 사리탑명(舍利塔銘)에는 원측이 현장(玄奘)을 도와 불법(佛法)을 유입시켜 크게 떨치게끔 하였다고 기록하고 있다.[56]

그러나 신라 유식은 현장 문하의 규기가 확립하고 혜소(惠沼), 지주(智周) 등으로 이어지는 법상종(法相宗)과는 분명히 다른 흐름을 형성하고 있었다. 신라인을 중심으로 학파를 형성하고 있었을 뿐만 아니라, 학설의 측면에서도 여러 가지 다른 입장과 견해를 가지고 있었다. 일세를 풍미하여 대적할 만한 이렇다 할 상대가 없었던 자은종파에게 있어서, 그들과 다른 견해를 피력하는 서명학파는 주요한 논파의 대상이 될 수밖에 없었다. 특히 자은종파가 특유의 사상으로 받들었던 오성각별설에 대한 서명학파의 신랄한 비판은 자은종파를 정면으로 대적하는 것으로 여겨졌고, 이로 인해 규기일파의 심한 질시와 배척을 받았다. 앞에서도 언급한 바와 같이 원측에 대해서 도청설로 중상모략한 것이라든지, 원측의 유식설을 전하는 직접적인 저술이 남아 있지 않다는 사실로부터, 자은 문하의 서명학파에 대한 견제가 얼마나 심했던가 하는 것을 미루어 알 수 있다. 이러한 규기학파의 견제와 중상모략은 원측학파의 유식학에 대한 견해가 규기학파에게 상당히 위협적인 것으로 판단되었기 때문이라고 할 수 있다. 실제로 혜소가 쓴 『성유식론요의등』에는 원측의 견해와 원측을 옹호하는 도증의 『성유식론요집』의 견해가 200여 곳에 인용되어 논박되고 있어, 이 책은 오로지 규기를 옹호하고 원측을 비판하기 위해서 쓰인 논서라는 평을 들을 정도이다.[57] 이들 두 학파 사이에서 원측은 현장 및 규기와, 도증은 혜소와, 태현은 지주와 주로 상대하면서 대대로 논쟁을 벌였다.[58] 이들 두 학파 사이의 논쟁은 후에 일본의 유식학자들 사이에서도 관심을 끌었고, 선주(善珠, 723-797)는 『유식분량결(唯識分量決)』, 『유식의등증명기(唯識義燈增明記)』 등의 저술에서 양측의 사상을 균등하게 밝혀주기도 하였다.[59] 이처럼 원측이 확립해서 하나의 흐름을 형성하게 된 신라 유식은 중국 유식불교사에서 비록 정파(正系)에 대한 이파(異派)라는 이름으로 취급되고 있지만,[60] 하나의 뚜렷한 족적을 남긴 셈이다.

5. 티베트 및 일본 유식과의 관계

서명학파의 유식학은 신라인은 물론 중국인들 사이에서도 폭넓은 지지를 받았고, 처음 현장 문하에 들어갔다가 원측에게 전향하는 사람도 많았다. 그래서 그의 유식학은 장안은 물론 신라와 일본 및 서역과 티베트 지방에까지 영향을 미쳤다. 서명사에서 원측에게 학습한 담광(曇曠)은 이를 돈황 지방에 전파하였고, 이것이 다시 법성(法成, Chos grub)에게 전해졌다.[61] 법성은 원측의 『해심밀경소(解深密經疏)』를 서장어로 번역하였고, 이것이 서장대장경(西藏大藏經)에 수록되었다. 원측의 『해심밀경소』가 티베트어로 번역된 이유는 어디에 있을까? 그것은 당시 티베트대장경의 완성을 목전에 두고 있었기 때문에, 보다 완비된 대장경을 만들기 위하여 모든 주석을 한데 모아서 구색을 갖추기 위한 것이라고는 생각하지 않는다. 일차적으로는 한문본으로서 원측의 주석이 그 내용면에 있어서 티베트나 인도 찬술의 주석서와는 다른 독특한 것이었기 때문이라고 할 수 있다. 다음으로 당시 티베트는 돈황을 점령하고 있었고, 인도계 불교를 티베트불교의 정통으로 삼으려 하던 시기였다는 점을 감안할 때, 또 다른 이유가 있었으리라는 것을 짐작할 수 있다.[62] 그 이유는 번역자의 개인적인 동기와 번역의 대상인 『해심밀경소』 자체에서 찾아야 할 것이다. 담광의 학문을 계승한 법성으로서는 그가 배운 담광의 저술들 속에 원측의 『소(疏)』가 자주 인용되고 있기 때문에, 이것을 번역한 것은 너무도 당연한 일이라고 할 수 있다.[63] 또한 법성은 원측의 주석을 통해서 원측이 폭넓은 학문을 지녔으며 불교 일반 및 해심밀경의 사상에 대해 깊은 이해를 하고 있다는 사실을 확인할 수 있었을 것이다.[64] 그리하여 원측의 『소』가 유식불교의 원의를 가장 잘 살리고 있다는 판단 아래 번역을 결심하였다고 볼 수 있다. 따라서 그의 주석은 티베트대장경에 수록되는 것으로 그치지 않고, 그 지역에서 유식학을 이해하는 교과서와 같은 역할을 담당하였던 것이다.

티베트에서 그의 유식학이 끼친 영향력은 당시에 그치지 않고 후세에까지 줄기차게 작용하고 있음을 알 수 있다. 14세기 서장 불교의 개혁자요 대성자인 쫑카파(Tsoṅkhapa, 1357-1419)의 저술을 보면 도처에 원측의 『해심밀경소』나 『인왕경소(仁王經疏)』 등을 길게 인용해서 논술하고 있다.[65] 그런데 8세기 중엽 중국승 마하연(大乘和尙, Mahāyāna)과 인도승 카말라실라(蓮華戒, Kamalaśīla) 사이의 논쟁에서 마하연이 논파당하여 티베트에서 추방되는 수모를 겪은 이래, 티베트에서는 중국불교보다는 인도불교를 존중하는 풍조가 있었다.[66] 이러한 사정을 감안한다면, 쫑카파가 원측의 주석을 그렇게 길게 인용하는 데는 상당한 모험이 따른다고 할 수 있다. 그럼에도 불구하고 쫑카파가 전적으로 원측의 입장을 따른 것은, 원측의 주석이 인도의 그것보다 뛰어나다는 강한 확신이 있었기 때문이라고 할 수 있다.[67] 이처럼 쫑카파에게 끼친 원측 유식학의 영향은 절대적이라 할 만큼 큰 것이었고, 쫑카파가 티베트불교에서 차지하는 위치를 생각한다면, 원측의 유식학이 티베트에 미친 영향이 매우 심대한 것이었음을 확실하게 알 수 있다.

신라의 유식학은 선주(善珠, 723-729)를 통하여 일본에 전래되어 많은 영향을 주었다. 선주는 『유식의등증명기』와 『유식분량결』에서 수없이 원측의 학설을 인용할 뿐만 아니라, 원측을 규기와 더불어 스승으로 받들고 있다.[68] 유식학의 일본 전래는 도소(道昭, 629-700)를 제일

전(第一傳), 지통(智通, 658-792), 지달(智達)을 제이전(第二傳), 지봉(智鳳, 658-672), 지만(智蠻), 지웅(智雄)을 제삼전(第三傳), 현방(玄昉, 691-746)을 제사전(第四傳)으로 한다. 그런데 도소는 백제계의 후손으로 서명사에도 있었고, 지통, 지달도 신라인일 것이라는 견해가 있으며, 지봉, 지만, 지웅은 신라의 학승이고, 현방도 지종의 문하인 의연(義淵)에게 배운 적이 있다. 이로써 볼 때 일본의 유식학이 원측의 유식학과 깊은 관계를 갖고 있음을 짐작할 수 있다. 북사계(北寺係)의 행가(行賀)와 남사계(南寺系)의 효인(孝仁), 평비(平備) 등이 무성유정성불설(無性有情成佛說)을 주장하고 있는데, 이는 원측의 유식학으로부터 영향을 받은 것이라고 볼 수 있다.[69]

2절 실천적 화엄학을 전개한 의상

1. 들어가는 말

의상(義相, 625-702)은 두순(杜順, 557-640)-지엄(智儼, 602-668)-법장(法藏, 643-712)으로 전개되는 중국 화엄사상을 신라에 전래(傳來)한 사람으로서 해동화엄학(海東華嚴學)의 초조(初祖)로 일컬어지고 있다. 또한 그가 가르친 제자들과 그에 의해서 성립된 교단이 한국 화엄종의 주류를 형성하고 있다. 의상은 중국의 화엄학을 배워 그것을 그대로 신라에 이식시킨 단순한 전달자는 아니었다. 의상의 화엄학에는 중국의 화엄학과 구별되는 독자성이 있는데, 그것은 바로 그의 사상이 시종일관 종교적 실천을 강하게 지향하고 있다는 점이다. 물론 교학은 종교적 믿음과 실천을 뒷받침해 주는 이론적 토대이기 때문에 모든 교학은 다 종교적 실천을 지향하고 있다고 볼 수 있다. 그러나 의상이 화엄학을 이해하고 전개하는 방식이나 그의 구체적인 사상내용 및 활동 등 전반에 걸쳐서, 의상만큼 철저하게 종교적 실천을 강조하고 지향하는 사람은 찾아보기 힘들 것이다. 의상은 화엄학을 이론적으로 정교하게 체계화해서 상근기(上根機)의 사람들에게 설명하고 가르치는 것보다는 많은 사람들이 화엄불교의 진수를 깨닫고 일상생활로부터 실천해 나가도록 함으로써 인간과 사회의 변화를 창출해 내는 것이 더 중요하다고 보았다. 그래서 그의 가르침과 삶의 행적에는 항상 서민대중들을 의식하고 배려하는 내용이 뿌리 깊게 자리하고 있음을 확인할 수 있다.

의상은 화엄교학의 창시자라고 할 수 있는 지엄의 문하에 들어가서 지엄이 죽을 때까지 약 10년 동안 수학하면서, 스승과 끊임없이 문답하는 방식으로 화엄학의 의리를 깨우쳐 나갔다. 의상의 화엄학은 중국의 화엄학과 구별되는 독자성이 있는데, 지엄은 이러한 의상에게 의지(義持)라는 법호를 주고, 동문수학한 법장에게는 문지(文持)라는 호를 지어 주었다.[70] 문(文)이 언어적 표상(表象)이라고 한다면, 의(義)는 그것에 담겨 있는 의미내용을 뜻하는 것이다. 실제로 법장은 학자적인 이론탐구에 뛰어나서 화엄교리를 방대한 이론적 체계로 완성해 내었고, 의상은 구도적인 실천행에 뛰어나서 자신의 철저한 이해를 바탕으로 화엄학의 정수를 추려 짤막한 『화엄일승법계도』를 엮어냈다. 또한 법장은 『화엄오교장』을 비롯한 그의 주요 저술 여러 권을 의상에게 보내면서 "책을 짓긴 했지만 자신이 없으니 읽어보고 일일이 고쳐주기 바란다"는 편지를 의상에게 보냈다. 의상은 이 가운데 일부는 수정하기도 했지만, "나를 넓혀준 사람은 법장이다"라고 말하면서 제자들에게 법장의 저술을 강의하게 했다.[71] 이 점에서 보면 지엄의 화엄학의 핵심을 내용적으로 잘 계승하고 있는 사람은 의상이라고 말할 수 있을 것이다.

이와 같이 의상의 화엄사상은 일면 중국 화엄사상의 형성과정에 있어서 교량으로서의 중요한 몫을 담당하고 있지만, 다른 한편 법장으로 대변되는 중국 화엄학과는 다른 독특한 특징을 지닌 사상으로 전개되었음을 알 수 있다. 여기서는 바로 중국 화엄학과의 연속과 단절이라는 두 가지 측면에 주목하면서, 의상의 화엄사상이 갖는 전체적인 구조와 특징을 실천적 지향이라는 프리즘을 통해서 조명해 보고자 한다. 의상의 화엄사상이 갖는 실천적 특징은 김지견(金知見), 고익진(高翊晉), 김두진(金杜珍), 김상현(金相鉉) 등에 의하여 부분적으로 지적된 바 있다.

필자는 이들의 지적에 공감하면서 의상의 사상 전체가 실천성이라는 관점에서 일관되게 설명될 수 있다고 생각한다. 나아가 이러한 관점을 가지고 의상을 이해할 때에 그의 사상이 갖는 특징과 사상사적 위치도 보다 잘 드러낼 수 있다고 확신한다. 이 글은 이러한 생각을 일관되게 밀고 나가면서 의상의 화엄사상을 조명한 것이다.

2. 의상 화엄학의 실천적 성격

고려 때 의천(義天)의 영향으로 원효(元曉)에게 화쟁국사(和諍國師)라는 시호가 추증될 때, 의상에게는 원교국사(圓敎國師)라는 시호가 추증되었다. 여기서 알 수 있는 것처럼 의상의 특징적인 면모는 원교 즉 화엄사상을 크게 선양한 데서 찾을 수 있다. 그중에서도 의상의 주된 관심과 노력은 많은 저술을 통한 이론적 체계화의 방향이 아니라, 화엄신앙의 실천에 쏠려 있었다. 의상의 저술은 『화엄일승법계도(華嚴一乘法界圖)』, 『입법계품초기(入法界品抄記)』, 『화엄십문간관법(華嚴十問看法觀)』, 『아미타경의기(阿彌陀經義記)』의 4권과 『백화도량발원문(白花道場發願文)』, 『화엄일승발원문(華嚴一乘發願文)』, 『투사례(投師禮)』, 『서방가(西方歌)』 등 4편에 불과하다. 이들 가운데 현존하는 의상의 저술이 모두 짧은 게송류(偈頌流)의 것이라는 사실에 비추어 볼 때, 의상은 장편의 주석이나 논설을 쓰는 것을 즐겨하지 않았음을 알 수 있다.

의상이 이처럼 많은 글을 쓰기보다는 게송류의 짧은 글을 더 즐겨 쓴 의도는 어디에 있을까? 그가 언어의 본질적인 한계를 의식하고 있었기 때문이라고도 볼 수 있지만, 근본적으로는 그의 관심이 실천적이고 신앙적인 데 집중되고 있고, 하근기인(下根機人)으로서의 일반 대중에게 쏠려 있었기 때문이라고 할 수 있다.[72] 일반 대중은 논리적인 설명이나 많은 분량의 글보다는 간단한 게송이나 구호가 더 알기 쉽고 기억하기 쉽기 때문이다. 의상의 활동은 교단적 조직을 형성하여 제자들에게 화엄교학을 가르치고, 대중적 신앙운동을 전개하는 방향에서 조직적으로 이루어졌다. 원효가 저술과 개인적인 교화활동에 그친 것과 비교하면, 당대에 있어서 그의 활동 범위와 영향력이 훨씬 큰 것이었다고 할수 있다. 이후에도 십대 제자를 비롯한 의상의 후계자들이 화엄학의 주류를 형성하며 맥을 잇게 된 것도 그의 조직적인 교육과 신앙운동에 기인한 것이라고 할 수 있다.

의상이 이처럼 실천적이고 대중적인 신앙운동을 지향하고 있다는 사실은 그의 주저인 『법계도』에서 의상이 전개한 화엄교학 자체의 실천적 성격에 대한 검토와 더불어, 의상이 화엄사상과 정토신앙을 융합하고 있는 점을 검토함으로써 보다 명백히 확인할 수 있을 것이다.

가. 『법계도』의 실천신앙적 의미

의상의 화엄교학을 알 수 있는 유일한 자료는 『화엄일승법계도』다. 이 『법계도』는 화엄경과 십지경론에 담겨 있는 화엄사상의 핵심을 7언(言) 30구(句)의 게송으로 간결하게 축약하여, 이를 사면사각(四面四角)의 도인(圖印)으로 형상화시킨 것이다. 광범위한 화엄사상의 요체를 이처럼 간단한 게송 속에 완벽하게 담아내는 일은 그것을 천언만어(千言萬語)로 풀이하는 것보다도 더 어렵고 의미 있는 일이다. 그것은 화엄사상에 대한 완숙한 이해가 없이는 불가능한 일이다. 또한 그렇게 함으로써 경전과 그 사상을 대중에게 용이하게 접근시킬 수 있기 때문에 한층 의미 있는 학문적인 작업이라고 할 수 있다. 예부터 인도에서는

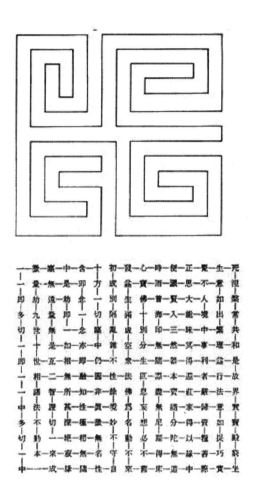

의미를 손상하지 않고 고전의 글자를 한 자라도 줄일 수 있다면 대단한 업적으로 평가해 왔다. 『반야경』만 하더라도 방대한 양으로부터 축약되기 시작해서 『반야심경』에 이르러서야 지금까지 대중에게 가장 많이 암송되고 있는 경전으로 자리 잡을 수 있었다.[73]

　의상의 『법계도』는 단순히 게송으로 축약한 데 그치지 않고 그것을 사면사각(四面四角)의 도인(圖印)으로 형상화하고 있는 점에 특징이 있다. 도안 속의 글자 무늬는 한가운데 법(法)에서부터 시작하여 계속 54

회를 꺾어 돌아 다시 가운데 불(佛)에 이르기까지 하나의 길을 이루도록 도안을 했다. 의상이 이처럼 화엄사상의 내용을 외우기 쉬운 간단한 게송으로만 요약하지 않고 상징적인 도안으로 표현하고 있는 것은 무슨 이유일까? 이 도안은 단순한 기하학적인 문양이 아니라, 형태 하나하나에 독특한 의미가 함축되어 있다. 하나의 길로 이어지는 것은 불교의 가르침이 한가지로 중생을 부처가 되게 하는 가르침(一乘)이라는 것을 표상하고, 굴곡은 중생의 근기에 따라 수행에 차이가 나타나는 것을 표현하며, 4면 4각은 중생을 구제하기 위한 4가지 방법과 마음가짐으로서 사섭법(四攝法)과 사무량심(四無量心)을 나타내고 있다.[74] 또한 처음의 법(法)과 끝의 불(佛)이 한가운데서 다시 이어지는 것은 '중생이 그대로 부처'라는 뜻을 극명하게 보여주고 있다고 할 수 있다. 뿐만 아니라 도인(圖印)이라는 말이 시사하는 것처럼 무늬는 붉은색으로 그려서 부처의 지혜를 나타내고, 글자는 검은색으로 써서 중생의 무명을 나타내며, 하얀 종이에 그것을 찍음으로써 받는 빛의 색에 따라 다른 색으로 나타날 수 있음을 보여주고 있다.[75]

이처럼 『법계도』는 화엄불교의 핵심적인 가르침을 시각적으로 간단하고 명료하게 표상화함으로써 보는 사람이 한눈에 그것을 알아볼 수 있도록 의도하고 있다. 또한 도장처럼 종이나 베에 찍어서 간직하고 다니면서 쉽게 읽고 암송할 수 있도록 하는 배려도 읽을 수 있다. 『법계도』가 당시 중국의 최신기술이었던 목판에 의한 인쇄를 염두에 두고서 제작된 것이라는 주장도[76] 근본적으로는 대중들에게 화엄사상을 효과적으로 전파하고자 하는 의상의 의도를 지적한 것이라고 할 수 있다. 이렇게 볼 때 『법계도』는 이론체계의 모형을 시각적으로 간단히 형상화하여 그리는 데서 그치는 것이 아니라, 실천적 수행과 신앙의 실제에 사용하고자 하는 목적에서 도상화한 것이라고 할 수 있다. 『법계도』의 도안은 밀교의 만다라(mandala)와 같이 신앙의 상징으로서의 의미를 지니는 것으로 볼 수 있다. 실제로 의상은 제자들의 도행(道行)이 무르익었다고 생각되면 도인(圖印)을 찍어 그것을 제자들에게 전함으로써 사법(嗣法)의 징표로 삼았다.[77] 『법계도』는 그의 제자들에게 실제로 경전 못지않게 소중한 대접을 받았고, 단순한 저서로서가 아니라 숭배와 신앙의 대상으로서 자리 잡아 갔다. 재가신자(在家信者)와 무학(無學)인 승려들도 그것을 몸에 지니고 다니면서 독송하였고, 다 외웠거나 아니거나에 관계없이 그것을 진귀한 보배로 여겨 다투어 휴대하고 다녔다.[78] 법회나 결사 때에는 이를 독송할 뿐 아니라, 의식이 끝나면 『법계도』를 나누어 줌으로써 동질성을 확인하는 징표로 삼기도 하였다. 또한 도안의 모양을 그대로 마당에 그려놓고 『법계도』를 암송하면서 꼬부라진 선을 따라 도는 의식을 거행함으로써, 법에서 시작하여 마침내 깨달음에 도달한다고 하는 것을 암시적으로 체험하도록 하였다.

이처럼 『법계도』가 신앙적 실천과 수행의 장에서 오늘날까지 효과적으로 활용되고 있다는 사실은 이것을 그린 의상의 의도와 밀접하게 관련되어 있다고 보아야 할 것이다. 또한 의상 자신이 『법계도』에 대한 해설 가운데서 다라니(dharani)법의 개념을 유난히 부각시키고 있는 것도 『법계도』를 도상화한 뜻과 연관지어 생각할 수 있다.[79] 다라니는 말 그대로 모든 좋은 법을 지니고 있는 것(總持)이기 때문에, 이것 하나를 알면 다른 모든 것을 연상하여 알 수 있는 것이다. 따라서 이것을 지니거나 외우면 비상한 공덕이 생긴다고 하는 주술적인 진언으로서의 뜻도 동시에 지니게 된다. 이렇게 볼 때 다라니는 사람들에게 종교적인 가르침을 잊지 않고 지니도록 하는 일종의 기억술이기도 하면서, 동시에 그 가르침에 대한 믿음을 가지고 그것을 꾸준히 실천하게 하는 효과를 지니기도 하는 것이다. 의상이 논리적인 개념들을 나열하여 장황히 설명하지 않고 다라니법으로 애써 표현하는 까닭은, 그것이 실제적인 신앙행위의 장에서 사람들에게 보다 호소력이 있고 효과적이라는 데서 그 이유를 찾을 수 있을 것이다.

나. 의상의 화엄사상과 정토신앙

화엄의 교학은 불교의 이론이 발전 가능한 마지막 단계에 도달해서 이룩한 것이다. 따라서 그것은 아무리 쉬운 계송이나 도상으로 표현한다 할지라도, 화엄사상 자체를 변질시키지 않는 한 대중들에게 쉽게 이해시키기가 어렵다. 의상의 주된 관심의 대상이 하근기인(下根機人)으로서 일반 대중이었기 때문에, 이들에게 화엄사상을 곧이곧대로 전달하는 방식으로 신앙운동을 전개함에 있어서는 실제적인 어려움에 부딪칠 수밖에 없다. 당시나 지금이나 일반 대중에게는 관음신앙이나 미타신앙 등 초월적인 존재의 신비한 힘에 의존하게 하는 타력신앙이 훨씬 강한 호소력을 지닌다. 의상은 대중의 이러한 현실적 상황에 자신을 맞추어 가는 방식으로 신앙운동을 전개해 나갔다. 스스로는 높은 곳에 머무르면서 대중에게 따라 올라오도록 일방적으로 손짓만 한 것이 아니라, 스스로를 대중에게 친근한 모습으로 바꿈으로써 대중에게 다가간 것이다.

의상은 당시 일반 대중들에게 폭넓은 지반을 지니고 있는 관음신앙을 적극적으로 수용한다. 그러나 관음보살의 무한한 자비와 뛰어난 구제의 능력에 의지해서 현세이익적인 구복을 추구하는 당시 일반 대중들의 경향에 그대로 영합하지는 않는다. 의상은 화엄경의 입법계품에 쓰여 있는 관음보살이 상주하며 설법한다는 사실에 근거하여, 이 땅에도 관음의 진신(眞身)이 상주하고 있으며 이를 친견할 수 있다는 신앙으로 바꾸어놓는다.[80] 중생의 모든 고통을 알아보고 구제할 수 있는 관세음보살의 진신이 '지금 여기에' 상주하고 있다는 얘기는 현실적이고 구체적인 구제를 기대하는 중생들에게 신앙적으로 큰 호소력을 지닐 수 있다. 관세음보살을 친근한 존재로 여기게 함은 물론 관음을 친견함으로써 구제받을 수 있다는 확신을 심어줄 수 있기 때문이다. 관음을 친견하고자 발원하는 글 속에서 의상은 "관음의 거울 속에 있는 제자의 몸이 제자의 거울 속에 계시는 관음에게 예배한다"[81]고 말하고 있다. 이는 자신이 지닌 본래의 깨끗한 깨달음(性淨本覺) 중에 관음의 지혜와 자비가 하나로 통합되어 있음을 표현하는 것이다.

여기서 보듯이 의상의 관음신앙은 현실적 구제의 요청이라는 중생의 소망에 응하여 관음이 이 땅에 상주하고 있다고 말하고 있지만, 중생들이 자신의 노력 없이 타력에 의존하여 현세적 이익을 추구하는 것에는 결코 영합하지 않고 있다. 발원문이라는 형식에서도 드러나는 바와 같이 의상의 관음신앙은 어디까지나 자신이 지혜를 밝히고 중생을 교화하는 실천을 열심히 하겠다는 서약이 중심이 되고 있다는 점에서 다분히 자력적인 성격을 지니고 있다. 의상은 세속적 이익에 대한 욕심을 바탕으로 행해지고 있던 당시의 굴절된 관음신앙을, 마음을 정화하고 자비를 실천하여 스스로 관음이 됨으로써 관음과 같은 자리이타(自利利他)를 실천해야 한다는 구도적인 관음신앙으로 변용시키고 있는 것이다. 이처럼 의상은 관음신앙에 화엄적인 요소를 혼합함으로써 불교의 변질을 훼손함이 없이 효과적이고 대중적인 신앙운동을 전개해 나갈 수 있었다.

의상이 대중에게 다가가기 위해서 노력하는 모습은 관음신앙과 더불어 당시 사회적으로 넓게 확산되어 있던 미타신앙에 대한 태도에서도 확인할 수 있다. 의상은 평생 서쪽을 등지고 앉지 않았고, 그가 창건한 부석사를 미타신앙에 기반을 두고 설계했으며, 아미타경에 대한 주석서인 『아미타경의기』를 스스로 지었다. 서방정토를 노래한 『서방가(西方歌)』도 그와 관련이 있는 것으로 전해지고 있다.[82] 이상과 같은 사실로부터 의상이 미타신앙과 깊은 관련을 맺고 있다는 것을 알 수 있다.

미타신앙은 아미타불의 이름을 부르거나 생각하기만 하면 아비타불의 극락세계에 왕생할 수 있다는 신앙이다. 이러한 신앙행위는 누구나 할 수 있는 간단하고 쉬운 것이며, 죽어서 극락에 태어나 복락을 누리고자 하는 염원은 사회적 계층에 관계없이 모든 사람들이 지니는 것이기 때문에, 가장 보편적인 신앙으로 자리 잡게 되었던 것이다.

의상은 대중들 속에 들어가 스스로 대중들이 친근하게 신앙하고 있는 아미타신앙을 자신의 삶과 종교운동과 저술 속에 직접 구현하고 있다. 그러나 당시 대중들의 미타신앙이 초월적인 존재의 신통력에 기대는 타력신앙으로부터 벗어나지 못하는 것과는 달리, 의상은 미타신앙에도 화엄적인 요소를 혼합함으로써 자력적인 신앙으로 변용시키고 있다. 이러한 사실은 의상이 서방정토를 노래하면서 "오직 마음이 정토"라고 해서 유심정토(唯心淨土)라고 한다든지 "자기의 본성이 곧 미타"라고 하는 의미에서 자성미타(自性彌陀)라고 한 것, 또한 "극락이 참다운 진리의 세계와 떨어져 있지 않다"고 하여 극락불리진법계중(極樂不離眞法界中) 등의 표현을 쓰고 있는 데서 알 수 있다. 의상은 극락정토가 죽어서 가는 곳으로서 '지금 여기'와 분리되어 있는 것이 아니라, 마음을 정화하여 자신이 본래 지닌 맑고 깨끗한 마음을 회복하는 것이며,

나아가 사회의 정화에 적극적으로 매진함으로써 열리는 살 만한 사회와 다른 것이 아니라고 말하고 있다.

이상과 같이 의상의 미타신앙은 현실의 삶에 대한 무비판이나 체념을 바탕에 깔고서 죽어서나 극락에 왕생하기를 기원하는 것이 아니다. 스스로의 마음을 끊임없이 닦고 정화하고 사회를 정화시켜 나감으로써 '지금 여기'에서의 삶 속에서 이상세계를 구현하고자 하는 적극적이고 주체적인 노력과 의지가 담겨 있는 것이다.

이상과 같이 의상은 화엄사상과 정토신앙을 융합시킴으로써, 화엄사상이 갖고 있는 불교의 본질적 정신과 정토신앙이 지니는 현실과 대중에의 적응력을 동시에 확보하고 있다.

3. 의상의 화엄교학을 통해 본 실천성

의상이 비록 신앙적이고 실천적인 지향이 강해서 장황한 이론적인 논의를 즐겨하지 않았다 하더라도, 그에게 이론적 토대가 없거나 약한 것은 결코 아니다. 그가 남긴 짤막한 게송이나 그에 대한 간략한 해설 속에서 우리는 나름대로의 일관된 교학체계를 발견할 수 있다. 의상의 화엄교학체계를 알 수 있는 저술이 『법계도』밖에 남아 있지 않지만, 『법계도』가 화엄사상의 정수를 의상의 관점에서 핵심적으로 요약한 것이기 때문에, 의상의 사유체계를 아는 데 별 문제가 없다. 그 책에는 화엄교학의 핵심적인 내용들이 망라되어 있을 뿐만 아니라, 이에 대한 의상의 독특한 이해방식이 나타나 있다. 여기서 의상이 제시한 화엄교학의 이론들은, 어떤 것은 그대로 법장에게 계승되어 중국 화엄교학의 내용으로 자리 잡기도 하고, 어떤 것은 법장과는 사뭇 다른 사유의 형태를 보이고 있기도 하다. 이들 가운데 화엄불교와 의상의 사유가 특징적으로 표현되어 있는 항목을 추려서, 의상이 어떤 문제를 어떠한 방식으로 생각했는가를 밝힘으로써 의상의 화엄교학을 관통하는 실천적 지향을 드러냄과 동시에 의상의 화엄철학이 지니는 사상사적인 의미가 자연스럽게 드러나도록 하겠다.

가. 중도(中道)와 성기(性起)

『법계도』는 "법성원융무이상(法性圓融無二相) 제법부동본래적(諸法不動本來寂)"으로 시작하여 "궁좌실제중도상(窮座實際中道床) 구래부동명위불(舊來不動名爲佛)"로 끝나고 있다. 현실적인 존재(法)로부터 출발하여 부처(佛)에 이르기까지 한 길로 이어져 있을 뿐만 아니라, 처음의 법(法)과 끝의 불(佛) 자를 똑같이 한가운데 배치하고 있다. 존재의 본래적인 모습(法性)과 깨달은 부처(舊來佛)가 도달해야 할 궁극적 목표인 중도의 자리에 서게 되면 하나도 달라진 것이 없이 그대로 하나라고 한다. 그런 의미에서 깨달음이란 두 극단을 분별하지 않고 하나로 융합함으로써(中道) 본래성을 자각하는 것이라고 할 수 있다. 의상이 『법계도』를 지은 목적도 바로 원인과 결과, 생과 불생 등 이원적 대립에 기초한 명목에 사로잡히지 않고, 대립적 개념으로 규정함이 없는 본래의 참다운 근원(中道)으로 돌아오도록 기원하는 데 있었다.[83]

이처럼 의상은 불교에서 배워 익혀야 할 근본적인 가르침을 중도라고 파악하고 있다. 모든 존재의 본래적인 모습은 분별이 없는 것이기 때문에 모든 존재가 항상 중도에 속하여 무분별 아님이 없다고 말한다.[84] 그리고 이 중도를 존재의 본래(本來)와 구래(舊來)의 불(佛)이 조금도 달라진 것이 없다는(不動) 것으로 보여주고 있다. 이는 중생에게 깨달음이 본래적으로 완성되어 있음을 나타내는 것이다. 그렇기에 의상은 범부의 오척신(五尺身)이 달라짐이 없이 그대로 법신(法身)이라고도 설명하고 있다.[85]

이러한 사유는 중생에게는 깨달을 수 있는 가능성으로서 부처의 씨앗이 있지만, 그것이 아직 여러 가지 장애로 인하여 발아하지 못하고 있을 뿐이라고 하는 여래장(如來藏)사상과 유사하다. 그러나 거기에는 근본적인 차이점이 있다. 여래장설에 의하면 중생에게 있는 부처는 껍질로 싸여 있는 잠세태에 불과한 것이어서, 상태를 바꿔 껍질을 깨고 현실태로 변화하지 않으면 안 되는 것이다. 그러나 화엄불교가 말하고자 하는 것은 중생에게 이미 부처의 지혜와 덕성이 완성된 형태로 갖추어져 있다고 하는 것이다. 따라서 무엇을 제거하고 어떻게 바꾸어야 할 필요가 전혀 없다. 다만 자신이 본래부터 부처라는 사실을 자각하기만 하면, 자신은 옛날부터 죽 변함없이 부처인 것이다. 이러한 사유는 존재의 본성을 그대로 발현한 것이 곧 여래(如來)라고 말하기 때문에 성기(性起)라고 한다.

이러한 성기(性起)사상은 초기의 여래장사상을 이어받으면서 그것을 보다 철저하게 밀고 나갈 때 도달하게 되는 여래장사상의 완성이라고 볼 수 있는 것이다. 의상은 『법계도』에서 불교의 근본적 가르침인 중도를 화엄의 성기사상을 통하여 명확하게 가르쳐주고 있다. 지엄이나 법장도 성기를 말하고 있지만, 불교의 보편적 가르침인 중도와의 관련 속에서 이를 설명하는 것은 의상의 독특한 점이라 할 수 있다. 의상은 중도를 무분별이라는 뜻으로 풀고, 분별이 없다는 것은 자신의 고유한 본성을 고수하지 않고(不守自性) 조건에 따를 뿐(隨緣) 머무르지 않는 것(不在)이라고 풀이한다. 의상은 이어서 중도라는 뜻은 불생(不生)의 생

(生)이라는 것과 통한다고 명확히 밝히고 있다.[86] 비록 성기(性起)라든가 불기(不起)의 기(起)라고 말하지 않았을 뿐, 의상이 성기사상을 중도로 풀이하고 있는 것만은 분명하다. 이렇게 볼 때 의상이「법성게」를 통해 의도하고 있는 목적은 다름 아니라, 중생의 존재와 부처를 구분하지 않음으로써(中道) '중생이 그대로 부처'라는 사실(性起)을 알게 하는데 있었다고 할 수 있다.

의상이 이처럼 중생과 부처 및 초발심과 깨달음 등을 중도와 성기라는 것으로 풀이하는 것은 어떤 의미를 지니는 것일까? 그것은 다름이 아니라 중생과 부처 및 초발심과 깨달음 사이의 거리를 제거함으로써, 중생으로 하여금 '지금 여기서' 곧바로 확신을 가지고 올바른 삶의 길로 발심하여 가도록 하려는 배려라고 해석할 수 있다. 미약한 근기를 가지고 현실적으로 어려운 삶을 살고 있는 중생들에게 먼 곳을 목표로 하고 차근차근 접근해 가라고 하는 가르침은 설득력을 갖기 힘들 것이다. 따라서 화엄의 성기사상처럼 언제 어디서건 관계없이 '눈만 뜨면 된다'고 가르치는 것이 효과적인 방편이 된다는 사실을 의상은 누구보다도 잘 알고 있었다고 볼 수 있다.

나. 수십전설(數十錢說)

화엄불교는 존재세계의 모습을 모든 존재가 각자 그 영역을 지키며 서로 섞이지 않고 하나의 세계를 유지하며 전체가 조화를 이루고 있는 것으로 그린다.『법계도』는 이러한 연기세계의 모습을 전체와 부분의 관계 속에서 설명한다. 그리하여 "하나 가운데 모든 것이 포함되고 여럿 가운데 하나가 들어 있으며(一中一切多中一), 하나가 곧 일체이고 여럿이 곧 하나다(一卽一切多卽一)"라고 표현하고 있다.[87] 부분 속에 전체가 들어 있고 전체 속에 부분이 포섭되며, 부분이 곧 전체이고 전체가 곧 부분이라고 말하고 있는 것이다.

이 중에서 화엄적 사유의 특징은 부분 속에 전체가 포함되어 있고, 부분이 곧 전체라고 하는 데 있다. 지엄이 입적하기 수 일 전에 그의 제자들에게 "한 티끌 속에 우주를 머금고 있다(一微塵中含十方)"는 경문의 의미를 물었다고 하는 사실을[88] 통해서도 화엄사상의 핵심이 여기에 있음을 확인할 수 있다. 하나의 전체 속에 여러 부분이 다 들어 있다고 하는 것은 하나를 절대화하여 여러 다양한 것을 통합하는 것인데, 이러한 사유는 누구나 어렵지 않고 할 수 있는 것이다. 그러나 부분이 곧 전체라고 하는 것은 일상적인 생각과는 상반된 특이한 것이기 때문에, 쉽게 이해할 수 없는 것이다.

그래서 의상은 하나 속에 모든 것을 갖추고 있는 존재의 모습을 다라니법으로 규정하고, 이것을 중생들이 관심이 있고 잘 알고 있는 동전 세는 법으로 애써 비유하여 설명한다. 돈 세는 법은 주관적 구상의 산물인 동전(遍計事錢)이 조건에 의해 발생하는 연기로서의 동전(因緣緣起錢)임을 표현해 보인 것이다. 이로써 형상이 조건에 의해 발생하는 것이고 영구히 지속되는 것이 아님을 알아 그것에 집착하지 않도록 하기 위한 것이다. 의상은 동전 세는 법을 성기와의 관련 속에서 설명하고 있다.[89] 숫자 하나 중도로서 무분별(無分別)과 무주(無住)이기 때문에 상호 걸림이 없음을 거듭해서 밝히고 있다.

먼저 부분과 전체가 상호 포섭하는(相入) 관계를 일(一), 일중이(一中二), 일중삼(一中三) … 일중십(一中十)으로 세어 올라오는 것(向上來)과 십(十), 십중구(十中九), 십중팔(十中八) … 십중일(十中一)로 세어 내려가는 것(向下去)으로 나누어 설명한다. 본수(本數)로서의 일(一)이 없다면 이(二) 내지 십(十)이라는 수가 성립할 수 없고, 십(十)이 없다면 구(九) 내지 일(一)이 성립할 수 없다. 일(一)과 십(十)이라고 한 것은 일이나 십으로서의 고유한 본성이 있어서 일과 십인 것이 아니라, 조건에 따라서(상대적으로 위치나 성질이 규정됨으로써) 일이나 십이 되는 것이다. 따라서 일이 십을 포섭하고 십이 일을 포섭하는 방식으로 상호 포섭함에 아무런 장애가 없다는 것이다.

다음으로 부분과 진체가 상호 일치의 관계(相卽)에 있다는 것에 대해서도 마찬가지 방식으로 설명한다. 일과 십이 그 자체로서 특정의 양과 성질을 갖는 것이 아니기 때문에, 하나가 없으면 다른 것도 성립할 수 없다는 것이다.[90]

이상의 수십전설(數十錢說)은 지엄의 『수현기(搜玄記)』에 약간 언급된 것을 의상이 계승 발전시켜 존재세계의 상호 포섭하고 서로 일치인 관계(相入相卽)를 설명하는 체계적인 교리로 정비한 것이다. 법장은 동체(同體)의 경우와 이체(異體)의 경우로 나누는 점만 달리할 뿐 의상의 설명방식을 그대로 따르고 있다. 이렇게 볼 때 의상이 이 문제를 다라니법과 동전 세는 것으로 풀이했다는 사실은 화엄교리의 체계화에 있어서 매우 중요한 역할을 수행한 것으로 볼 수 있다.[91]

일(一)과 다(多)의 관계는 화엄불교가 존재세계를 설명하는 데 있어서 가장 철저하고 치밀하게 다룬 문제이다. 그래서 다가 일에 의해 발생되는 것도 아니고, 다가 일 속으로 귀속되는 것도 아니라고 결론짓는다. 일이 다이고 다가 일이며 일 가운데 다가 있고 다 가운데 일이 있다고 하는 것이다.

이처럼 화엄불교에서 설하는 법계연기(法界緣起)는 원래 존재들이 상즉상입(相卽相入)하는 관계 속에서 분별함이 없이 평등하다고 역설하는 것이다. 그리고 이러한 사유는 공간적으로 한 티끌(一微塵)과 전 우주(十方), 시간적으로 한순간(一念)과 무한한 시간(無量劫), 수행의 차원에서 처음과 끝(初發心과 正覺 내지 중생과 부처)의 관계에도 똑같 이 해당된다. 뿐만 아니라 원인과 결과, 통일적 원리(理)와 차별적 현상 (事), 이해(解)와 실천(行), 언어표현(敎)과 그 의미(義), 주동(主)과 수반 (伴)의 관계에도 마찬가지로 적용하여 설명할 수 있다. 그렇지만 화엄 의 특징적 사유는 통일적인 하나의 원리(理)에 잡다한 여러 가지 현상 (事)을 용해시키는 데 있지 않다. 화엄사상의 특징은 다양한 사상(事象) 들 하나하나가 그대로 절대적인 전체가 되면서 서로 걸림이 없다는 사 실(事事無碍)을 역설하는 데에 있는 것이다. 따라서 화엄사상이 근본적 인 일(一)을 중시함으로써 왕실을 중심으로 중앙집권적 전제국가를 정 립해 가는 데 긍정적으로 기능하고 있다고 보는 것은 화엄사상의 본질 적인 핵심을 거꾸로 이해한 것이라고 할 수 있다.

화엄사상의 관심과 시선은 잡다한 하나하나의 사상(事象)을 향하고 있으며, 그 입장에서 부분의 하나를 절대화하고 있다. 따라서 화엄사상 속에는 미약한 중생을 전체의 부분으로 상대화해서 전체 속에 요해시 키는 것을 강력하게 거부하고, 중생 한 사람 한 사람에게 무한한 가치 와 의미를 부여하고자 하는 의도가 담겨 있다고 볼 수 있다. 이렇게 볼 때 하나를 들면 전체가 끌려온다는 사유는 부분과 전체와의 관계를 설 명하는 것 자체에 목적이 있는 것이 아님을 알 수 있다. 중생으로 하여 금 '지금 여기'를 전부라고 소중히 생각하여 매 순간 최선을 다하는 태 도를 갖도록 인도하는 데 근본목적이 있다. 의상이 이 문제를 설명하는 데 심혈을 기울이고 있는 것도 결국 이 문제가 종교적 실천과 밀접하게 연관되어 있기 때문이라고 할 수 있다.

다. 육상설(六相說)

화엄불교는 존재 하나하나를 모두 여섯 가지 모습(六相)으로 관찰한다. 육상이란 전체적인 모습(總相), 부분적인 모습(別相), 하나의 전체를 구성하고 있는 모습(同相), 각기 따로 있는 모습(異相), 유기적으로 결합하여 하나의 기능을 낳는 모습(成相), 각각의 기능이 분리되어 있는 모습(壞相)을 말한다. 의상은 『법계도』에서 모든 조건에 의해 발생하는 존재(緣生法)는 육상을 갖추지 않음이 없다고 하면서, 도안의 모양을 중심으로 하여 육상을 설명한다. 이에 따르면 총상은 도장 모양을 말하고, 별상은 굴곡을 이루고 있는 선을 말하며, 동상이란 선들이 다같이 도장임을 말하고, 이상은 굴곡을 이루는 선이 늘어나는 것을 말하며, 성상이란 선들이 도장을 구성하는 것을 말하고, 괴상이란 굴곡들이 각자 별개로 있으면 도장의 구성요소가 되지 못하는 것을 말한다. 의상은 또 이 육상설을 일승, 삼승과 관련시켜 말하면서, 총상은 원교(圓敎)에 배당하고 별상은 삼승교(三乘敎)에 배당한다. 화엄가로서 의상의 교판에 대한 안목이 드러난 부분이라고 할 수 있다. 그러나 의상은 육상이 일체도 아니고 분리된 것도 아니며, 동일한 것도 아니고 상이한 것도 아닌 것으로서 항상 중도에 속하듯이, 일승과 삼승도 이와 마찬가지로 중생을 이익 되게 하는 중도라고 말한다.

여기서 우리는 의상이 화엄불교를 원교라고 하여 가장 완비된 불교로 보고 있기는 하지만, 다른 불교사상에 대해서도 방편적인 중도의 가르침이라고 하여 차별 없이 똑같은 의미를 부여하고 있음을 알 수 있다. 이는 의상이 중도의 의미를 무분별이라고 풀이하고 있는 것을 상기하면 더욱 분명해진다. 그러나 법장의 경우는 어디까지나 화엄을 최고의 완비된 가르침이라고 하면서, 그 밖의 다른 교설들과의 차등을 명확히 하는 데 힘을 쏟는다. 그는 『화엄오교장』에서 5교판이나 10종판을 역설하고서도, 또 여러 가르침들 사이의 차이를 변별하는(所詮差別) 장을 따로 설정하여 이에 관해 자세히 논의하고 있다.

의상은 육상을 설한 이유에 대해서, 조건에 의해 발생하는 것(緣起)에는 아무런 분별도 존재하지 않는다는 이치를 똑바로 표현하기 위해서라고 말한다. 또 육상을 이해함으로써, 하나의 존재를 거론하면 모든 존재가 남김없이 포섭되는 다라니법을 알 수 있다고 말한다. 여기에서 우리는 의상이 역설하고자 한 것은 성기(性起)이고, 성기라는 사실을 밝혀주는 논리가 바로 개개의 존재 속에 일체의 존재가 남김없이 포섭된다고 하는 것임을 알 수 있다. 만약 집회를 기준으로 설명하면 개개의 집회 중에 일체의 집회를 남김없이 포함하고 있으며, 문구(文句)를 기준으로 하면 개개의 구절이 일체를 남김없이 포함하고 있다는 것이다.[92] 이러한 논리를 비근한 비유를 통해 잘 설명해 주고 있다는 점에서 의상은 수십전설과 더불어서 육상설을 화엄이 가르치는 다라니법을 이해할 수 있는 중요한 관문이라고 생각하여 매우 중요하게 취급하고 있다.

수행은 수행을 뒷받침하는 이론적 토대에 대한 확실한 믿음이 있을 때에 힘을 얻을 수 있다. 분명한 것은 의상이 육상을 설한 목적이 단순히 화엄학의 교리를 체계화하기 위한 것이 아니라 실천적인 다라니법을 쉽게 이해시켜서 수행의 실제에 접목시키기 위한 것이었다는 점이다. 의상의 영향을 받은 법장은 자신의 교학체계에서 육상설을 매우 비중 있게 다루고 있다. 의상과 달라진 것은 그 이치를 깨우치기 위해 사용하는 비유가 집과 기둥, 서까래, 기와 등으로 바뀌었을 뿐이다. 비록 육상설이 의상 이전에 지엄에 의해서 언급된 것이긴 하지만, 지엄은 경문의 일부를 해석하기 위한 방편으로 다루었을 뿐이다.

이렇게 볼 때 우리는 의상이 육상설을 법계연기론, 중도, 다라니법 등의 성립근거로까지 부상시킨 사실을 통해서 의상의 화엄학이 종교적 실천을 뒷받침하는 데 집중하고 있다는 점을 다시 한 번 확인할 수 있다. 동시에 의상의 수십전설과 육상설 등을 법장이 적극적으로 수용하여 화엄교학을 체계화하는 데 활용하고 있다는 사실로부터 의상의 화엄학이 중국 화엄교학을 완성시키는 데 지대한 영향을 끼쳤음을 알 수 있다.[93]

라. 리리상즉설(理理相卽說)

중국 화엄학에서는 존재의 세계를 현실적 사상(事象)의 세계(事法界)와 본질적 이성의 세계(理法界)로 나누고, 이들의 관계맺음에 따라서 현상의 세계와 이성의 세계가 걸림 없이 상호 연관하고 있는 세계(理事無碍法界), 그리고 현상계의 사상 자체가 걸림 없이 상호 연관하고 있는 세계(事事無碍法界)를 얘기한다. 의상은 『법계도』에서 화엄의 경지에서만 가능한 독특한 교설로서, 리(理)와 리(理)가 상호 걸림 없이 상호 연관되는 세계도 가능하다고 말한다. 이처럼 개별적 리가 있을 수 있고 리와 리가 상호 융합될 수 있다고 하는 생각은 의상 외에 아무도 해본 적이 없는 특이한 것이다.[94]

일반적으로 리(理)는 아무런 분별이 없이 평등한 것이라고 생각하기 때문에, 리에는 통일성만 있을 뿐 다양성은 없다고 생각한다. 그러나 존재 하나하나가 충족된 것이어서, 하나하나의 존재 속에 전체가 포함되어 있고, 개개의 존재가 곧 전체라고 보는 화엄적 사유에 있어서는 달리 생각할 수도 있다. 앞서 언급한 것처럼 일(一)과 다(多)의 문제는 리(理)와 사(事)의 관계에도 적용할 수 있다. 그러면 리(理)가 곧 사(事)

이고 사(事)가 곧 리(理)인 것이 된다. 따라서 리와 사 어떤 것도 다 평등하기도 하고 차별이 있기도 한 것으로 보아야 한다. 이렇게 볼 때 의상이 리리상즉(理理相卽)을 얘기한 것은 그가 화엄적 사유에 누구보다 철저했기 때문에 가능했던 것이라고 볼 수 있다.

의상이 리리상즉(理理相卽)뿐만 아니라 리리(理理), 리사(理事), 사사(事事) 각각의 불상즉(不相卽)도 가능하다고 말한 것도 같은 맥락에서 이해할 수 있다. 즉 일(一)과 다(多) 그리고 리(理)와 사(事)의 무차별을 이해하는 것이 화엄적 사유라고 한다면, 리와 사 사이에 모든 형태의 관계맺음이 가능해야 할 것이기 때문이다. 이 점에서는 의상의 사유가 법장의 그것보다 논리적으로 완비된 형태를 보여주고 있다 하겠다.

그러나 리리상즉설(理理相卽說)이 다른 화엄가에서는 볼 수 없는 독특한 교설이라 할지라도 그것을 가지고 의상의 화엄사상을 특징짓는 것은 잘못이라고 할 수 있다.[95] 왜냐하면 의상은 리(理)와 사(事) 사이에 가능한 모든 형태의 관계맺음에 대하여 언급하고 있는 가운데서 리리상즉을 얘기하고 있기 때문이다. 의상의 본래 의도는 어디까지나 리와 사 사이에 걸림이 없는 무분별을 드러내는 데 있다고 할 수 있다. 따라서 의상 화엄의 특징은 바로 무분별과 무애의 정신에 투철함으로써 자재로운 실천수행을 가능하게 했다는 데서 찾아야 할 것이다.

4. 신라 화엄학의 계보와 사상

의상의 화엄학은 중국의 화엄교학을 계승한 것이면서도 법장으로 계승되는 중국 화엄학과는 다른 독특한 특징을 가지고 있다. 이러한 의상의 화엄학이 신라에 전파되고 수많은 제자들에게 계승됨으로써 신라 화엄학의 주류를 형성하게 되었다.

의상의 화엄학을 계승한 사람으로서 유명한 사람은 진정(眞定), 표훈(表訓), 도신(道身), 지통(智通) 등의 직계 제자를 비롯하여 신림(神琳), 법융(法融), 순응(順應) 등을 꼽을 수 있다.

진정은 의상의 『일승법계도(一乘法界圖)』를 대상으로 해서 「삼문석(三門釋)」, 「삼생멸석(三生滅釋)」을 지었다. 표훈은 『법계도』를 다른 각도에서 해석하여 「오관석(五觀釋)」, 「사문석(四門釋)」, 「오생멸석(五生滅釋)」 등을 저술했다.

도신은 의상이 제자들과 문답하며 강의한 내용을 정리한 「도신장(道身章)」을 남겼는데, 이것이 『법계도기총수록(法界圖記叢髓錄)』과 균여(均如)의 저술에 50여 회나 인용되고 있다.

지통은 의상이 소백산 추동(錐洞)에서 강의한 것을 정리한 「추동(錐洞記)」를 남기고 있지만, 그는 교학보다는 화엄관을 실천하는 데 뛰어나서 의상으로부터 법계도인(法界圖印)을 전해 받았다.

신림은 의상의 직제자인 진정과 상원(相元)에게 배웠고 「사생멸석(四生滅釋)」을 썼으며, 수많은 제자를 양성하였다.

법융은 신림의 제자로서 『법계도』에 대한 주석을 남겼는데, 이것이 「법융기(法融記)」라는 이름으로 『법계도기총수록』에 47회나 인용되고 있다. 또 지엄의 「십구(十句)」에 대한 주석서인 「십구장(十句章)」을 저술했는데, 이 또한 균여의 『십구장원통기(十句章圓通記)』에 그 전문이 수록되어 전해지고 있다.

순응은 신림에게서 화엄을 배웠고, 당에 유학하여 우두선(牛頭禪)을 익히고 돌아왔으며, 해인사의 창건에 착수했다.

이상에서 거론한 의상의 제자들은 법계도 사상을 기본적으로 익혀 그것을 종문(宗門)의 정통으로 삼았다. 특히『법계도』에 나타난 의상의 성기사상을 폭넓게 이해하여, 의상이 명확한 표현으로써 사용하지 않은 성기(性起)라는 용어를 직접 사용하기도 하였다. 의상의 제자들은 의상의 화엄학이 지닌 실천적 성격과 그의 성기사상에 대한 이해를 바탕으로 하고 있기 때문에, 후에 중국으로부터 선종이 전래될 때 쉽게 선종으로 전향한 사람이 많이 나올 수 있었던 것이다.

뿐만 아니라 고려의 보조국사(普照國師) 지눌(知訥)은 자신의 선(禪) 사상을 펴기 위해『법계도』를 인용하고, 성기(性起)에 대한 선적(禪的)인 이해를 바탕으로 하여 선교일치설(禪敎一致說)과 돈오점수설(頓悟漸修說)을 전개하고 있기도 하다. 이렇게 볼 때 의상의 화엄학은 신라 화엄학의 주류를 형성하고 있다는 점 외에, 한국 선종의 도입과 전개과정에 있어서도 밀접한 관련을 지니고 있음을 알 수 있다.

5. 중국과 일본의 화엄학에 미친 영향

의상은 중국 화엄교학을 완성한 법장과 동문수학한 사이였으나, 법장보다 18년이나 연상이다. 그러므로 의상과 법장과의 관계는 선배와 후배의 사이라고 보는 것이 타당할 것이다. 법장이 자신의 주요한 저술을 의상에게 보내서 질정과 지도를 부탁한 사실은 두 사람의 이러한 관계를 반영해 주고 있다. 실제로 법장은 그의 저술과 사상 속에서 의상의 것을 대폭적으로 수용하고 있다. 법장의『화엄오교장』은 의상의 글을 그대로 옮겨 적은 부분이 적지 않으며, 의상의 수십전설과 육상설 등을 법장은 적극적으로 수용하여 화엄교학을 체계화하는 데 활용하고 있다. 이로써 볼 때 중국 화엄학에 끼친 의상의 영향이 지대한 것임을 알 수 있다.

일본에 화엄학을 전해 주어 일본 화엄종의 초조(初祖)가 된 심상(審詳, ?-742)은 법장의 문하에서 수학한 것으로 알려져 있으나, 의상계의 인물이라는 설도 있다. 적어도 심상이 일본에 전한『화엄오교장』이 의상이 교정한 신라의 초본(草本)이었다는 사실을 통해서 볼 때, 의상이 일본 화엄학의 도입과 전개에 상당한 영향을 미치고 있는 것만은 분명하다. 또 겸장(鎌倉) 시대 화엄종을 중흥시킨 승려인 명혜(明惠)가 의상을 흠모하여 그를 그림으로 그려서 보관했다고 한다. 이러한 사실에서 명혜가 의상의 화엄학에 깊은 흥미를 가지고 있었으며, 그로부터 적지 않은 영향을 받았으리라는 것을 미루어 짐작할 수 있다.

6. 나오는 말

의상과 동시대의 인물인 원효에 대해서는 그가 이룩한 불교의 이론적 성과 못지않게 그의 실천적 삶에 대해서도 지속적인 조명이 이루어지고 있다. 그러나 의상에 대해서는 신앙과 교단의 측면에서 집중적인 조명이 이루어졌을 뿐, 그가 이룩한 이론적 성과에 대해서는 상대적으로 소홀히 다루어져 왔다. 그 까닭은 그가 이론보다는 실천신앙을 지향하고 있었을 뿐 아니라, 그가 남긴 저술이 적다는 데서 기인한다. 그러나 그의 저술로 남아 있는 짤막한『법계도』하나가 지닌 화엄사상사 내지 불교철학사에서의 위치는 매우 크고 뚜렷한 것이다. 필자는 이 글에서 의상이 신앙의 실천을 중시하면서 적극적으로 교단과 사회적 활동에 종사하는 삶을 살아간 것이 철저하게 그의 실천 중시의 이론에 바탕하고 있음을 부각시켜 보고자 했다. 결론적으로 의상이 화엄학을 이해하고 전개하는 방식이나 그의 구체적인 사상내용 및 활동 등 전반에 걸쳐서 의상만큼 철저하게 종교적 실천을 강조하고 지향하는 사람은 찾아보기 힘들다는 것을 조명하기 위한 것이다. 비록 간결한 논의이기는 하지만 그 속에서 화엄철학의 핵심적인 문제들이 명쾌하게 그리고 특징적으로 다루어지고 있음을 확인할 수 있었다. 동시에 부처의 깨달음의 세계를 말하고 있는 화엄을 전공하는 사상가인 의상이 화엄사상을 중생을 중심으로 해석하고 중생에게 그것을 이해시키고 실천하도록 인도하기 위해서 시종일관 얼마나 노력하고 있는지를 확인할 수 있었다.

의상은 자신의 독특한 사상 해석을 통해서 부처와 중생 사이뿐만 아니라 화엄사상과 정토사상이 포함하고 있는 의미내용이나 적용하는 대상 사이에도 아무런 차별이 없음을 애써 드러내 보이고 있다. 이러한 사실을 통해서 우리는 의상의 사상과 실천을 통해서 일관되게 흐르고 있는 관심과 문제의식의 중심에 서민대중이 있고, 그들을 일깨워 그들로 하여금 '지금 여기'에서 희망을 가지고 적극적으로 자신의 삶을 개척해 가도록 하려는 의도가 시종일관 동력으로 작용하고 있음을 확인할 수 있었다. 앞으로 의상의 사상과 실천적 활동 그리고 화엄사상사의 전개과정에 대한 보다 면밀한 검토를 함으로써 의상의 독자적인 사유를 더 걸러내고, 그러한 사유와 활동들이 갖는 통시적 관점에서의 철학적 의미를 보다 다각적인 관점으로부터 검토해 볼 필요가 있다고 생각한다.

3절 진속을 아우르는 사상체계를 확립한 원효: 이문일심사상을 중심으로

1. 들어가는 말

원효는 수학과정에서 일정한 종파나 스승에 얽매이지 않고 다양한 사상을 폭넓게 공부하였다. 그는 중관, 유식, 화엄을 비롯한 불교의 여러 사상들을 폭넓게 섭렵하였을 뿐만 아니라, 노장사상과 유학에도 조예가 깊었다. 그가 지닌 학문과 사상의 다양성은 100여 부에 이르는 그의 저술에 있어서 그대로 발휘되고 있다.[96] 원효의 학문적 편력이나 저술의 내용이 다양한 만큼 그의 사상의 특징과 핵심을 집어내는 일도 간단치 않다. 그래서 지금까지 제시된 대표적인 평가만 보더라도 원효의 사상을 이해하는 관점에 따라 '화쟁사상(和諍思想)', '일심사상(一心思想)', '화엄사상(華嚴思想)' 등으로 의견이 엇갈린다.[97] 그러나 이들 각각의 이해는 원효사상의 중요한 면을 지적하고 있지만, 그것으로 원효의 사상을 규정하기에는 다음과 같은 문제점을 지닌다. 화쟁사상과 일심사상의 경우는 그 포괄적 성격 때문에 다른 불교사상과 구분이 잘 되지 않으며, 화엄사상이라고 할 경우에는 중국 화엄종의 그것과 동일한 것으로 간주될 가능성이 있어, 어느 경우에나 원효사상의 구체적 특징이 잘 드러나지 않는다는 문제점이 있다.[98]

원효의 삶 역시 엄격한 수행자적 모습과 파계승의 모습을 동시에 보여주고 있고, 교화의 대상과 방식에 있어서도 때로는 왕실과 어울려 궁중에서 설법하고, 때로는 서민대중과 섞여 함께 춤추고 노래하였다. 원효의 삶이 조화되지 않은 다양한 요소들을 그 안에 지니고 있었다고 한다면 그뿐이지만, 그 삶을 통일적으로 설명할 수 있는 사상이 있고 그것의 연속적인 그리고 발전적인 실현이 있다면 그것을 충실히 드러내주는 것이 원효의 삶에서 보다 많은 의미를 찾는 길이 될 것이다.[99)]

원효가 사상과 실천행에 있어서 보여주는 이러한 다양한 모습이 한 인격체 안에서 어떻게 가능할 수 있는가? 이것을 이해하는 것이 원효의 불교사상을 전체적으로 이해하는 열쇠가 된다고 필자는 생각한다. 모든 다양한 이론들이 한 사람의 사유체계 안에서 아무 연관성 없이 진열되어 있을 수 없고 유기적으로 통일되어 있다고 보아야 한다면, 원효의 다양한 사상도 그 안에서 일관된 사유체계를 지니고 있다고 할 수 있다. 인간의 행동이 아무런 생각 없이 이루어지는 것이 아니듯이, 원효의 다양한 실천행은 그것을 가능케 하는 이론적 토대를 지니고 있다고 보아야 한다. 그리고 그러한 이론적 토대는 다양한 불교사상을 모두 담아낼 수 있는 사유의 체계라고 할 수 있다. 필자는 그러한 원효의 사유체계를 바로 기신론(起信論)의 이문일심(二門一心)사상이라고 본다.[100)] 이렇게 봄으로써 원효사상에 대해서 내려진 기존의 특징들을 함께 포괄하면서도 보다 구체적인 사유의 특징을 드러낼 수 있기 때문이다.

이문일심(二門一心)은 그냥 일심(一心)이라고 할 경우에 사상되어 버릴 수 있는 현실의 차별성에 대한 관심을 나타낼 수 있고, 이문(二門)이라는 서로 다른 것 사이의 화쟁이 어떻게 가능한가의 방법을 명시할 수 있으며, 중국의 화엄사상과의 연관성도 드러낼 수 있다고 생각한다.

따라서 이 글에서는 원효가 기신론의 이문일심사상을 철저히 자신의 것으로 소화하고 있고, 그것으로 자신의 사상을 일관되게 전개하고 있으며, 그의 삶도 이러한 관점에서 통일적으로 이해할 수 있다는 점을 밝혀 나가고자 한다.

2. 원효가 불교를 이해하는 틀

원효사상의 다양성을 통일시킬 수 있는 사유체계가 있다면, 그것은 원효의 저술 가운데 구체적으로 표현된 원효의 사상 속에서 찾을 수밖에 없을 것이다. 원효는 기신론을 주석하였고(起信論別記, 疏, 私記, 大記), 핵심이 되는 내용을 추려 요약하였으며(起信論宗要, 料簡), 중요한 대목에 대해서는 따로 떼어 상세히 논하였다(起信論一道章, 二諦章, 二障義). 뿐만 아니라 그의 다른 저술들 역시 기신론 관계의 문헌을 빈번히 인용하며, 기신론의 철학적 입장을 주축으로 하여 이론을 전개하고 있다.

원효는 『대승기신론』이 능가경(楞伽經), 승만경(勝鬘經), 열반경(涅槃經), 법화경(法華經), 금광명경(金光明經), 대승동성경(大乘同性經), 화엄경(華嚴經), 보살영락경(菩薩瓔珞經), 대품반야경(大品般若經), 대방등대집경(大方等大集經), 일장경(日藏經), 월장경(月藏經) 등 여러 경전의 핵심적인 가르침을 하나로 꿰뚫은 유일한 것이라고 말하고,[101] 모든 이론의 조종(祖宗)이요 뭇 쟁론의 평주(評主)라고 평가한다.[102] 원효가 유학 가는 길에 스스로 깨닫고 유학을 그만두었다고 하는 깨달음의 내용 즉 "마음이 일어나면 모든 것이 생겨나고 마음이 소멸하면 모든 것이 사라진다"고 하는 것도 사실은 기신론의 한 구절이었다.[103]

우리는 여기서 원효가 『대승기신론』을 어떻게 이해하고 받아들이고 있는가를 알 수 있다. 원효는 『대승기신론』이 모든 경전 속의 다양한 사상을 통섭하고 있다고 보고 있을 뿐만 아니라, 모든 이론과 사상을 평가하고 이해하는 틀로 삼고 있는 것이다. 기신론에 대한 이러한 원효의 평가와 이해를 통해서 원효가 기신론의 사유체계를 자신의 것으로 완전히 소화하여 받아들이고 있다는 사실을 알 수 있다.

일반적으로 다양한 불교사상에 대해서 체계적으로 이해하고자 하는 시도는 교판을 통해서 드러난다. 교판은 부처의 다양한 가르침을 어떤 기준에 따라 체계적으로 배열함으로써 부처의 참된 의도를 밝히고자 하는 것이다. 그런데 교판은 여러 사상들을 동일선상에서 비교하여 수직적으로 가치매김을 함으로써 사상이나 경전의 우열을 정하는 결과를 낳고, 이에 따라 제각기 자신이 받드는 경전이나 사상이 가장 뛰어난 것이라고 하는 종파적인 다툼을 초래하기 쉽다. 원효는 이처럼 교판을 절대시하여 자신의 우월성을 드러내려고 하는 것에 대해서, 소라 껍데기로 바닷물을 퍼내고 갈대 구멍으로 하늘을 보는 것과 같다고 비판한다.[104]

원효 역시 삼승별교(三乘別敎: 四諦敎, 緣起經), 삼승통교(三乘通敎: 般若經, 深密經), 일승분교(一乘分敎: 瓔珞經, 梵網經), 일승만교(一乘滿敎: 華嚴經, 普賢敎)로 분류하는 사교판(四敎判)을 하고 있다.[105] 이를 보면 원효가 화엄경을 높이 평가하여 매우 중요시하고 있다는 것을 알 수 있다. 그의 저술 가운데 화엄관계 저술이 많은 것(7부 15권)이 이를 반영한다.[106] 그러나 원효는 앞서 설명한 것처럼 교판에 커다란 의미를 부여하고 있지 않다. 따라서 원효의 사교판은 경전의 기능과 성격을 밝히는 것으로서, 사상의 우열을 가리려는 태도와는 거리가 먼 것이라고 보아야 한다. 원효는 차별적 입장의 교판을 통해서 불교의 다양한 사상을 이해하는 것이 아니라, 차별성과 통일성을 동시에 밝혀주는 방식으로 이해한다. 원효가 교판을 이러한 의도와 방식으로 진행하고 있기 때

문에, 원효의 교판을 화쟁교판(和諍敎判)이라고 부르기도 한다.[107]

이처럼 차별성과 통일성을 동시에 밝혀주는 방식은 기신론에서 말하는 무량한 뜻으로 전개하고 하나의 마음으로 귀착시키는 방식(宗要, 開合)을 그대로 따르는 것이라고 할 수 있다.[108] 원효는 이와 같이 자유자재로 열고 닫고 세우고 깨뜨리는 방법에 의해서, 한뜻으로 합하는 통일성의 측면과 각기 자신의 뜻을 펼치는 차별성의 측면을 모두 살림으로써 서로 다른 교설들을 화쟁하고 있다.[109] 원효가 열반경을 비롯한 여러 경전들에 대해서 종요(宗要)를 쓰고 있다는 사실은 바로 원효가 다양한 사상들을 기신론적 종요의 방식으로 이해하고 있음을 보여주는 것이다.

원효는 기신론에서 다만 다양한 사상들을 체계적으로 담을 수 있는 방법을 찾은 것만이 아니라, 기신론을 통해서 실천을 위한 이론적 기초를 얻고 있다. 원효는 『대승기신론』이 대승불교의 이론과 실천을 총괄하려는 목적을 가지고 쓴 책이라는[110] 사실을 잘 알고 있었던 것이다. 책의 제명(題名)에 표현된 것과 같이 『대승기신론(大乘起信論)』은 대승적 깨달음에 이르게 하는 믿음을 일으키는 것을 목적으로 하고 있는바, 단순히 이론적인 논의로서 그치는 것이 아니다. 원효는 결정적으로 이해하여 살아가는 데 규범으로 삼을 만한 글을 건립한 것이 바로 『대승기신론』이라고 말하고 있는 것이다.[111]

그러므로 원효에게 있어서 기신론은 다양한 사상을 이해하는 이론적 틀일 뿐만 아니라, 어떻게 살아야 하느냐를 일러주는 삶의 좌표로서의 역할을 하는 것이다. 기신론의 내용을 살펴보면 이론부인 입의분(立義分), 해석분(解釋分)과 실천부에 해당하는 수행신심분(修行信心分)으로 되어 있으며, 수행신심분 중에서는 근기가 약한 사람을 위한 타력염불을 설하고 있다. 여기에 경전의 형식에 따라 처음에 인연분을 붙여 조론(造論)의 이유를 밝히고, 끝에 권수이익분(勸修利益分)을 붙여 이론을 믿고 수행하면 얻게 되는 이익을 말하고 있다. 이렇게 볼 때 기신론에는 이론, 실천, 신앙의 모든 면이 하나의 틀 속에 갖추어져 있으며, 이로써 원효의 사상과 실천행의 다양성을 담아낼 수 있다고 할 수 있다. 실제로 원효는 기신론을 근간으로 삼고, 이를 축으로 해서 자신의 사상을 전개시켜 나갔다.

3. 이문일심(二門一心)의 사상체계

가. 일심(一心)과 이문(二門)

원효는 『대승기신론』을 통해서 불교를 이해하는 틀을 찾았고, 기신론의 이문일심(二門一心)으로 자신의 사유체계를 형성하였다. 원효는 불교의 모든 가르침이 이문일심에 의해 총괄하여 포섭될 수 있다고 하였다.[112] 또 이문(二門) 안에 만 가지 뜻을 받아들이면서도 어지럽지 않고 무한한 뜻이 일심(一心)과 같으면서도 뒤섞여 융합되어 있다고 하였다.[113] 원효는 모든 법이 각각 별도의 실체적 존재로서 있는 것이 아니라, 인간의 마음에 기초하고 있다고 보는 것이 대승과 소승의 차이라고 보았다.[114] 인간이 경험하는 모든 세계는 마음의 세계라고 할 수 있기 때문에, 괴로움과 깨침 또한 마음의 문제라는 것이다. 따라서 불교의 모든 가르침은 결국 중생의 마음을 대상(法)으로 하며, 마음 가운데 일어나는 괴로움으로부터 벗어나고자 하는 것을 목표(義)로 삼는다고 할 수 있다.

그런데 이 마음은 항상 두 가지 모습으로 나타난다. 하나는 마음의 있는 그대로의 본래적인 모습(心眞如門)이고, 또 하나는 마음의 움직이고 변화하는 측면(心生滅門)이다. 이러한 두 가지 모습을 떠나서 하나의 마음이 초월적, 실체적 존재로서 존재하고 있는 것이 아니다. 원효가 이해한 기신론의 이문과 일심은 언제나 함께 생각하여야 하는 것이었다. 따라서 일심과 이문을 개별적으로 분리된 개념으로 생각하거나 정의하려고 하는 것은 잘못이다. 일원적인 일심으로부터 이원적인 이문이 발생되는 것이 아니고, 이문을 합해서 일심이 되는 것도 아니다. 일심은 이문을 계기로 하여 성립하는 것이고, 이문은 일심을 전제로 하고 있는 것이다. 이러한 사실은 원효가 『대승기신론』의 "일심의 법에 의해서 두 가지 문이 있다. 어떤 것이 두 문인가? 진여문(眞如門)과 생멸문(生滅門)이 그것이다. 이 두 문(門)은 각각 모든 법을 총괄하여 포섭하고 있다. 그것은 무슨 의미인가? 이 두 문은 서로 떨어져 있는 것이 아니기 때문이다."라는[115] 대목을 다음과 같이 주석하고 있는 것에서 잘 알 수 있다.

기신론의 심진여문은 능가경에서 "적멸한 것을 일심이라 한다"는 것을 해석한 것이고, 심생멸문은 능가경에서 "일심이란 여래장을 말한다"고 한 것을 해석한 것이다. 모든 법은 생멸하지 않고 본래 적정하여 오직 이 한마음이기 때문에, 이러한 것을 심진여문이라고 말한 것이다. 또한 일심 그 자체는 본래 깨달음이지만 무명(無明)에 따라 움직여서 생멸을 일으킨다. 이 때문에 이 문(생멸문)에서는 여래의 성품이 감춰져서 나타나지 않아 여래장이라고 말하는 것이다. … 이문(二門)이 이와 같은데 어찌하여 일심(一心)이 되는가? 염(染)과 정(淨)의 모든 법은 그 본성이 둘이 아니고, 진(眞)과 망(妄)의 이문(二門)도 다를 수 없다. 그래서 '일(一)'이라고 한다. 이 둘이 없는 곳에서 모든 법은 실(實)하여 허공과 같지 않고, 그 성품은 스스로 신통한 이해력을 지니고 있기에 '마음'이라고 말한 것이다. 그러나 이미 둘이 없는데 어찌 하나가 있을 수 있겠는가? 하나가 없는데 무엇을 가지고 마음이라 이를 것인가? 이러한 도리는 말을 떠나고 생각을 끊는 것인바, 어떻게 지목할지 몰라서 할 수 없이 '일심(一心)'이라 부르기로 한 것이다.[116]

여기서 알 수 있는 바와 같이 일심(一心)은 작용이나 기능을 말하는 것이지, 궁극적 존재나 근원적 실체를 지칭하는 형이상학적 개념이 아니다. 원효는 결코 유심론적, 존재론적 차원에서 그 근원적 실체를 추구하여 그것의 시원을 일심이라고 부른 것이 아니다. 우주의 궁극적 근원이나 실체는 "일심이 무엇인가?"라고 묻는 처음부터 잘못 상정된 것이다. 그러므로 우리는 "일심은 무엇인가?" "마음은 무엇인가?"를 물을 것이 아니라, "마음이 어떻게 나타나고 작용하는가?"를 물어야 할 것이다.[117] 원효 자신이 일심을 실체화해서 그것이 무엇인가를 따지는 형이상학적, 존재론적 견해가 얼마나 위험한 것인가에 대해서 날카롭게 경고한 바 있다. 그는 "일심이 따로 있다고 생각하는 것은 마치 목마른 사슴이 타오르는 불꽃을 보고 물이라고 하고서 달려가는 것과 같은 미혹(迷惑)"이라고 말하고 있다.[118] "일심이 무엇인가?"라는 사고에 붙잡혀 있는 한 진정한 일심은 찾을 길이 없는 것이다.

원효가 일심(一心)을 항상 이문(二門)과 관련시켜 얘기하고 있는 것도 바로 이런 이유 때문이고, '진여심(眞如心)'이나 '생멸심(生滅心)'이라고 하지 않고 반드시 '심진여(心眞如)'와 '심생멸(心生滅)'이라고 표현하고 있는 것도 마음의 실체화를 경계했기 때문이다. 만약 '진여심'이나 '생멸심'이라고 말하게 되면 존재론적으로 서로 다른 마음이 있는 것으로 상정하게 될 것이고, 그렇게 되면 이 양자는 서로 분리된 채로 남을 수밖에 없을 것이다. 그래서 원효는 심생멸문을 설명하면서 "생멸심을 가지고 생멸문이라고 한 게 아니라, 생멸 그 자체 및 생멸하는 모습을 함께 취해서 생멸문이라고 했다는 사실을 알아야 한다"[119]고 강조하고 있는 것이다.

원효는 또한 이문(二門)과 무관하게 일심(一心)이 있는 것이 아닌 것처럼, 이문 또한 각각 일심으로서 있는 것이지 일심의 한 부분으로 있거나 일심과 무관하게 있는 것이 아니라고 생각한다. 이러한 생각은 바로 『대승기신론』에 "이문이 각각 모든 법을 총괄하여 포섭하고 있다"[120]고 명확히 표현되어 있는 데 따른 것이다. 이에 대해서 원효는 다음과 같이 풀이한다.

진여문(眞如門)은 염(染)과 정(淨)을 통튼 모습이다. 통튼 모습 외에 따로 염과 정이 있는 것이 아니다. 그러기에 염과 정의 모든 법을 총괄할 수 있다. 생멸문(生滅門)은 염과 정을 따로 드러낸 것이다. 염과 정의 모든 법이 포괄되지 않는 것이 없다. 그러기에 또한 모든 법을 총괄하여 포섭하고 있는 것이다. 통틀어 말한 것과 따로 드러낸 것이 비록 다르지만 서로 배척하는 것이 없다. 그러므로 두 문은 서로 분리되지 않는다고 말한 것이다.[121]

설사 이문(二門)이 별개의 실체는 아니라 할지라도, 이문이 서로 어긋나고 통하지 않는 것은 진여문 중에 리(理)만 포함하고 사(事)는 포섭하지 않고, 생멸문 중에 사(事)만 포함하고 리(理)는 포섭하지 않는 데 따른 것이다. 그러나 지금의 이문은 상호 융통하여 한계를 나눌 수가 없다. 이와 같이 두 문이 각각 모든 이법(理法)과 사법(事法)을 두루 포섭하고 있기 때문에 이문이 서로 떨어지지 않는다고 말한다.[122]

여기에서 원효는 이문이 일심을 나누어서 본 일심의 부분이 아니라는 사실을 분명하게 밝히고 있다. 이처럼 부분을 전체의 일부분으로 보지 않고 각각 하나의 전체를 이루고 있다고 보는 견해는 바로 화엄사상의 핵심인 일즉다(一卽多) 다즉일(多卽一)의 사상과 다른 것이 아니다. 원효도 화엄경소(華嚴經疏)에서 "하나도 아니고 여럿도 아니므로, 일법(一法)이 일체법(一切法)이고 일체법이 일법이다"[123]라는 대목을 직접 쓰고 있다. 이처럼 기신론의 사상체계 속에 화엄의 핵심적인 사상이 자리 잡고 있다는 사실에서, 기신론과 화엄사상이 서로 다른 것이 아니며 상호 밀접한 연관을 지닌 것임을 알 수 있다. 그리고 원효가 화엄경을 중시하고 있다거나 원효를 화엄사상가로 보게 되는 이유도 여기서 발견할 수 있을 것이다.

　　만약 두 문이 각각 한마음이 아닌 서로 다른 실체로서 존재한다든가 통하지 않는 부분으로서 존재한다면, 진여문은 항상 온갖 차별상을 떠나서 초월적인 본체로서의 리(理)와 관계할 뿐이고, 생멸문은 온갖 차별상으로 나타나는 현상적인 사(事)의 문제로만 남게 될 것이다. 그러나 기신론과 원효의 견해는 이와는 완전히 다르다. 여기에서 사용되고 있는 문(門)이라는 의미에 주목할 필요가 있다. 문은 열어서 통할 수 있게 하는 것이다. 마음의 진여로서 나타나는 측면과 생멸로서 나타나는 측면을 열어서 통하게 하면 각각 자기 안에 갇혀 있지 않고 하나의 완전한 전체를 이루게 될 것이다. 그래서 진여문은 진여문대로 염(染)과 정(淨), 리(理)와 사(事)의 일체 법을 포섭하는 전체가 되고, 생멸문은 생멸문대로 염과 정, 리와 사의 일체 법을 포섭하는 전체가 되는 것이다. 이와 같이 기신론과 원효는 두 문 각각이 모두 한마음을 이룬다고 말하고 있을 뿐, 한마음이라고 하는 실체를 상정해서 그러한 일심이 있다고 하고, 이를 둘로 나누어 보는 것이 아니다. 원효가 "이문(二門)이 서로 다른 것이 아니기에 일(一)이라 하니, 둘이 없다면 일인들 어찌 있을 수 있겠는가?"라고 말하는[124) 뜻도 여기에서 더욱 분명하게 이해할 수 있다.

원효가 이문일심(二門一心)이라는 표현을 즐겨 사용하고 있는 이유도 일심이문(一心二門)이라고 말했을 때 생길 수 있는 오해를 막기 위한 것이라고 할 수 있다. 일심이문이라고 할 경우에는 일심으로부터 이문이 나온다거나, 일심이 이문으로 나누어진다고 생각하기 쉽다. 뿐만아니라 일심을 발생론적인 근원이나 궁극적 실체라고 생각할 우려가 있다. 그러나 이문일심이라고 할 경우에는 일심이 따로 존재하는 것이 아니라 이문을 통해 일심이 나타나고, 이문이 각각 일심이라는 뜻을 담을 수 있다. 그래서 필자는 이문일심이라는 표현을 사용하는 것이 원효의 사상을 보다 잘 드러낼 수 있다고 생각한다.

나. 이문(二門)의 상통(相通)

기신론은 마음이 나타나는 두 가지 모습을 이문(二門)에 의해서 다르게 설명하고 있다. 이문은 각각 자신의 특징을 지니고 있다고 할 수 있는데, 기신론에서는 이문의 차이를 여러 가지로 밝히고 있다. 진여문은 리(理), 불변(不變), 공(空), 무능생의(無能生義), 통상(通相), 진(眞)의 특징을 지니고, 생멸문은 사(事), 수연(隨緣), 불공(不空), 능생의(能生義), 별상(別相), 속(俗)의 특징을 지니고 있다고 말한다. 이처럼 서로 다른 특징을 지니기 때문에 이문은 하나가 아니다. 그러나 기신론에서는 이문이 서로 단절되어 있는 것이 아니고, 전체의 나누어진 부분이 아니라고 한다. 이문이 각각 모든 것을 포섭하고 있는 전체이고, 서로 떨어져 있지 않아 각각 한마음을 이루기 때문에 둘이 아니라고 한다. 이처럼 이문은 서로 같은 것도 아니고 다른 것도 아닌 관계에 있다.

> 같을 수 없는 것은 같으면서 동시에 다른 것이고, 다를 수 없는 것은 다르면서 동시에 같은 것이다. 같다는 것은 다름에 의거해서 같음을 변별한 것이고, 다르다는 것은 같음에 의거해서 다름을 밝힌 것이다. 같음에 의거해서 다름을 밝히는 것은 같음을 나누어서 다르게 만든 것이 아니요, 다름에서 같음을 변별하는 것은 다름을 녹여서 같게 한 것이 아니다. 진실로 같은 것은 다름을 녹인 것이 아니기에 이를 같다고 말할 수 없고, 다른 것은 같음을 나눈 것이 아니기에 이를 다르다고 말할 수 없다.[125)]

이처럼 이문이 같지도 다르지도 않기 때문에, 둘은 서로 화합할 수 있고 또 통할 수 있다. 원효는 서로 같지도 다르지도 않은 이치를 이해한다면 백 가지 쟁론도 화합하지 못할 게 없다고 말한다.[126)] 서로 같지도 다르지도 않기 때문에 서로 같게 동화되지도 않고, 다르게 이질화되지도 않으면서 서로 통할 수 있다. 원효는 진(眞)과 속(俗)의 이문이 이처럼 서로 융통하는 모습을 융이이불일(融二而不一)[127)] 또는 무이이불수일(無二而不守一)[128)]이라고 표현하고 있다. 이문이 서로 융통한다고 하여 각각의 특성을 무화시키는 방식으로 서로 섞이는 것은 아니다(不雜亂).[129)] 화합이라는 말은 이처럼 각자의 독자성은 그대로 유지하면서도 서로 배타적이지 않게 된다는 뜻이다. 통한다는 뜻은 상호간에 벽이 없기 때문에 걸림이 없이 자유롭게 왕래할 수 있다는 뜻이다.

두 문이 서로 화합하고 통하기 위해서는 어디까지나 두 문이 모두 한마음이 되지 않으면 안 된다. 기신론은 이처럼 두 문이 각각 한마음을 이루고 있는 모습을 나타내기 위해서, 진여문에는 여실공(如實空)과 더불어 여실불공(如實不空)을 뜻을 포함시키고, 생멸문에는 생멸(生滅)과 더불어 불생불멸(不生不滅)의 뜻을 포함시키고 있다. 그리하여 기신론은 두 문이 다 같이 일심으로서 화합하고 통하는 모습을 그리고 있다.[130]

먼저 생멸문이 일심이 됨으로써 생멸이 불생불멸을 포섭하게 되면, 모든 분별과 망념을 깨뜨리게 되어 모든 차별을 떠나게 된다. 그것은 바로 진여문과 다른 것이 아니다. 이것을 원효는 융속위진(融俗爲眞)이라고 한다.[131] 진여문에서는 일체의 분별을 하지 않으므로, 진여가 생멸과 다르며 우월하다고 하는 분별과 집착(근본무명)까지를 버리게 된다. 진여가 우월하다는 집착을 버리게 되면 불변인 진여문에 머무르지 않고 생멸의 세계로 나오게 된다. 이것을 원효는 융진위속(融眞爲俗)이라고 한다.[132] 이와 같이 진여문과 화합하여 생멸의 세계로 다시 나오게 되면 상황에 따라 적절한 서로 다른 판단과 행위를 할 수 있게 된다. 이것을 기신론에서는 불가사의하다고 해서 불사의업(不思義業)이라고 하고, 세간에서 자연스럽게 분별한다는 의미에서 세간자연업지(世間自然業智)라고 말한다. 이처럼 『대승기신론』이 그리는 생멸문과 진여문이 상호 화합함으로써, 생멸문에서 진여문으로 또 진여문에서 생멸문으로 아무 걸림 없이 융통하게 되는 모습은 바로 모든 대립을 극복하는 길을 보여주고 있는 것이다.

이에 따르면 만 가지로 대립하는 모습은 두 문이 화합하고 융통하는 방식으로, 각각의 독자성을 잃지 않으면서 조화될 수 있다. 하나에 다른 것이 통합되거나 종속되는 방식이 아니기 때문에 거기에는 어떠한 갈등도 있을 수 없다. 원효는 여러 다른 사상들 간의 대립을 포함하여, 진과 속의 대립 및 리(理)와 사(事)의 대립을 화쟁하고자 하였고, 그 방법을 『대승기신론』의 이문일심(二門一心)의 사상체계 속에서 발견해 내었다. 원효는 『대승기신론』의 사유체계를 자신의 것으로 함으로써, 다양한 사상을 모두 담아내면서도 통일성을 잃지 않았고, 진과 속을 자유롭게 드나드는 무애의 실천행을 할 수 있었던 것이다.

4. 이문일심과 화쟁

원효는 이문일심(二門一心)의 사유체계에서 세계를 보고 대하는 가장 올바른 태도를 발견했다. 그의 모든 생각과 행동의 기본지침은 여기에서 찾을 수 있다. 앞 절에서 보았듯이 원효는 이문(二門)이 같지도 다르지도 않기 때문에, 둘은 같게 동화되지도 않고 다르게 이질화되지도 않으면서 서로 화합하고 통할 수 있다고 본다.[133] 원효는 서로 다른 것들의 평등함과 차별성을 동시에 살려서 드러내 줌으로써, 모든 대립의 문제를 조화롭게 해결하고자 한다.

원효는 공(空), 유(有)의 문제, 불성유무(佛性有無)의 문제 등 서로 대립되는 견해들 사이의 논쟁에 대해서도 조화로운 해결점을 찾고 있다.[134] 원효는 대립되는 견해를 오로지 평등의 관점에서 보아 함께 취하기만 하거나 모두 버리기만 하지 않는다. 또한 오로지 차별의 관점에서 보아 어느 하나를 전적으로 취하지도 않는다. 함께 취하거나 모두 버리는 것은 현실적 대립의 문제를 관념적으로 무화시켜 회피하는 것일 뿐 아무런 해결책이 되지 못한다. 그렇다고 대립되는 것 가운데서 어느 하나만을 전적으로 취하는 것은 다른 한쪽을 완전히 무시하게 되기 때문에 원만하면서도 완전한 해결이 될 수 없다. 원효가 취하는 해결방식은 양자를 다 같이 인정하면서도 전적으로 수용하지는 않는 것이다. 원효는 각각의 견해가 제기된 맥락과 입장 그리고 그것이 갖는 의미들에 대하여 최대한 긍정적으로 이해한다. 그러나 그것만이 옳고 전부인 줄 집착하여 고집하는 태도에 대해서는 신랄하게 비판한다. 원효는 각각의 견해가 어떤 측면에서는 인정될 수가 있지만 그것은 특정의 맥락과 입장을 전제로 한 것인 만큼 제한적일 수밖에 없음을 분명하게 밝혀준다.

원효는 전체적인 견지에서 볼 때 그 견해가 갖고 있는 의미와 한계를 올바르게 인식시켜 줌으로써 더 이상 자신의 견해에 집착하여 머무르지 않도록 한다.[135] 원효의 화쟁(和諍) 방식은 결국 각각의 견해에 대한 올바른 평가를 설득력 있게 내려줌으로써 자신의 견해가 지닌 한계와 의미를 정확히 깨닫게 하여, 그릇된 견해를 버리고 올바른 견해를 갖도록 하는 것이다. 따라서 화쟁이 이루어지기 위해서는 각자가 자신의 견해가 지닌 한계를 깨닫고 그것에 집착하는 것이 잘못임을 인정하지 않으면 안 된다. 스스로의 한계와 잘못을 깨닫고 인정하기 위해서는 기존의 관점과 태도에 머무르지 말고(無住) 전체적인 견지(一心)에 서야 한다. 다툼과 갈등의 원인이 집착에 있는 만큼 그것의 해결을 집착을 떠나는 데서(無住) 찾고 있는 것은 너무도 당연하다.

유(有)가 아닌 것이 무(無)에도 머무르지 않는다고 하는 것은 비록 속(俗)을 융섭하여 진(眞)으로 한다 할지라도 진(眞)의 무(無)라는 법(法)을 고수하지 않기 때문이다. 무가 아닌 모습이 유에도 머무르지 않는다고 하는 것은 비록 진(眞)을 융섭하여 속(俗)으로 한다 하더라도 속(俗)의 유(有)라는 모습을 고수하지 않기 때문이다.[136]

이처럼 어느 하나에 집착하여 머무르지 않을 때 걸림 없이 오고 갈 수 있고, 그때에야 서로 화합하고 융통할 수 있게 되는 것이다. 원효가 "모든 것에 걸림 없는 사람이 한길로 생사를 벗어난다"[137]고 무애가(無 碍歌)를 부르면서 여기저기를 떠돌아다닌 것도 무주(無住) 바로 그것이 깨침의 길이기 때문이었다. 그런 점에서 원효의 사상뿐만 아니라 그가 살아간 삶 전체도 무주로 특징지을 수 있다고 생각한다.[138] 원효 스스 로도 생(生)이 곧 적멸(寂滅)이지만 적멸을 고수하지 않으며, 적멸이 곧 생이지만 생을 고수하지 않는다고 말하고 있기도 하다.[139] 실제로 원 효는 학문의 세계에 있어서도 삶의 방식에 있어서도 결코 어느 하나를 붙들고 그것에 머무르지 않았다.

5. 이문일심과 실천의 문제

원효는 기신론에서 다만 다양한 사상들을 체계적으로 담을 수 있는 방법을 찾은 것만이 아니라, 기신론을 통해서 실천을 위한 이론적 기초 를 얻고 있다. 원효는 『대승기신론』이 대승불교의 이론과 실천을 총괄 하려는 목적을 가지고 쓴 책이라는 사실을 잘 알고 있었던 것이다.

일심(一心)이 움직여 육도(六道)를 만들어놓는다. 그러므로 널리 중생을 구 하겠다는 소원을 낼 수가 있는 것이다. 육도는 일심 밖에 있는 것이 아니기 때문에 동체대비(同體大悲)를 일으킬 수 있는 것이다. … 교설의 문은 비록 다양하지만 처음 들어가는 수행은 두 개의 문에서 벗어나지 않는다. 진여 문(眞如門)에 의하여 지행(止行)을 닦고, 생멸문(生滅門)에 의하여 관행(觀 行)을 일으키어, 지와 관을 동시에 닦아 나가면 모든 행위가 이 두 수행에

의하여 다 갖추어진다.[140]

이처럼 원효는 『대승기신론』의 이문(二門)이 불교의 근본적 수행이
라고 할 수 있는 지(止, 마음을 가라앉히고 정신을 집중하는 것)와 관
(觀, 세계의 참모습을 명료하게 관조하는 것)을 닦는 이론적 기초라고
보고 있다. 그리고 이 지(止)와 관(觀)이 함께 갖추어지지 않으면 깨달
음의 길에 들어갈 수 없다고 말한다.[141] 원효는 또한 일심(一心)을 중생
을 교화하고 구제할 수 있는 이론적 기반으로 생각하고 있다. 중생이
아무리 다양하다(무지몽매하고 흉악하다) 하더라도 그들도 곧 나처럼
일심이라는 점에서, 중생을 나와 한 몸이라고 느끼는 보살의 실천행이
이루어질 수 있게 된다는 것이다. 실제로 교화나 구제는 하는 사람이나
받는 사람이 모두 일심이 되지 않으면 불가능한 것이다.

원효는 『대승기신론』이 여러 가지 대립을 화쟁하는 길을 제시하고 있
다고 보았지만, 그중에서도 원효에게 가장 주목을 끈 것은 바로 진과 속
의 대립이었다. 원효는 『대승기신론』에 대해서 한마디로 이 논(論)은 진
과 속이 별개의 것이라는 집착을 다스리기 위한 것이라고 말함으로써[142]
자신의 이러한 이해를 명확하게 표현하고 있다. 진과 속을 별개로 보면
어떤 문제가 생기는가? 진과 속을 분리하여 별개의 것이라고 한다면,
진과 속은 서로 통할 수가 없기 때문에 진은 어디까지나 진으로서 초월
적으로 존재하고, 속은 어디까지나 속에 머무를 수밖에 없는 것이 되고
만다. 그러면 괴로움을 겪고 있는 생사의 세계를 벗어나서 열반에 이른
다고 하는 종교의 이상은 실현이 불가능한 것이 되고 만다. 또 진은 참
되고 가치 있는 것이요 속은 모두 거짓으로서 가치 없는 것이라고 한다
면, 속을 부정하고 진을 추구하는 방향으로만 움직이게 되고, 깨달음을

얻어 진에 이른다 할지라도 열반에 고요히 머무를 뿐이라면, 그것은 세속과는 아무런 관련이 없는 무의미한 것이 되고 만다. 이는 위로 깨달음을 구하고 아래로 중생을 제도한다고 하는 대승불교의 본령과도 어긋나는 것이다. 또 세속을 전적으로 부정하게 되면 깨달음을 추구하는 자신의 결단과 노력 및 그것을 지탱해 주는 현실적인 기반까지도 부정하게 되어, 자신이 설 자리를 잃어버리게 된다. 이렇게 볼 때 『대승기신론』은 진과 속이 다른 것이 아니요 서로 융통하는 것임을 명확히 함으로써, 종교적 실천의 토대를 굳건하게 해주었다고 할 수 있다.

원효는 기신론에서 확보된 진속불이(眞俗不二)의 토대를 바탕으로 하여, 단순한 현실도피도 단순한 현실참여도 아닌 도속불이(道俗不二), 진망불이(眞妄不二)의 중도사상에 따른 윤리사상을 가지고 있었다.[143] 원효는 『금강삼매경론』과 『본업경소』, 『보살계본사기』 등 보살계 관계의 저술 속에서 올바른 판단과 행위 그리고 분별과 망집을 벗어나서 세계의 참모습을 관조하는 등의 실천수양을 역설한다.[144] 원효는 큰 바다에는 나루터가 없지만 배를 띄워 건널 수 있고, 허공에는 사다리가 없지만 날개를 쳐서 높이 날 수가 있듯이, 실천수행을 하는 데 있어서는 도(道) 아닌 도가 없고 문(門) 아닌 문이 없다고 말한다.[145] 이는 실천수행을 함에 있어서 반드시 따라야 하는 일정한 형식이나 방법이 있는 것이 아님을 말한 것이다. 원효가 중생을 제도하기 위하여 계율을 어긴 경우에는 죄가 아니라 복이 된다고 해석한 것도 계(戒)에 대한 적극적인 해석이라 할 수 있고, 원효의 무애만행은 이러한 그의 생각과 연결되고 있다고 할 수 있다.[146]

원효는 『대승기신론』과 『금강삼매경론』에서 깨달은 상태에 안주하지 말고 중생의 이익을 위해 적극적으로 노력해야 한다는 부주열반(不

住涅槃)을 몸소 실천한다. 원효의 사상과 삶 속에 무수히 드러나는 중생에 대한 부단한 관심과 그 스스로 서민대중 속에 뛰어들어 함께 노래하고 춤추는 무애행이 바로 그것이라 할 수 있다. 원효는 아미타신앙을 비롯한 정토신앙을 통해서 서민대중을 교화해 나간다. 또한 원효는 여인(女人)뿐만 아니라 일천제(一闡提)도 성불(成佛)할 수 있다고 말함으로써 인간은 누구나 성불할 수 있음을 분명히 한다. 이문일심의 구조에 의하여 모든 사람은 깨달을 수 있는 불성(佛性)을 소유하였고, 무명(無明)을 제거하고 일심(一心)이 되면 부처의 세계에 들 수 있다는 것이다. 이렇게 말함으로써 원효는 누구라도 자신의 취향과 근기에 맞는 방편을 통해서 진리의 세계에 들 수 있다는 확신을 심어주었을 뿐만 아니라, 서민대중의 근기에 맞는 정토신앙을 제시한다. 그것은 복잡한 사상에 대한 지식이나 이해가 없어도 아미타불을 부르거나 생각하기만 극락에 갈 수 있다는 것이다. 이는 수많은 단계를 거쳐야 하는 것이 아니라 곧바로 극락왕생할 수 있다는 것이기 때문에, 서민들 사이에 급속히 퍼져 나갈 수 있었다. 원효는 아미타불의 극락세계를 실재한다고 보지 않았고, 인간의 일심이 발현된 것으로 보았다.[147] "차안(此岸)도 없고 피안(彼岸)도 없다. 예토(穢土)와 정토(淨土)가 본래(本來) 일심(一心)이요, 생사와 열반이 둘이 아니다."라는 말을 통해서,[148] 우리는 원효의 이문일심사상이 어떻게 정토사상으로 이어지고 있는가를 단적으로 확인할 수 있다.

6. 원효사상의 영향

원효는 그 이전에 이룩된 신라 불교의 성과와 중국 불교의 성과를 모두 자신의 체계 속에 포섭하여 하나의 완성된 체계를 이루었다. 원효사상의 영향은 화엄사상가들에게 직접적으로 미쳤다. 원효는 기신론 속에서 제시된 이문(二門)과 일심(一心)의 관계를 통해서 일즉다(一卽多) 다즉일(多卽一)의 원리를 명확히 드러내었고, 진여문과 생멸문의 관계에서는 이사(理事)가 융통무애(融通無碍)함을 친절하게 보여주고 있다. 일즉다(一卽多)의 사상과 이사무애(理事無礙)는 화엄사상의 가장 중요한 뼈대를 이루는 것인데, 이를 원효가 누구보다도 선명하게 설명해 주고 있기 때문이다. 우선 표원, 명효, 견등 등의 신라승들은 원효계 화엄승이라고 일컬어질 정도로 원효사상을 계승하고 있다.

또한 중국 화엄종의 완성자인 법장에 끼친 영향은 매우 크다. 법장의 기신론의기가 원효의 기신론소에서 결정적으로 영향을 받고 있고, 법장의 화엄오교장 중 단혹분제장이 원효의 이장의에 힘입은 바가 적지 않다는 사실이 국내외의 학자들에 의해서 명확히 밝혀졌다. 증관(澄觀)도 원효의 교판과 『대승기신론소』를 다른 어떤 것보다 뛰어난 것으로 존중하여 따랐다. 이통현은 다른 어떤 화엄사상가보다도 원효의 사상에 가장 충실한 것으로 알려져 있다.

일본의 화엄종도 원효사상의 영향을 받고 있음을 확인할 수 있다. 일본 화엄종의 조사표(祖師表)에 의하면 보현, 문수보살에서부터 시작하여 두순-지엄-법장-원효-대현-표원-견등을 거쳐서 일본의 양변(良弁)-실충(實忠)으로 이어지고 있다. 이로써 볼 때 일본의 화엄은 법장의 화엄과 원효사상이 결합한 형태라고 볼 수 있을 것이다.

원효의 수많은 저술은 후학들의 불교연구에 중요한 지침이 되었다. 특히 원효의 『대승기신론소』는 중국인들에게 해동소라고 지칭되고, 『금강삼매경론』은 논(論)으로 존칭될 만큼 높은 평가를 받았고, 화엄경소도 수많은 화엄 연구자의 안내자 역할을 하였다. 원효의 사상은 불교의 여러 사상을 한데 아우르고 있는 광범함과 그 다양성을 어지럽지 않게 하나로 꿰뚫고 있는 일관된 통일성으로 인하여, 7세기 이후 동아시아 불교사상계 전반에 광범하게 영향을 미쳤다.

고려의 의천은 원효를 자기가 본 사람 중에서 가장 뛰어난 선철(先哲)이라고 하면서 해동보살(海東菩薩), 성사(聖師) 등으로 존칭하고, 원효를 마명이나 용수에 비기기도 한다. 의천이 천태종을 개창하고 이를 중심으로 교와 선을 통합하려고 했던 것도 원효의 화쟁과 무관하지 않다고 할 수 있다.

또 보조국사 지눌도 일심(一心)을 중심으로 관행(觀行)을 설명하는 등 원효의 저술을 도처에서 인용하고 있는 것으로 보아 원효의 영향을 깊게 받고 있음을 알 수 있다. 지눌이 이통현의 영향을 많이 받고 있고, 선교일치를 내세운 것도 모두 원효와의 관계 속에서 쉽게 이해할 수 있다. 12-13세기 일본의 명승 명혜(明惠)는 원효의 화엄과 정토사상 등에 영향을 받고 있고, 원효의 화쟁적 사유에 영향을 받아서 화엄과 밀교를 일치시키는 사유를 정립하였다.

7. 나오는 말

지금까지 원효사상의 다양성이나 원효의 삶이 보여주는 다양한 측면을 밝혀주는 연구는 많이 있었다. 그러나 원효의 삶과 사상이 지니는 이러한 다양성을 꿰뚫고 있는 통일성과 일관성은 무엇인가를 밝히고자 하는 시도는 충분치 않았다. 원효사상의 핵심을 '화쟁사상(和諍思想)', '일심사상(一心思想)', '화엄사상(華嚴思想)' 등으로 지적하는 연구들이 있었지만, 그것으로 원효사상을 규정하기에는 다음과 같은 문제점을 지닌다. 화쟁사상과 일심사상의 경우는 그 포괄적 성격 때문에 다른 불교사상과 구분이 잘 되지 않으며, 화엄사상이라고 할 경우에는 중국 화엄종의 그것과 동일한 것으로 간주될 가능성이 있어, 어느 경우에나 원효사상의 구체적 특징이 잘 드러나지 않는다는 문제점이 있다.

원효의 다양한 사상은 그 안에 일관된 사유체계를 지니고 있고, 원효의 다양한 실천행은 그것을 가능케 하는 이론적 토대를 지니고 있다고 할 수 있다. 필자는 그러한 원효의 사유체계를 바로 기신론(起信論)의 이문일심(二門一心)사상이라고 본다. 그래서 본 연구에서 원효가 기신론의 이문일심사상을 철저히 자신의 것으로 소화하고 있고, 그것으로 자신의 사상을 일관되게 전개하고 있으며, 그의 삶도 이러한 관점에서 통일적으로 이해할 수 있다는 점을 밝혀 나간 것이다.

원효는 불교의 모든 가르침이 이문일심에 의해 총괄하여 포섭될 수 있다고 하였다. 그런데 일심(一心)과 이문(二門)은 항상 함께 생각하여야 하는 것이고, 서로 분리될 수 있는 개념이 아니다. 원효는 이문과 무관하게 일심이 있는 것이 아닌 것처럼, 이문 또한 각각 일심으로서 있는 것이지 일심의 한 부분으로 있거나 일심과 무관하게 있는 것이 아니라고 생각한다. 이문이 각각 일심이기 때문에 이문은 서로 단절된 채 독립적으로 존재하는 것이 아니라 서로 통할 수 있게 된다. 이것이 바로 이문일심사상이다.

원효는 기신론 속에서 제시된 이문과 일심의 관계를 통해서 일즉다(一卽多) 다즉일(多卽一)의 원리를 명확히 드러내었고, 진여문과 생멸문의 관계에서는 이사(理事)가 융통무애함을 친절하게 보여주었다. 일즉다의 사상과 이사무애는 화엄사상의 가장 중요한 뼈대를 이루는 것인데, 이를 원효가 누구보다도 선명하게 설명해 주고 있다고 할 수 있다. 또한 진여문과 생멸문이 각각 모든 이법(理法)과 사법(事法)을 포섭하고 있다고 하여, 두 문이 서로 단절된 두 개의 실체로서 존재하는 것이 아니라 서로 통할 수 있는 한마음이라는 사실을 명확히 하였다. 뿐만 아니라 속(俗)에서 진(眞)으로 그리고 진에서 속으로 융통하는 과정과 모습을 설득력 있게 제시하였다. 이로써 우리는 서로 다른 이론 사이의 화쟁이 어떻게 가능한가를 명확히 알 수 있고, 진과 속을 자유자재로 걸림 없이 드나드는 것이 어떻게 이루어지는가 하는 것도 이해할 수 있게 되었다. 뿐만 아니라 깨달음을 얻기 위한 지관(止觀)의 수행과 중생을 구제하는 자비의 실천 그리고 정토사상까지도 이문일심의 사유체계에 의해 이론적으로 뒷받침되고 있는 것을 확인할 수 있었다.

이와 같이 원효의 사유체계를 이문일심사상이라고 봄으로써, 원효사상에 대해서 내려진 기존의 특징들을 함께 포괄하면서도 보다 구체적인 사유의 특징을 드러낼 수 있다고 생각한다. 이문일심(二門一心)이라고 할 경우에는 그냥 일심이라고 할 경우에 사상되어 버릴 수 있는 현실의 차별성에 대한 관심을 나타낼 수 있고, 이문이라는 서로 다른 것 사이의 화쟁이 어떻게 가능한가의 방법을 명시할 수 있으며, 이문이 각각 일심이라는 사유가 중국의 화엄사상과 어떻게 연관되고 있는가도 드러낼 수 있다. 원효의 삶이 보여주는 다양한 모습도 이것으로 일관되게 설명할 수 있다는 점에서, 이문일심은 원효의 삶과 사상이 지니는 다양성과 통일성을 함께 밝혀줄 수 있는 사유체계라고 생각한다.

제4장

선종의 전래와 전개

1. 선종의 전래와 선문의 형성

신라 중대에는 유식학과 화엄학 등 불교교학이 크게 융성하였지만, 이러한 전통이 하대에까지 이어지지는 못한다. 그 이유로는 우선 정치 사회적인 혼란을 꼽을 수 있다. 신라 하대에는 중앙에서의 왕위쟁탈전으로 인하여 많은 왕족과 귀족이 몰락하여 중앙왕실의 반대세력으로 형성되어 갔으며, 동시에 지방호족들의 세력이 급격히 신장됨으로써, 중앙집권적 사회의 안정구조가 붕괴되고 여러 세력이 할거하는 혼란기에 접어들었다. 신라 하대에 들어오면서 불교계에 나타난 새로운 경향은 교종의 전통과 권위에 대항하는 새로운 불교인 선종이 전래한 것이다. 선종과 연결된 세력은 중앙의 진골귀족 중심, 경주 중심의 지배체제에 대하여 반항하고 있던 지방의 호족세력이었다.[1] 이러한 혼란스러운 사회 분위기 속에서 차분히 불교의 본질에 대한 이론적 탐구를 한다는 것은 불가능하기도 하려니와 사회적 수요와도 거리가 먼 것이라고 할 수 있다. 또 하나의 이유는 교학의 연구가 전문적이고 번쇄한 훈고학적인 주석에 치우치게 됨으로써, 현실과 역사 속에 살아 있는 사상으로 전개시키지 못했다는 점에서 찾을 수 있다. 신라 하대에는 실제로 종교적인 실천과 신앙에 방향과 의미를 부여해 주는 독창적인 사상이나 해석을 전개하는 문헌이 거의 없고, 기껏해야 훈고학적인 의기(義記) 정도만이 저술되고 있을 뿐이다.[2] 목적과 의미를 상실한 훈고학적 교학연구는 대중의 외면을 받아 지속되기도 어렵고 사회를 외면하고 역사의식이 결여되어 있으므로 환영받지도 못한다.

중국과의 교류가 활발하던 당시이므로 중국에서 새롭게 형성된 선종이 이 시기에 유입된 것은 지극히 자연스러운 추세라고 할 수 있다. 우리나라 선사들은 단지 중국의 선종을 받아들이기만 한 것이 아니라 중국 선종의 성립과정에 있어서도 그 주요한 발전단계마다 중요한 역할을 수행하였고, 때로는 일파의 개조가 되는 경우도 있었다. 무상(無相)은 무억(無憶), 무념(無念), 막망(莫忘)의 삼구설(三句說)을 내세워 정중종(淨衆宗)을 개창하였으며, 그의 제자 무주(無住)가 보당종(保唐宗)의 개조(開祖)가 되었다. 마조도일(馬祖道一)도 한때 무상에게 사사(師事)한 일이 있다고 하니[3] 중국 선종사에서 무상이 차지하는 비중이 매우 크다고 할 수 있다. 이는 단순히 중국에서의 활동에서 끝나는 것이 아니라 우리나라 불교계와 밀접하게 연결되어 한국 선종의 수립에 극히 주요한 의미를 갖는 것이다.[4] 선종은 단도직입으로 사람의 마음을 가리켜(直指人心) 본래의 불성을 뚜렷이 인식함으로써 부처가 될 뿐(見性成佛) 글로 표현된 경전에 구애받지 않는다고 함으로써(不立文字) 정통 교리와는 동떨어진 전통(敎外別傳)을 수립하였다. 이처럼 각자의 마음

속에서 불성을 깨침으로써 부처가 된다고 하는 선종은 당연히 경전이나 불타의 보편적 권위를 부정하게 되고, 또 모든 형식이나 조직으로부터 자유로울 수 있다. 이 점은 선종이 보다 다양한 상황과 사람들에게 호응할 수 있게 하는 강점이라고 할 수 있다. 선종은 개인이 지닌 불성의 자각을 핵심으로 하기 때문에, 사회적 혼란이 극심한 경우에도 본래의 목표를 이루는 데는 아무 지장이 없다. 또 선종은 문자와 논리를 떠나 누구나 마음으로 직접 깨달을 수 있다는 점에서 서민대중의 호응을 쉽게 얻을 수 있다. 뿐만 아니라 선종은 항상 불교의 본질이라고 할 수 있는 부처의 마음을 직접적으로 향하고 있기 때문에, 종교의 근본목적을 잃지 않는다. 이런 이유로 여러 불교 형태 중에서도 선종이 가장 폭넓게 그리고 가장 긴 시간 동안 그 영향력을 발휘하게 된 것이다.

신라에 처음으로 선법을 전한 사람은 중국 선종의 4조 도신(道信)으로부터 배운 법랑(法朗)이고, 이어 법랑에게서 배운 신행(神行)이 점수(漸修)를 주장하는 북종선(北宗禪)을 전래하였는데, 이 계통은 후에 준범(遵範)-혜은(慧隱)-지증(智證)으로 계승되어 희양산파(曦陽山派)를 형성하였다.

본격적인 남종선(南宗禪)의 유입은 도의(道義)에서 시작된다. 도의는 마조도일의 제자인 서당지장(西堂智藏)의 법을 받았으며 백장회해(百仗懷海)에게도 참배했다. 도의가 전한 선법은 당시의 불교계에는 쉽게 받아들여지지 않아서 마어(摩語)라든가 허탄(虛誕)하다는 등의 비난을 받았다. 도의의 법은 후에 염거(廉居)-체증(體澄)에게로 계승되어 가지산파(伽智山派)를 이루었다.

도의와 같이 서당지장에게 사사한 홍척(洪陟)은 마조의 선을 넓혔고 왕실의 귀의를 받기도 하였다. 홍척은 실상산파를 개창하였으며 그의 문하에는 수철(秀徹), 편운(片雲) 등이 있다.

혜철(惠哲)은 서당지장의 선법을 신라에 전하여 동리산파(桐裏山派)를 열었으며, 그의 문하에는 도선국사(道詵國師), 여화상(如和尙), 윤다(允多) 등이 있다.

현욱(玄昱)은 마조 문하 장경회휘(章敬懷暉)의 선을 전하였고, 이를 이어받은 심희(審希)가 봉림산파(鳳林山派)를 열었는데, 이 법은 찬유(璨幽)에게 이어졌다.

도윤(道允)은 남천보원(南泉普願)의 선을 전하였고 그의 제자 절중(折中)이 계승하여 사자산파(獅子山派)를 개창하였다.

무염(無染)은 마조 문하인 마곡보철(麻谷寶徹)의 심인(心印)을 받아 성주산파(聖住山派)의 선풍을 떨쳤다. 천하에 무쌍이었다는 점으로 보아 구산파 중에서 제일 번창했던 것 같다.

범일(梵日)은 마조 문하 염관제안(塩官齊安)에게서 대오하여 사굴산파(闍崛山派)를 열었으며, 문하에 개청(開淸), 행적(行寂) 등이 있다.

이엄(利嚴)은 동산(洞山)의 제자 운거도응(雲居道膺)으로부터 심인(心印)을 받고 조동종의 일파를 전하여 수미산파(須彌山派)를 열었다.

순지(順之)는 위앙종(潙仰宗) 계통의 선법을 도입하기도 하였다.[5]

대체로 신라 하대에는 여러 중국 계통의 선종이 신라에 전래되었는데, 마조 계통이 그 주류를 이루었다. 신라 하대의 선종구산파(禪宗九山派) 중에서 7개 산문이 마조도일 계통의 선종을 받아들이고 있었다고 한다.[6] 그러나 당시는 선종이 그다지 큰 영향력을 끼치지는 못하였다. 고려시대에 접어들어 산문의 형성이 완료된 다음에야 선종은 본격적인 사회적 활동을 벌이게 된다.

2. 선종의 중심사상

신라에 전래한 선종의 대부분이 마조 계통의 선풍이었다. 이는 마조
도일(馬祖道一)의 선풍(洪洲宗)이 당시 중국의 선종에서 크게 부상하고
있었던 사실에 비추어 볼 때 당연한 현상이라고 할 수도 있다. 구산문
(九山門)의 개조와 그 법손 중에는 선에 접하기 전에 먼저 화엄을 공부
했던 사람들이 많다. 가지산(迦智山)의 도의(道義)는 원래 화엄종 출신
이었고, 희양산(曦陽山)의 지증(智證)과 동리산(桐裏山)의 혜철(惠徹)
및 성주산(聖住山)의 무염(無染)은 부석사에서, 사굴산(闍崛山)의 개청
(開淸)은 화엄사에서, 행적(行寂)은 해인사에서, 사자산(獅子山)의 도윤
(道允)은 귀신사에서, 절중(折中)은 부석사에서 각각 화엄을 들었다. 기
록으로 뚜렷이 나타나 있는 것만도 이와 같거니와, 거의 모든 선승들이
당시에 크게 세력을 떨치던 화엄학의 영향을 직접 간접으로 받고 있었
음을 알 수 있다.[7]

그런데 여러 선종 중에서 마조도일의 홍주종이 근본원리에 있어서
화엄의 성기(性起)사상과 가장 가깝다. 홍주종이 일체개진(一切皆眞)이
라고 하여 행주좌와(行住坐臥)가 그대로 도(道)라고 말하는 것은 화엄
의 법계연기(法界緣起)사상과 다를 바가 없다. 규봉종밀(圭峰宗密)이
그의 『선원제전집도서(禪源諸詮集都序)』에서 홍주종을 직현심성종(直
顯心性宗)으로 규정하여 현시진심즉성교(顯示眞心卽性敎)라고 규정한
화엄종에 대응시키고 있는 것을 볼 때도, 홍주종과 화엄종이 근본원리
에 있어서 서로 통하고 있음을 알 수 있다.[8]

마조도일은 평상심이 곧 도(平常心是道)라고 설법한다. 평범하고 예
사스런 마음은 조작함이 없기 때문에 좋고 나쁨이나 취하고 버림이 없

고, 범부라든가 성자라는 구별을 하지 않는다. 그러므로 일부러 무언가를 이루고 무언가를 위하려고 하지 않는다. 이는 평상심으로 무심하게 살아가는 한가한 수도인의 삶의 모습으로서 본래무사(本來無事)와 같은 것이다.[9] 일삼아서 따로 무엇을 하지 않는 것이 무사(無事)이다. 따라서 지금 가고 머물고 앉고 눕는 일이 모두 도에 다름 아니라는 것이다. 마조의 선풍은 또한 선문답을 할 때 사람이나 상황에 따라서 거기에 적합한 방편으로써 수행자를 후려치는 방(棒)이나 큰 소리로 고함을 치는 할(喝)을 사용하는 등 자유롭고 자재로운 선풍을 가지고 있었다. 뿐만 아니라 마조도일의 제자 백장회해(百丈懷海)는 "하루 일하지 않으면 하루 먹지 않는다(一日不作 一日不食)"고 하여 생산적인 노동을 중시함으로써 교단이 경제적으로 자급자족하는 토대를 갖춘 것도 마조계통의 선풍이라 할 수 있다. 이상과 같은 요인들이 작용해서 신라 하대의 선종구산파(禪宗九山派) 중에서 7개 산문이 마조도일 계통의 선종을 받아들이고 있었던 것이다.[10] 뿐만 아니라 선이 전래한 초창기에는(9세기 초반) 화엄의 종주사찰인 부석사를 비롯하여 해인사 등에서 선사들을 포용하고 있었다는 사실로부터도 화엄종단이 선종을 교리적으로 이질적인 것으로 생각하고 있지 않았음을 알 수 있다.

이상에서 마조 계통의 선풍이 왜 신라에 전래한 선의 주류를 형성하고 있는가를 설명하였다. 그러나 신라의 선 전래를 중국의 선종을 그대로 수입하여 옮겨놓은 것으로 해석하는 것은 선종에서 중시하는 깨침과 전래의 주체를 고려하지 않는 것이다. 선종은 개인의 자각이 무엇보다 중시되기 때문에 선종의 전래도 이러한 각도에서 고찰해야 할 것이다.

이상의 설명은 신라에 전래한 성립기반이 교종인 화엄종과 밀접한 관련을 지닌다는 점을 고려함으로써, 선종과 화엄을 연선종의 속과 융합이라는 관점에서 본 것이다. 그러나 한편 선종이 불립문자와 교외별전을 표방하는 만큼, 선종의 영향력 증대는 교종세력의 위축을 함축한다는 점에서, 선종이 지니는 교종과의 단절이라는 측면을 주목해야 한다고 생각한다.

무염(無染)은 선(禪)과 교(敎)의 높고 낮음을 묻는 문성왕에게 교를 백관에 비유하고 선을 제왕에 견주어 선의 우위를 강조했다. 또 화엄을 유설토(有舌土)라고 하고 선을 무설토(無舌土)라 하고서, 무설토가 유설토보다 월등하게 뛰어난 법이라고 역설하였다.[11]

범일(梵日)도 "석가 역시 진귀조사(眞歸祖師)를 만나고 나서야 비로소 오묘한 뜻을 전해 받았다"고 말함으로써, 선의 우위를 강조하였다.[12] 여기에서는 분명히 선은 교와는 구별되는 것이요 교를 뛰어넘는 것으로 표현하고 있다. 실제로 많은 화엄종 승려들이 선사로 전향하거나, 종래의 교종사원이 선종으로 귀속되는 사실을 통해서, 선종과 교종 사이의 현실적 갈등을 확인할 수 있다.

그러나 선종의 입장은 어디까지나 교종을 완전히 부정하는 것이 아니라, 교종을 인정하기는 하되 그것을 포함하여 뛰어넘는 것이 선종이라고 하는 것이다. 홍척이 "무위(無爲)의 이익이란 다투지 않고 이기는 것이다"라는 표현을 사용함으로써 선종을 장려하고 널리 전파하는 것이 정치적으로 이익이 크다고 말하고 있는 것에서 이것을 확인할 수 있다.[13] 이처럼 선종은 대표적 교종인 화엄종과 갈등하는 일면을 보이면서도, 상호 영향을 주면서 공존하는 복합적인 양상으로 전개되었다.

3. 선종의 사회적 기반과 성격

일정 종파의 발전을 정치사회적인 변화와 관련지어 고찰하는 것은 종교 역시 사회적 산물이고 사회 속에서 기능한다는 점에서 매우 중요하다. 신라 하대의 선종의 전래와 발전도 이러한 관점에서 조명함으로써 그 성격을 뚜렷이 부각시킬 수 있겠다. 결론은 신라 하대의 선사상이 진골 출신의 몰락자나 육두품 이하 출신의 승려들에 의해서 수입되고, 지방호족세력의 사회경제적인 기반을 바탕으로 하여 선문이 개창되고, 그 호족세력을 뒷받침하는 사상을 전개했다는 것이다.[14]

그러나 이러한 결론은 화엄사상이 신라 중대의 중앙집권적 전제왕권을 옹호하는 정치 이데올로기라고 해석하는 것처럼 불교사상을 외적인 상황에 도식적으로 꿰맞추는 데서 비롯되는 것이다. 그리고 이러한 해석은 대개 미리 일정한 정형을 마련하여 그와 관련된 사료들을 조합하는 방식으로 설명하기 때문에, 종교현상의 실제와도 상당한 거리가 있다. 실제로 선종과 왕실 간의 관계는 비협조적인 관계가 아니었다. 홍척(洪陟), 수철(秀澈), 혜철(惠徹), 도선(道詵), 현욱(玄昱), 무염(無染), 도윤(道允), 절중(折中) 등 대부분의 선승들은 왕실의 부름에 적극적으로 자문에 응하고 있다. 또한 왕실 역시 새로 전래한 선사상에 끊임없는 관심과 지원을 베풀고 있다. 선의 전래는 교학의 문제성을 느낀 일부 승려들에 의해 개시되었지만, 선사상이 정착하게 된 데는 왕실의 적극적인 지원이 큰 힘으로 작용한 것이 사실이다.[15]

이런 점에서 볼 때 선종의 지지기반을 왕실과 대립관계에 있는 세력으로 한정시키는 것은 사실과 부합하지 않는다고 할 수 있다. 선종의 특징을 사회적 지지기반과 연관하여 설명하고자 한다면, 기존의 교종에 비해서 그 사회적 지지기반이 폭넓고 다양해졌다는 데서 찾아야 할 것이다. 지지기반의 확대는 선종이 지니는 조직이나 형식에 얽매이지 않는 자유로운 성격과 무관하지 않다. 거대한 규모의 사원 조성이 지방 호족을 비롯한 지역사회 신도들의 자발적이고 공개적인 후원으로 이루어진 점은, 사회적 변화와 더불어서 세력의 분점 현상과 대중들의 사회적 성장이 두드러진 것과 밀접한 관계를 맺고 있다. 이를 통해서 볼 때 선종의 사회적 지지기반은 사회의 거의 모든 계층을 망라하고 있다고 할 수 있다. 또한 사원이 국도인 경주 지역을 벗어나 전국 각 지방에 자리 잡고 있다는 사실을 통해서 볼 때, 선종의 사회적 지지기반은 지역적으로도 널리 확대되어 전국 지방에까지 미치고 있음을 알 수 있다.

그런 점에서 신라의 선종은 왕실이나 중앙귀족들을 중심으로 한 사회적, 경제적 배경을 바탕으로 발전한 종래의 교학불교와는 완전히 다른 성격을 가지고 흥기되었음을 알 수 있다.[16]

이처럼 선종은 그 사회적 지지기반을 보편적, 전국적 수준으로 확대함으로써 현실적인 강력한 세력으로 자리 잡게 되었다. 선종의 신기풍이 서민대중의 호응을 얻음으로써 선종사원은 대개 수백 명 단위의 대집단화를 이루게 되었다. 대집단화는 단순히 많은 인원이 모인 것을 의미할 뿐 아니라, 거기에 막대한 토지와 재산이 뒷받침되고 있음을 의미한다. 무염(無染)의 성주산문(聖住山門)은 그 규모 면에서 다른 산문과 비교할 수 없을 정도로 컸고, 문도(門徒)가 2천여 명이나 되었다고 한다.[17] 이처럼 대집단화한 산문에서는 엄청난 규모의 인원과 재산을 유지하고 보호하기 위한 조직과 체계가 필수적이다. 그런 점에서 선종사원에서 노동을 노비들에게만 맡기지 않고 승려 스스로 노동하는 풍조를 진작시킴으로써 자급자족하는 독립적 체제를 갖춘 것이라든지, 외

부의 공격에 대항하고 자체를 방어하기 위해 무장을 하거나 사병을 조
직하기도 한 것이 그 좋은 예라고 할 수 있다. 이처럼 조직된 많은 인원
과 재산 그리고 병력들은 단순히 종교집단의 의미를 넘어서서 현실적,
정치적으로 강력한 세력이 되기에 부족함이 없었다.

제5장

고려에 있어서 불교의 세속화와
현실적 전개 양상

1. 서론

고구려에 불교가 공식적으로 전래된 것은 372년이지만, 그보다 훨씬 이전에 이미 민간을 통해서 전래되어 있었다고 볼 수 있다.[1] 이어 백제(384)와 신라(572)에도 불교가 공식적으로 전래되었고, 왕실을 중심으로 한 적극적인 장려정책에 힘입어 급속하게 전파되었다. 여기에 고구려의 도림(道林), 혜량(惠亮), 보덕(寶德), 백제의 도침(道琛), 신라의 원광(圓光), 자장(慈藏), 명랑(明朗), 의상(義相) 등의 승려들이, 국가의 정책을 교리적으로 뒷받침하여 대중을 계도하고 토착적인 무교적 신앙의례를 불교적으로 대체함으로써, 불교는 점차 국민들 속에 깊이 자리 잡게 되었다.[2] 불교의 토착화가 어느 정도 진행된 다음에는 불교 본연의 의미를 찾는 노력이 뒤따르게 되었는데, 승랑(僧朗), 원측(圓測), 원효(元曉), 의상(義相), 태현(太賢) 등에 의한 교리 연구는 중국의 교학 수준을 능가할 정도였다. 한편으로 혜숙(惠宿), 혜공(惠空), 대안(大安), 원효(元曉), 진표(眞表) 등의 고승들이, 상대적으로 소외된 천민이나 서민들 속에 파고들어, 몸소 실천적인 교화활동을 폄으로써 불교의 지평을 한껏 넓혔다. 신라 하대에는 이심전심(以心傳心), 불립문자(不立文字)를 종지로 하는 선(禪)과 그 청규(淸規)가 전래되었는데, 무염(無染, 800-888) 같은 선승은 "항상 대중과 함께 같은 음식을 먹고 같은 옷을 입으며 물 긷고 나무 지는 일에까지 모든 사람에 앞서는"[3] 등 승려들이 스스로 노동하는 풍토를 진작함으로써 민심을 끌어모으기도 했다.

이상과 같이 불교는 고려조에 이르기까지 약 600년에 가까운 전통을 지니고 전승되었다. 그동안 중관(中觀), 유식(唯識), 천태(天台), 화엄(華嚴), 정토(淨土), 계율(戒律) 등 교학의 여러 방면과 북종(北宗)과 남종(南宗)의 여러 선풍(禪風)이 전해지고, 무교(巫敎), 도교(道敎) 등의 토착신앙과도 습합되어 복잡한 양상을 지니게 되었다. 또한 불교는 왕실과 귀족은 물론 서민대중에 이르기까지 폭넓게 전파되어, 개인생활과 사회의 여러 측면에 뿌리깊이 자리 잡게 되었다.

고려시대의 불교는 이러한 전통을 그대로 계승하고 있으므로, 교리, 실천수행, 의례, 생활 등 모든 영역에 있어서 다양한 모습을 취하게 되고, 또한 시대적, 사회적 변화에 따라 다양한 전개 양상을 보이게 된다. 그런데 지금까지 이루어진 주로 역사학 분야에서의 연구는 시기적으로 불교의 어떠한 내용이 강조되고 주류를 이루었는지에 관하여 주로 정치사의 영역과 관련하여 해명하였다.[4] 이러한 경향은 불교의 특정 교파나 교리를 특정 사회계층이나 정책과 일대일로 관련지어 서술하는 단순성을 낳기도 하였다. 그러나 이러한 서술은 각 시대나 사회가 지닌 다양성을 드러낼 수 없을 뿐 아니라, 교리나 교파가 여러 시대나 사회, 계층에 걸쳐서 보편적으로 존재하는 양상을 설명하기가 어렵다고 생각한다. 불교의 어떤 교파도 다양한 측면을 지니고 있고, 또 어떤 교리도 다양한 해석이 가능하다는 점을 감안할 필요가 있다. 예를 들어 화엄종, 천태종, 선종 등은 모두 정토사상을 채용하고 있으므로 원칙적으로 모든 계층에 연결될 수 있으며, 화엄종의 '일즉다(一卽多) 다즉일(多卽一)'이라는 교리는 통일을 강조하는 것으로 해석될 수도 있고 개성을 강조하는 것으로 해석될 수도 있다. 그러므로 고려 불교가 지닌 다양성을 살리기 위해서는 새로운 사료의 발굴에 의한 실증적 연구 못지않게, 기존 연구를 통해 밝혀진 사실에 대한 새로운 해석과 의미부여가 필요하다고 생각한다.

따라서 본 연구에서는 기존 연구의 성과를 바탕으로 하여 이를 종합적으로 해석함으로써, 고려 불교 전체의 다양한 전개 양상을 드러내고자 한다. 이에 따라 서술의 방식에 있어서도 시대의 경과에 충실히 따르면서 정치, 경제, 사회구조의 변화와 연관된 불교신앙의 전개 양상을 추적하는 역사적 방식을 취하지 않는다. 그렇다고 해서 시대적 변화를 무시하고 통시적으로 기술하고자 하는 것은 아니고, 단지 시대적 변화과정을 차례로 모두 취급하지 않을 뿐이다. 본 연구의 목적은 어디까지나 불교신앙이 고려 사회 전체에 있어서 어떻게 다양하게 표현되고 있으며 그것은 어떠한 의미를 지니고 있는가를 밝히는 데 있다. 그러므로 불교신앙의 전개 양상을 특징적으로 서술하는 가운데 그 속에 포함된 다양한 측면을 드러내고, 이와 관련하여 불교가 서민대중의 생활 속에 어떻게 받아들여지고 기능했는가를 살피는 방식으로 서술해 나가고자 한다.

2. 불교의 세속화

뒤르켐(E. Durkheim)은 종교를 성스러운 것에 대한 믿음과 의식의 체계라고 보았다.[5] 이에 의하면 종교라고 말할 수 있는 최소한의 요건은 성스러운 것에 대한 인정이며, 성스러운 것에 대한 추구 내지는 체험이 종교의 본질을 이루는 셈이 된다. 그러므로 종교에는 성스러운 것(sacred)과 세속적인 것(profane)의 구분이 필연적으로 수반되며, 이두 요소를 모든 종교는 공통적으로 갖추고 있다고 할 수 있다. 상반되는 듯이 보이는 이 두 요소 중 어느 하나라도 결하게 되면 현실적으로 종교는 성립하기 어렵다. 성스러운 것은 종교에 불변의 지향과 생명력을 부여하고, 세속적인 것은 종교가 현실사회에 자리 잡을 수 있는 여러 조건들을 마련해 준다. 그러므로 성스러운 것이 없으면 종교는 세속에 매몰되어 버림으로써 정향을 잃고 세속의 변화에 따라 흥망성쇠를 거듭하게 된다. 세속적인 것을 무시하면 종교는 자신의 존재근거(신도, 조직, 물질적 기반, 생활 등)까지도 부정하게 되는 결과를 낳음으로써 현실에 자리 잡을 수 없게 된다. 그러므로 종교가 현실적으로 기능하면서도 생명력 있는 것이 되기 위해서는, 이 두 요소를 아우르면서 한편으로 구분하고 한편으로 결합시키는 노력을 계속하지 않으면 안 된다. 이 양자를 어떻게 구분하고 결합하느냐에 따라서, 또는 어느 쪽에 더비중이 놓이느냐에 따라서 종교의 성격과 그 전개 양상이 다르게 된다고 할 수 있다.

이상과 같은 틀을 가지고 고려 불교의 전체적 성격과 그 전개 양상을 살펴보면, 그 대체적인 흐름과 특징을 잡을 수 있다. 고려 불교는 개인 및 교파에 따라서 여러 가지 차이가 있고 시대에 따라서 다양한 흐름이 있는 것도 사실이지만, 대체적으로 앞서 제시한 두 요소(성스러운 것과 세속적인 것)의 구분이 점차 미약화되는 경향을 나타내고 있다. 그런 의미에서 이 절의 제목을 불교의 세속화라 이름하고 그 구체적 내용을 검토하기로 한다.

가. 정치세력과의 결합

불교가 비정치적, 반사회적이라고 보는 견해가 오해인 것처럼, 불교를 정치철학 내지는 사회철학으로 취급하는 것도 잘못이다.[6] 하지만 역사적으로 존재하는 불교는 어떤 형태로든 정치와 관련을 가질 수밖에 없다. 우리나라에 있어서 불교는 전래 이래 핵심 정치세력인 왕실 및 귀족과 밀착되어 있었고, 그 밀착도는 삼국 중 신라에서 특히 두드러지게 나타난다. 이러한 전통은 통일 이후에도 여전히 지속되었고, 고려시대에 들어와서도 이러한 풍조는 그대로 계속된다.[7]

태조 왕건(王建, 877-943)은 고려 건국 전부터 당시 지도적 위치에 있었던 승려들과 밀접한 관계를 지니고 있었다. 그중 신인종(神印宗)의 광덕(廣德)과 대연(大緣)은 태조의 통일전쟁에 직접 참여하여 적을 물리치는 데 일조를 하였고,[8] 운문사(雲門寺)의 보량(寶壤)은 지세를 이용한 작전을 지시하여 태조를 도왔으며,[9] 화엄종의 희랑(希朗)도 싸움터에 병사를 보내어 태조를 도와주었다.[10]

또 태조의 주위에는 태조의 출진에 직접적인 도움을 주어 '행영복전(行營福田)' 또는 '행군복전(行軍福田)'이라 불리는 사대법사(四大法師)가 있었다.[11] 이들 승려들은 적극적으로 군사적인 참여와 자문으로 도움을 준 경우라 할 수 있다. 또한 이엄(利嚴, 890-936), 윤다(允多, 864-945), 현휘(玄暉, 879-941) 등은 태조의 통일전쟁에 대한 이념과 정통성을 제공함으로써 태조를 돕고 있다.[12] 이 밖에도 통일 이전에 왕건과 결합된 승려들의 수는 『한국금석총람(韓國金石總覽)』에 비명(碑銘)이 전하는 것만도 12명을 더 헤아릴 수 있다.[13] 이들 승려와 왕건의 결합은 주로 왕건 측에서 적극적으로 찾아가는 방식으로 추진된 것이었다. 그 결합 의도는 당시의 지식층인 승려 및 실질적 세력으로서의 승군이 있는 사원과 결합함으로써 통일을 이루는 데 결정적인 도움을 얻고자 하는 것도 있었지만,[14] 승려와 연고된 강력한 지방세력과의 결속을 도모하려는 것도 있었다.[15] 통일 후에는 왕건이 승려들을 불러올리거나 승려 스스로 찾아와서 결연하는 것으로 그 결합 양상이 바뀌었다. 그 결합 의도는 지방호족과의 연합 목적도 있었지만, 주로 복속된 지방의 백성을 교화하거나 민심을 수습하기 위한 것으로 변화하는 양상을 보인다.[16]

이상과 같이 태조 왕건의 불교 승려와의 결합은 불교에 대한 개인적인 신앙의 차원에서 이루어진 측면이 없는 것은 아니지만, 주로 통일과업의 완수와 통일 후의 민심의 수습과 안정이라는 정책적인 차원에서 이루어진 것이었다. 이러한 사정은 그의 과도한 불사(佛事)에 대해서 최응(崔凝)이 이의를 제기한 것에 대해 "백성들의 성향이 불사에 힘입기를 좋아하고 지금은 전쟁 중이라 늘 불안하게 생각하고 있으니, 당장 쓰기에 편한 효과적인 방편으로써 원용하고 있을 뿐이다"[17]라고 대답하고 있는 데서 극명하게 드러난다. 또한 태조의 사원에 대한 재정 및 수많은 불사 등의 지원이 특정 종파를 초월하여 균형 있게 이뤄지고 있는 것에서도 확인 할 수 있다.[18] 따라서 훈요십조(訓要十條) 등에 나타나는 태조의 여러 불교정책도 이러한 각도에서 이해하여야 할 것이다.

그렇다면 승려나 사원 측에서의 왕건에 대한 직접 간접의 협력은 어떠한 차원에서 이해할 수 있을까? 여기에는 정치적 실력자인 왕건과 밀접한 관계를 유지하여 여러 가지 재정적 후원과 특권을 보장받음으로써 교세의 확장을 도모하고자 하는 실제적 의도가 적지 않게 자리 잡고 있었으며, 이러한 의도는 훗날 왕건의 이들에 대한 후원이 구체화됨으로써[19] 어느 정도 충족되었다고 할 수 있다. 그러나 다른 한편에서는 "포악한 무리들이 날뛰는 어지러운 세상을 평정하여 백성들로 하여금 편안하게 살도록 하고 불교의 자비정신에 입각하여 만민을 자식처럼 사랑하는 정치를 펴나갈 것"을 왕건에게 기대하고 부촉하려는 생각에서, 그와 관련을 맺고 있었다는 사실이 태조와 선승들 사이의 여러 대화로부터 확인된다.[20] 이상과 같이 불교 승려와 사원의 왕건에 대한 협력은 현실적인 지원이라는 세속적인 목표와 더불어 하화중생(下化衆生)이라는 불교의 이상을 실현코자 하는 순수한 종교적 목표를 아울러 지닌 채 이루어진 것이었다.

이렇게 볼 때 고려 초기 태조와 불교계의 결합은 전자의 정치적 필요성 및 개인적 신앙심이라는 측면과, 후자의 현실적인 지원 및 종교적 이상의 실현이라는 측면이 상호 보완 관계를 형성함으로써 이루어진 것이었다고 할 수 있다. 따라서 양자의 관계는 기본적으로 자발적인 교환 관계에 입각하고 있다고 볼 수 있다. 승려들은 직접적으로 군사적 행동 및 군사적, 정치적 자문의 역할을 수행하였고, 왕의 부모 및 직계 조상의 초상화를 모신 진전사원(眞殿寺院)에서 조석으로 이들의 명복과 왕실의 평안 및 국가의 번영을 기원하였다. 또한 팔관회, 연등회와 같은 국가적인 민속제전 및 각종 법회와 도량(道場)을 주관하는 등 국가적인 시책에 적극 호응하였다. 반면에 왕실은 불교를 국교로서 받들고 스스로 불교에 귀의함으로써 불교에 절대적 지위를 부여하였고, 수

많은 절과 불상 및 불탑을 설치하는 등 불사를 일으키고 사원에 대한 재정적 지원을 하였다.[21] 또한 국사나 왕사를 책봉하는 의식에서 이들을 상징적으로나마 국왕보다 우위에 존재케 하는 등 승려를 극진히 우대하였다.[22]

왕실과 불교의 이러한 관계는 약간의 차이는 있지만 역대 왕실에게도 그대로 계승된다. 최후의 왕인 공양왕(恭讓王)에 이르기까지 불교를 신앙하지 않은 왕은 하나도 없었고, 법회(法會), 도량(道場), 설재(設齋), 반승(飯僧) 등의 불사를 행하지 않은 왕도 하나도 없었다. 그래서 현종(顯宗), 문종(文宗), 예종(睿宗) 등 여러 왕들이 스스로 보살계(菩薩戒)를 받았고, 왕자의 경우 태조의 제5왕자를 비롯하여 문종의 제4왕자 대각국사(大覺國師) 의천(義天) 등 수많은 왕자가 출가하기도 하였다.[23] 사원이나 승려들 역시 전 고려시대를 통틀어 왕실 및 그 정책에 협조하지 않은 적은 한 번도 없었으며, 왕권을 위협하는 묘청(妙淸), 망이(亡伊), 죽동(竹同) 등의 반란을 평정하거나 이의방(李義方), 최충헌(崔忠獻) 등과 같이 국권을 천단하는 자를 제거하기 위해서는 무력행사도 서슴지 않았다.[24]

이와 같이 양자의 밀월관계는 왕실과 국가의 흥륭 및 불교의 진흥과 승단의 세력 확장이라는 상호 이익을 도모하면서 대대로 변함없이 이어졌지만, 그 밀착의 정도나 각자의 본분에 대한 충실도 등에 따라서 여러 가지 다른 양상을 보이게 된다. 왕실 측의 승려나 사원에 대한 과도한 재정지원과 빈번한 불사의 거행은 국가의 재정을 고갈시키는 결과를 낳기도 하였고,[25] 승려가 왕실에 지나치게 밀착함으로써 왕실이 누리는 사치에 탐닉하거나 정치에 깊게 개입하여 여러 부작용을 낳기도 하였다.[26] 또한 능긍(能兢)의 글에서 "천태교(天台敎)의 '회삼귀일

(會三歸)' 내지 '일심삼관(一心三觀)'은, 태조가 삼국을 합하여 한 나라를 이룬 것과 같은 뜻이니 이 법을 구하여 널리 행하라."[27]고 한 것은, 명백히 천태의 교리를 왜곡하여 정치 이데올로기로 제공함으로써 교세의 확장을 도모하는 굴절된 모습을 보인 것이라고 할 수 있다.

그러나 광종(光宗) 때 균여(均如, 923-973)의 화엄사상에 대해서 그 핵심을 '성상융회사상(性相融會思想)'이라고 보고, 이를 왕권을 강화하여 전제정치를 실현시키기 위한 목적에서 이루어진 정치 이데올로기라고 해석하는 것은[28] 적지 않은 문제가 있다고 생각한다.

첫째, 논지의 출발점이 되는 중국 법장(法藏)의 '성상융회사상'이 화엄종과 법상종 사상을 융회하려는 것이었다는 설[29] 자체가 문제이다. 법장에 있어서 성(性)과 상(相)은 진성(眞性)과 망상(妄相)을 의미하는 것이고, '성상융회'는 공(空, 무상종[無相宗])과 유(有, 법상종[法相宗])를 화합시키는 진망교철(眞妄佼徹), 이사무애(理事無碍)와 같은 내용으로서, 권교(權敎)인 법상종(義相宗)과의 구별을 오히려 명확히 한 것이라고[30] 보아야 할 것이다. 그렇게 보는 것이 보다 타당한 이유는 법장이 당시 세력을 떨치던 법상교학(法相敎學)과의 대결의식으로부터 오교판(五敎判)이나 십종판(十宗判)을 하였고 거기에서 법상유식(法相唯識)을 화엄에 비해 훨씬 낮게 평가하고 있는 점에서 찾을 수 있다.

둘째, 화엄종은 전통적으로 왕실과 연결되고, 법상종은 신라 이래로 중류 이하의 신분층에 포용되고 있었다는 견해도 문제가 있다. 화엄종도 서민대중에게 밀착할 수 있는 여지가 있을 뿐만 아니라 실제로 이들에게 많은 호응을 얻었으며, 법상종 역시 왕실 불교에 유리하게 작용할 수 있으며 실제로도 국가적 비호를 받으며 발전해 왔다고 볼 수 있기 때문이다.[31]

셋째, 균여가 성(性)이나 리(理)를 왕권과 연결시켜 생각하고 있다고 해석하는 것은 뚜렷한 문증(文證)이 없을 뿐 아니라, 간접적으로 추론하는 것도 전후의 맥락을 충분히 고려할 때에 지나치게 비약한 것이 아닌가 한다.

넷째, 한 사람의 사상체계를 단적으로 드러내 주는 교판을 살펴볼 때, 균여가 화엄경만을 원교(圓敎)라고 하여 다른 모든 경과 확연히 구분하고, 법화경까지도 화엄경과의 사이에 동별(同別)의 차이를 설정하고 있는 것으로 보아, 그는 화엄의 절대적 우월성을 내세우는 입장에 있다고 할 수 있다.[32] 이처럼 천태의 교상(敎相)을 화엄의 그것에 비해 열등한 것으로 보는 점에서, 천태종을 개창한 의천이 균여를 배척한 것이 아닌가 한다.

이상에서 논한 바와 같이, 불교의 특정 교리를 당시의 구체적 정치 이데올로기로 해석하거나, 화엄은 왕실과, 법상종은 군소토호(群小土豪)들과, 그리고 선종은 지방호족들과 협력관계를 이루면서 각 계층의 입장을 뒷받침하는 이념의 형태로 기능했다고 보는 시각은, 불교의 교리나 교파가 지니는 보편성과 다양성을 간과한 데서 말미암는 지나친 단순화라고 하지 않을 수 없다.

한편 핵심 정치세력 중의 하나인 귀족과 불교와의 관계도 역시 상부상조의 연대의식으로 뭉쳐서 줄곧 협력관계를 유지해 갔다고 할 수 있다. 신라 이래로 불교는 가장 보편적이고 지배적인 관념 형태로 자리 잡고 있었기 때문에, 승려와 사원은 거의 절대적인 교화력을 가지고서 국민들의 사고와 행위를 지배하고 있었다. 따라서 강력한 세력을 얻기 위해서는 승려나 사원과 관련을 맺지 않을 수 없었다. 고려시대의 귀족은 신라 말의 지방호족세력들이 근간을 이루게 되는데, 이들은 왕실 및 상호간에 혼인관계를 맺음으로써 권세 있는 귀족으로 자리를 잡아갔고, 음서제(蔭敍制)의 실시에 따라 귀족들의 관리 등용이 일반화됨으로써 고려의 귀족사회가 뿌리를 내리게 되었다.[33]

고려 귀족의 주체가 되는 지방호족세력들이 승려나 사원과 밀착해 있었다는 증거는, 태조가 훈요(訓要)에서 신라가 망한 원인을 불교계의 통제가 무너질 정도로 귀족과 영합된 지방 불교의 번영 탓으로 돌리고 있는 데서 찾을 수 있다.[34] 태조의 승려 결합도 이들과 연고된 실질적 강대세력인 지방호족들과의 연합책의 일환으로써 이루어진 측면이 있다는 점에 대해서는 앞서 언급한 바가 있다. 귀족들은 원(願)이라는 이름으로 사원을 건립하고 불사나 재정지원 등 여러 가지 형태로 사원을 후원하였고, 승려들은 이들의 안녕을 빌고 선정(善政)을 통해 백성들의 인심을 얻도록 하는 등 상호 이익을 교환하는 관계로 밀착해 있었다. 이들의 관계 역시 현실적인 차원과 신앙적인 차원의 두 측면을 동시에 지니고 있었다고 보아야 할 것이다.

그러나 중후기에 접어들면서 귀족들이 국가에 대한 세(稅) 부담을 줄이기 위하여 명목상으로만 자기 토지 내의 사원에 토지를 귀속시킴으로써 경제력의 증대를 꾀하는 등[35] 현실적인 이해관계를 중심으로 밀착하는 양상을 보이게 된다. 예를 들어 현화사(玄化寺)를 중심으로 한 법상종 교단은 당시의 대문벌 귀족인 인주이씨(仁州李氏) 세력과의 지나친 현실적 밀착으로 인하여, 헌종(獻宗)대의 이자의란(李資義亂)과 인종(仁宗)대의 이자겸란(李資謙亂)과 같은 정치싸움에까지 참여하고 있다.[36] 또한 무신체제에 대한 불교세력들의 여러 차례에 걸친 항쟁은 무너져 가는 기존의 문벌체제와 불교가 어느 정도 현실적으로 밀착해 있었는가를 대변해 준다 하겠다.[37] 이 점에서 수선사(修禪社) 등의 신앙결사운동은 바로 권문세력과 정치적, 경제적으로 결탁하고 있던 당시의 불교계에 대한 반성과 비판운동의 일환으로 이해할 수 있다. 그러나 서민 불교적 순수성으로 출발했던 백련결사운동(白蓮結社運動)도 그 중심세력이 묘련사(妙蓮寺)에 옮겨짐으로써, 당시의 권문인 조인규가(趙仁圭家)와 밀착하는 등 세속화의 흐름이 가속화되었다.[38]

이상에서 살핀 바와 같이 고려시대의 불교는 줄곧 핵심 정치세력과 밀착해 있었다는 점에서 세속적인 특성이 두드러진다. 그런 가운데서도 전기에는 중생구제라는 불교 본래의 이상을 구현하려는 순수한 입장을 견지하는 측면이 있었으나, 중후기로 접어들면서 점차 통치권과 지나치게 세속적으로 밀착함으로써 성스러운 것에의 추구라는 종교 본래의 모습을 상실해 갔다고 할 수 있다. 불교 자체의 반성과 비판의 노력이 있었으나 전체적인 세속화의 흐름은 멈출 수 없었던 것이다.

나. 통치제도 속에 편입된 불교

한국에 있어서 불교와 정치와의 관계는 전래 당시부터 줄곧 상호 보완적 관계를 유지해 왔으며 상호 갈등하거나 대립하는 면모는 거의 보이지 않는다. 그러나 불교의 영향력이 점차 증대되어 현실적 세력으로 부각되면서부터 국가는 불교에 대한 지원과 아울러 통제의 필요성을 느끼게 되었고, 이러한 방향에서 여러 가지 정책을 실시하게 되었다. 신라시대의 대표적 사찰에는 모두 성전(成典)이라는 관청을 설치하고 각부의 장관급을 책임자로 임명하여 이를 관리하게 하였다.[39] 고려에 와서는 불교교단에 대한 통제가 승려 개인적인 차원에서 완전히 벗어나 국가 제도적으로 이루어지게 되었다. 이러한 제도적인 통제는 고려 초기 때부터 추진되고 있는데, 고려 태조는 도선(道詵, 827-898)의 비보설(裨補說)을 이용하여 전국 사찰을 편제하고,[40] 각 종파 간에 사찰을 교환하거나 합병하는 것을 금하는 조치를 내렸다.[41]

승록사제도(僧錄司制度)는 태조 때부터 있었던 것으로서[42] 불교계의 의식이나 행사를 주관하였고, 수계자(受戒者)를 등록하고 이를 정리함으로써 승적(僧籍)을 관리하는 등의 역할을 수행하였다. 고려 전기에는 승록사가 승정(僧政)에 직접적인 영향력을 행사하기보다는 불교계의 운영에 대한 국가의 정책수행에 보조적인 역할을 담당하였다. 그러나 후기에 접어들면서 권신이나 왕의 측근 세력에 의해 승정이 전횡됨으로써 승록사에 비상한 실권이 주어지는 경우가 발생하였는데, 신돈(辛旽) 같은 이는 승록사제조(僧錄司制調)라는 비상한 승직을 이용하여 전에 볼 수 없는 실권을 행사하였다. 이에 이르러서는 몇몇 승려에 권력이 집중되고 뇌물에 의해 승진이나 주지 임명이 이루어지는 등 부패가 심하였다.[43] 아무튼 이 제도는 기본적으로 승려를 일반 백성의 일부로서 취급하여 그들의 제반활동을 관장함과 동시에, 국가의 정책수행에 효과적으로 활용하기 위한 목적에서 설치된 것이라 할 수 있다. 이 제도에 의해서 승려의 지위는 세속 안에 존재하는 것으로 규정되고, 그들의 활동 역시 세속적인 통제로부터 완전히 자유로울 수 없게 되었던 것이다.

승과제도(僧科制度)는 통일과정에서 태조의 불교계 포용정책에 기원하여, 광종(光宗) 때의 승계확립(僧階確立)과 표리를 이루면서 확고한 제도로 성립되었으며 고종(高宗) 때까지는 일반 과거시험과 다름없이 실시되었다. 승려는 승과를 통하여 승계를 받았고, 국사와 왕사의 책봉도 최고의 승계를 가진 자 가운데서 이루어졌다. 승과는 선종과 교종 및 천태종으로 나뉘어 실시되었으며, 3종(宗)에서는 각각 그 종파의 고승으로 고시관을 삼았다.[44] 그러므로 승과제도는 기본적으로 승려의 인사문제를 국가의 관리와 통제 아래 두기 위한 제도라고 할 수 있지만, 그 속에서 각 종파의 자율성이 어느 정도 보장되고 있었다는 점에서 보면, 승려의 자질을 높임으로써 불교를 보호하고자 하는 목적도 지니고 있었던 것으로 보인다. 후기에 들어서 승정을 국사, 왕사가 전적으로 관리하게 되었고, 승계의 제수절차가 문란해졌으며, 종파 간의 불화가 촉신되는 등의 사태가 발생함으로써 승과는 쇠퇴하게 되었다.

승계제도(僧階制度)는 국가가 일정한 종교적 자질을 갖추었다고 인정되는 승려에게 법계(法階)를 수여하는 제도로서 광종 때에 완비되었으며, 그 내용은 다음과 같다.[45]

선종(禪宗) : 대덕(大德)-대사(大師)-중대사(重大師)-삼중대사(三重大師)-선사(禪師)-대선사(大禪師)

교종(敎宗) : 대덕(大德)-대사(大師)-중대사(重大師)-삼중대사(三重大師)-수좌(首座)-승통(僧統)

승과에 합격한 자에게는 승계가 주어졌고, 승려의 승진은 서경(署經)이라는 합의과정을 거쳤으며, 주지의 임명도 각 종파의 추천을 받아서 실시되었다.[46] 원래 승계는 "도(道)를 높이는 칭호로서 시작된 것이요 명리(名利)에 관계되는 것이 아니지마는, 그것 또한 고하(高下)의 차등이 있으므로 차츰 조정의 반열이나 벼슬의 제도처럼 되었다."[47] 이처럼 승계가 일반 벼슬처럼 여겨지자, 고려 말에는 승계를 뇌물로 사려는 승려들도 생기게 되었다. 승계제도는 고려 사회에 있어서 불교의 사회적 지위를 단적으로 반영해 주는 제도라고 할 수 있는데, 이로써 불교는 막대한 세속적 권위를 부여받음과 동시에 또한 완전히 국가의 관료체제의 일부로 편입되어 버린 결과를 초래하게 되었던 것이다.[48] 여기에서도 우리는 불교에 대한 보호와 통제, 자율과 관리 및 성스러운 것에 대한 존경과 세속적인 가치부여라는 양면성을 동시에 발견할 수 있다.

국사는 신라 때부터 있었으나, 왕사는 고려 태조가 자신의 불교에 대한 보호를 과시하면서 제도화한 것이다. 국사 왕사 제도는 불교의 신앙이 보편화된 사회에서 서민대중을 정치에 직접 참가시키지 못하는 대신, 그들을 도덕적으로 교화할 수 있는 정신적인 지도자인 고승을 국사, 왕사로 책봉함으로써 민심을 결합하고자 하는 의도 하에서 제도화된 것이라고 할 수 있다.[49] 국사나 왕사가 실제 국가정책상 어떤 영향력을 가진 것은 아니었지만, 그래도 불교의 승려가 왕의 스승으로서의 위치를 차지하고 책봉의식이나 일상의례에서 왕으로부터 극진한 예우를 받았다는 사실은, 고려의 정치이념 내지는 사회이념을 불교가 제공하고 있었다는 분명한 상징으로 볼 수 있다.[50] 이로써 통치권과 교권 및 피지배층과의 갈등을 피하고, 타협과 조화로써 불교의 교화를 통치에 이용할 수 있는 효과를 얻을 수 있었다. 그러나 후기에 들어와서는 국사나 왕사가 일반국정이나 승정에도 간여하게 되고, 그에게 주어지는 명리(名利)를 탐하는 경향이 발생하였으며, 이의 책봉을 둘러싼 종파 간의 갈등이 첨예하게 드러나게 되었다.[51]

이상에서 살핀 바와 같이 고려시대의 불교는 여러 제도에 의해서 한편으로는 보호 육성되고, 또 한편으로는 관리 통제되었다. 이러한 이중적 성격의 제도들은 통일신라 이래 불교신앙이 보편화되고 고려에 와서 국가종교로 공인됨에 따라서 필연적으로 요청되는 것이었다고 할 수 있다. 그리고 불교가 이처럼 통치제도의 일부로 편입되었다는 사실은, 고려 사회에 있어서 불교의 사회적 지위를 단적으로 반영한 것으로서, 고려 불교의 세속적 특성을 잘 드러내 주는 것이라 하겠다. 그중에서도 고려 전기에는 제도의 실시 자체가 고려 사회에 있어서 불교의 세속적 기반을 튼튼히 하면서도 종교적 순수성을 침해하는 데까지 이르지는 않았지만, 후기에 들어서는 종교적 순수성이 사라지고 제도가 변칙적으로 시행됨에 따라서 세속화의 정도를 가속화시켰다고 할 수 있다.

다. 사원경제의 비대

불교는 인간과 사회의 온갖 불행이 욕망으로부터 비롯된다고 보기 때문에 무조건적으로 재화를 증대함으로써 욕망을 충족코자 하는 것은 문제의 해결이 아니라 욕망의 증대를 가져와서 문제를 더욱 악화시킬 뿐이라고 간주한다. 따라서 욕망을 줄이고 인간성을 정화하는 데에 관심을 집중한다. 그러나 한편으로 빈곤이 인간을 육체적, 도덕적으로 쇠퇴시킨다는 사실을 알고 있었기 때문에 사회를 유지하기 위해 경제적 번영이 필요함을 말한다.[52] 이로써 볼 때 불교는 개인의 이기적 욕망을 혐오했을 뿐 풍부한 재화 그 자체를 비난한 것은 아니라고 할 수 있다. 따라서 출가한 승려에게는 영리행위와 사유재산의 소유가 금지되었지만, 집단적 수행을 가능케 하는 사원의 운영을 위해서 보시는 적극적으로 권장되었던 것이다.

고려의 사원에는 왕실을 비롯하여 귀족, 권세가 및 일반 서민에 의한 토지나 재화의 시납이 있었고, 경종(景宗) 원년(1976)에 제정을 본 공전제도(公田制度)에 의해서 사원에는 그 경영 유지를 위한 사원전이 지급되었고 그 세습이 인정되었으며, 승과에 급제한 대덕(大德)에게는 별

사전(別賜田)이 지급되었다.[53] 또한 사회질서의 문란에 따라 발생한 귀족이나 권세가들의 가렴주구를 피하기 위해 농민들이 자기의 토지를 사원에 투탁(投托)하고 스스로 소작인이 되기도 하였다.[54] 뿐만 아니라 사원은 축적된 부를 바탕으로 토지를 매입하였고 주인 없는 한전(閑田)뿐 아니라 농민 및 권세 있는 양반의 전지(田地)를 점탈(奪占)하는 등의 방법까지 동원하여 사원의 토지를 확대해 갔다.[55] 그리하여 사원 소유의 장원이 전국 촌락의 반을 차지하고, 사원 소유의 전지와 노비는 관부가 소유하는 그것보다 더욱 많았다.[56] 여기에 여러 가지 상품과 소금, 심지어 파, 마늘 및 술까지를 생산 판매하여 부를 증대시켰고, 보(寶)를 조직 운영하여 자본의 증식을 도모하였다.[57] 이처럼 사원은 막대한 토지와 노비 그리고 적극적인 영리행위 등에 의해서 경제적 기반을 끝없이 확대하여 갔는데, 이로 말미암아 여러 가지 사회적인 폐해가 생겨나고 국가재정이 위협을 받게 되는 데 이르러서는 배불론이 대두하게 된 중요한 동기로 작용하였다.

이와 같이 사원의 경제적 기반은 고려 건국 초부터 사원의 운영과 유지에 필요한 정도 이상으로 신장되어 있어서 국가경제에 지대한 영향을 줄 정도였고, 후기로 갈수록 그 경제적 규모가 더욱 비대화하였다. 이러한 사원의 치부는 편리한 수도생활의 조건을 마련해 주고, 축적된 부를 바탕으로 사회구제활동을 가능케 하는 등 긍정적 방향으로 활용된 측면도 없지 않았지만, 그보다는 부정적으로 기능하는 측면이 훨씬 강하였다. 우선 사원에 대한 호화로운 장식 및 승려의 사치스러운 생활을 조장하고 재산을 관리하는 것 자체에 비중이 쏠리게 함으로써, 참다운 수도의 정신을 뒷전으로 밀어내는 데 한몫을 하였다. 뿐만 아니라 치부의 형태와 방법에 있어서 불교의 근본정신을 망각한 형태들이 후기로 갈수록 심하게 자행됨으로써 수많은 사회적 문제를 야기하게 되었다. 우선 승려들은 계율 상 개인의 사유재산 소유가 금지되어 있음에도 불구하고, 사사로이 개인의 재물을 모으기에 급급하여 백성을 속이거나 사원의 재물을 훔치는 방법까지 자행함으로써 이를 금지하는 조치를 내릴 정도였다.[58] 또한 파와 마늘을 재배하여 판매하거나 술을 양조하여 팔았으며, 포교를 빙자하여 원문(願文)이나 권선부(勸善符) 등을 판매하여 전재(錢財)를 획득하였다.[59] 원래 신도들에게 경제적 혜택을 주기 위한 사업으로서 출발한 보(寶)가 변질되어 일반 금리보다 높은 이율로 백성을 착취하는 고리대금업으로 바뀌었고, 일반 서민이나 양반들의 토지를 빼앗고 나아가 승려 상호간이나 사찰끼리 쟁탈전을 벌이기도 하는 등 치부를 위한 악행을 서슴지 않았다.[60] 이에 이르러서는 종교의 본분인 성스러운 것에 대한 추구는 완전히 사라지고, 세속적인 욕망만이 중요한 관심의 대상이 되고 있음을 알 수 있다. 이상과 같은 사원의 치부와 연관된 타락상과 부패상은 종교의 세속화가 극치에 다다랐음을 나타내 주는 것이라고 할 수 있으며, 이로 말미암아 백성들의 종교적 신앙의 대상이었던 승려와 사원 및 불교가 신뢰를 상실하고 원망과 비난의 대상으로 바뀌게 되었던 것이다.

라. 승군의 활동

불살생을 가장 중요한 계율로 여기는 승려들이 상대를 멸하는 것이 핵심목표인 군사적인 활동에 종사한다는 것은 다분히 자기모순적인 요소를 지니고 있다고 할 수 있다. 그러나 우리나라의 경우는 일찍이 원광(圓光)이나 자장(慈藏) 같은 고승들에 의하여 살생계(殺生戒)에 대한 대승적인 해석이 내려져서, 국가의 은혜에 보답한다거나,[61] 재물을 탐내어 살생하는 자는 차라리 죽이는 것이 옳다는[62] 차원에서 군사행동이 합리화된 적이 있다. 신라 말의 혼란기에 사원은 난적으로부터 사원의 재산과 인명을 보호하기 위해서 사원 자체로 무력을 소유하게 되었고,[63] 이러한 전통이 고려에도 그대로 이어진다.

고려 초에 각 사원에는 무장한 승도(僧徒)들이 있었고, 이들은 매 전투마다 승군으로 징발되어 군사활동에 종사하였으며, 숙종(肅宗) 9년(1104)에는 이들이 정식으로 별무반(別武班) 내의 항마군(降魔軍)으로 편성되어 정규군으로 활동하였다.[64] 이들은 평소에는 사원의 경제활동에 종사하다가, 비상시에는 자사(自寺)의 생명과 재산을 보호하는 역할을 담당하거나 대내외의 전투에 참여하는 준 상비군적인 존재였다.[65] 『고려사』에 기록되어 있는 외적의 침입에 대한 승군의 활동 사례만 해도 14건에 달하는데, 승군들이 직접적인 전투뿐 아니라 방위산업이나 병참활동 등의 역할을 담당함으로써, 국방에 상당한 기여를 하였음을 알 수 있다.[66] 뿐만 아니라 대내적으로도 묘청(妙淸), 망이(亡伊), 죽동(竹同) 등의 반란을 평정하는 싸움에 종사하여 큰 역할을 수행하였다.[67]

한편 중후기에는 정치세력과의 지나친 밀착으로 인하여, 사원의 무장세력이 정치싸움에 이용되기도 하였다. 이자겸(李資謙)은 현화사(玄化寺) 등에 승병을 조직하여 자신의 사병으로 이용하였고,[68] 무신집권기의 중광사, 흥호사, 귀법사, 홍원사, 왕륜사 등 왕실의 원찰이나 귀족과 연결된 사찰의 승병들은 이들을 대변하여 무신집권자에 반발하는 무력항쟁을 감행하였다.[69] 물론 무신집권에 대한 항쟁은 왕실의 권위가 무시되고 국권이 무신들에 의해 전단되는 데 대한 공적인 차원의 항거라고 볼 수도 있지만, 사원의 사회적, 경제적인 세력이 축소하는 것에 대한 저항 내지는 사원과 연계된 세력인 왕실과 문벌 귀족세력이 몰락해 가는 데 대한 사적인 항쟁의 성격을 다분히 지닌 것이었다.[70]

이상과 같이 고려시대 승려와 사원의 군사적인 활동은 고려 사회의 변화과정에 깊숙이 개입하여 중요한 변수로 작용하고 있었다. 이와 같은 승군의 활동은 고려의 불교가 출세간적인 추구의 방향보다는 세간 지향의 성격을 강하게 지니고 있다는 사실을 단적으로 드러내 준다. 그 가운데서도 초기에는 국가를 수호하고 인민을 보호하기 위한 대승불교적 실천활동으로서의 순수성이 작용하고 있었지만, 후기로 갈수록 개인 내지는 특정집단의 현실적 이익을 도모하는 데 급급한 양태를 보이고 있다. 이처럼 사적인 이익을 도모하기 위해서 무력을 행사하는 양태는 승려나 사원의 세속적 타락이 극심한 지경에 이르고 있음을 반영한 것이라 할 수 있다.

이상에서 검토한 것처럼 고려의 불교는 핵심 정치세력과 밀착되어 있었고, 통치제도 속에 편입되었으며, 경제적인 풍요를 누렸고, 승군이 활동했다는 사실 등 중요한 측면에서 세속적인 영역에 깊숙이 관련되어 있었다. 세속과의 관련이 순수한 종교적 열정이 뒷받침될 때는 불교적 이상사회의 건설에 크게 이바지할 수 있고 건전한 신앙심을 앙양시키는 효과를 낳을 수 있다. 그러나 세속적인 것에 매몰되어 성스러운 것의 추구라는 종교의 본질을 망각할 때는 세속적 타락 현상이 속출하게 되고 종교적 신앙심은 쇠퇴하게 된다. 고려 전기에는 튼튼한 세속적인 기반을 바탕으로 하면서도 종교로서의 본분을 크게 일탈하지 않은 가운데 불교가 전 국민의 보편화된 신앙으로 생활화하는 측면이 나타났다. 그러나 중기 이후 여러 방면에서의 세속화가 급속히 진행됨과 동시에 종교적 본분을 망각하거나 이에 어긋나는 행태가 나타나게 되면서부터 불교는 퇴폐하고 변질된 형식만의 궁정불교, 귀족불교로 치닫게 되고, 대중의 정신적 지도원리로서의 위치를 점차 상실해 갔다. 이에 따라 불교 내에서 심각한 반성이 제기되고 참다운 수도불교, 대중불교로 새롭게 개혁하고자 하는 운동이 부분적으로 일어났음에도 불구하고, 극심한 세속화로 인한 타락 현상을 근본적으로 치유하기에는 역부족이었다. 그리하여 배불론도 불교의 타락으로 인한 폐단을 부분적으로 시정하고자 하는 논의의 차원을 넘어 불교 자체를 송두리째 부정하고 배격하는 방향으로 전개되어 갔던 것이다.

3. 신앙행위의 형태와 그 사회적 기능

종교는 하나의 사회적 현상으로 사람들이 집단적으로 신앙하는 것이므로, 종교행위에는 특정한 유형이 있고 또 사회적 결과가 있기 마련이다.[71] 그러므로 고려 사회에서 불교신앙이 어떠한 형태로 표출되고 있는가와 그것이 사회적으로 어떠한 기능을 수행하고 있는가를 규명하는 일은 불교가 고려 사회에서 갖는 전체적인 의미를 밝히는 데 있어서 가장 핵심적인 부분을 차지한다고 할 수 있다.

인간의 지속적 종교적 활동의 내용은 내면적, 종교적 자세로서의 신앙체제와 그것이 밖으로 나타난 종교적 행동으로 되어 있다.[72] 신앙행위는 마음속에 있는 종교적, 심적 자세인 신앙체제와 깊게 연관되어 있을 때만 현실적으로 지속성을 가질 수 있다. 이 양자는 상호 영향을 주고 상호 규정하는 것이어서 믿음체계가 신앙행위로 표출되기도 하고, 신앙행위를 통해서 믿음체계가 형성되고 강화되는 측면도 있다. 신앙체계의 뒷받침이 없는 행위는 단순한 동작에 불과한 것이 되며, 신앙행위를 동반하지 않은 교의는 추상적 가구물에 불과한 것이 된다. 따라서 이 양자는 상호 관련성 속에서 논의되지 않으면 안 된다. 본 연구에서는 표출된 신앙행위를 중심으로 그와 연관된 신앙체계를 살펴 나가는 방식을 취하기로 한다.

신앙행위의 형태에는 개인적, 집단적 다양성과 시대적 다양성이 있기 마련이다. 이러한 다양성을 충분히 살리기 위해서는 시대별, 계층별, 종파별로 분류하여 체계적으로 서술하는 것이 필요하다. 그러나 그렇게 하기 위해서는 보다 전문적이고 치밀한 연구의 축적을 기다리지 않으면 안 된다. 또한 고려시대에 관한 기본사료가 주로 왕실 중심으로 되어 있어서 집단적, 계층적인 다양성을 밝히는 데 실제적인 어려움이 있다. 따라서 여기에서는 국가적 차원으로 시행된 종교의례를 축으로 하여 신앙행위의 형태와 그 기능을 살펴 나가면서 그 밖에 밝혀진 여러 사실들을 종합하여 다양한 측면을 보충하는 방식으로 서술해 나가기로 한다.

고려시대에 국가적 차원에서 개설된 각종 법회와 도량은 기록상 확인된 것만 해도 총 83종류에 이르고 총 1,083회에 걸쳐서 실행되었다.[73] 이처럼 국가적 불교의례가 거의 매년 매월 개설되어 어느 시대 어느 사회에서도 그 유래를 찾아볼 수 없을 정도로 많은 종류와 실행 횟수를 기록하고 있기 때문에, 고려 불교의 특성을 의례불교로 규정짓기도 한다.[74] 의례는 종교 관념의 외적 표현으로서 역사적, 사회적 조건을 반영하는 것이다. 그러므로 구상화된 의례를 통하여 그 시대나 사회의 신앙형태를 확인할 수 있다. 또한 의례는 반복되고 정형화(定形化)됨으로써 관습화되는 과정을 거치는 것이므로, 다음 단계에서는 역으로 개인을 제약하게 되는 것이다.[75] 그러므로 고려시대에 행해진 불교의례의 종류가 다양하고 그것이 빈번하게 실시되었다는 것은, 그만

큼 고려 불교의 신앙이 다양했고 또 사회화되어 실생활의 일부로 편입
되고 있었다는 사실을 의미한다. 또한 국가가 앞장서서 의례를 이처럼
적극적으로 실시하고 있다는 것은 고려 사회에 있어서 종교와 정치가
뗄 수 없는 관련성을 가지고 있다는 점을 명백히 드러내 주는 것이다.
이상의 사실들은 고려시대에 행해진 불교의례의 유형과 성격을 검토함
에 의해서 그 구체적 내용이 보다 확연해질 수 있을 것이다. 동시에 신
앙행위의 다양한 형태와 그것이 가지는 사회적 기능 내지는 의미에 대
한 해명도 가능할 것이다.

가. 전승습속에 의한 신앙의례

　불교적 내용을 갖고 있기는 해도 재래의 토속신앙적 기반이 현저하
고 의식의 절차도 토속신앙의례를 기본으로 하는 것으로서 연등회와
팔관회가 있다. 이들은 태조의 훈요(訓要)에 기록되어 있어서 정기적으
로 개설되는 연중행사적 성격을 지닌 것으로서 실행 횟수가 가장 많다
고 할 수 있다.[76] 매년 2월 15일 혹은 1월 15일에 시작하여 3일간 열리
는 연등회는, 재래의 농경의례에 의한 민속적인 연중행사를 기반으로
하며, 그 절차에 있어서도 행향(行香), 수하(受賀), 백희(百戱), 연군신
(宴群臣) 등 조정의 통상적 의례를 따른다. 이와 같은 전승의례가 불교
적 등 공양 의례로 해석되고, 그중에 포함된 축제적 요소가 4월 8일의
불타 탄생일 또는 불사(佛寺)나 불상(佛像)을 새로 조성하거나 경찬(慶
讚)의 법회가 있을 때에도 연관되어 등장함으로써 대중적으로 보급되
어 전국 각지에서 행해지는 일반화된 풍속으로 자리 잡게 되었다.[77]
　매년 11월 15일 혹은 10월 15일을 전후하여 3일간 열리는 팔관회는
천령(天靈), 산천(山川), 용신(龍神) 등을 섬기는 다신교적 내지 무교적

전통을 기반으로 하며, 의식절차는 연등회와 같다. 이는 재래신앙과 불교적 수행방법인 팔관제회가 습합된 것이지만, 금욕수행의 불교적 성격보다는 가무적 성격이 두드러져 고려시대에는 국민들의 축제와 같이 되었다.[78)

이렇게 볼 때 연등회나 팔관회와 같은 신앙의례는 재래로 전승되어 오는 민간신앙의례에 불교적 채색이 가해진 것으로서, 그 신앙의 내용이나 의식절차의 면에서 토속적인 측면을 그대로 이어받고 있다고 하겠다. 즉 천신(天神) 등의 여러 신에 제사를 올리고 음주 가무 등의 오락을 통해서 이들을 기쁘게 함으로써, 그들의 힘을 빌려서 풍요와 안녕 등의 소원을 이루고자 하는 의식구조가 그대로 자리 잡고 있다. 그런데 다신교적인 신앙 내용이나 희생을 바치고 음주 가무하는 의식의 절차 등은 불교 본래적인 것과는 상치되는 측면이 강하다. 그럼에도 불구하고 큰 수정이나 변화 없이 불교적 의례로 포섭하고 있는 까닭은, 그것이 일반 대중 속에 너무 오랫동안 뿌리 깊게 신앙되고 생활화된 습속으로 전승해 왔기 때문에, 이를 포섭하지 않고서는 불교의 홍포(弘布)는 물론 민심의 수습이 불가능했기 때문이다.

이와 같이 민간신앙의례를 불교의례로 포섭하여 불사에서 승려의 참여 하에 국가적인 의식으로 거행함으로써 불교는 국민대중 속에 토착화하게 되고, 동시에 이를 통한 국민적 연대감을 형성하는 정치적 효과를 거둘 수 있었다. 그러나 이런 유형의 의례는 불교의 대중화나 민심의 통합이라는 현실적인 효과를 얻는 대신 의례의 번쇄함과 허례로 인한 막대한 경비 지출이라는 현실적 폐단이 등장하게 되는데,[79) 이는 불교신앙 형태의 변질이나 의례절차의 형식화 및 속화(俗化)에 따르는 필연적 결과라고 생각된다.

나. 경전신앙

경전은 불타가 설(說)한 종교적 진리의 내용을 담고 있기 때문에, 불교를 신앙하는 사람들에게는 신앙의 길잡이요 의지처로서의 의미를 갖는다. 그러므로 경전은 그 내용이 이해되고 실천됨으로써 비로소 본래의 의미를 다하는 것이다. 그러나 일반 대중의 경우처럼 경전의 내용이 매우 어려워서 쉽게 이해할 수 없을 때는 가까이할 수도 없고 또 가까이하고자 하지도 않을 것이다. 그래서 대부분의 경전이 끝부분에 경전 자체 또는 그것을 읽거나 간직하고 베껴 쓰는 행위 자체가 일종의 마력을 발휘하여 여러 가지 세간적 이익을 가져다주는 것으로 기록하고 있다. 이러한 부분이 경전의 서분(序分), 정종분(正宗分), 유통분(流通分)이라는 3단계 구조 중 유통분에 해당한다. 그러나 경전의 구조상 그 중심은 어디까지나 핵심내용이 담겨 있는 정종분이고 유통분은 부수적인 것이라고 할 수 있다. 그런데 경전신앙은 부수적인 방편으로서의 유통분에 관심을 집중한 결과 그것 자체가 목적인 것처럼 신앙됨으로써 성립한다. 이러한 경전신앙은 중생구제를 강조하는 대승불교의 시작과 깊은 연관을 갖고 있는 것이다.[80]

고려에 있어서도 경전신앙이 매우 성행했음을 알 수 있는데, 인왕경(仁王經, 118회), 금광명경(金光明經, 29회), 화엄경(華嚴經, 12회), 법화경(法華經, 3회), 반야경(般若經, 14회), 약사경(藥師經, 3회), 능엄경(楞嚴經, 1회) 등의 강경법회(講經法會)가 빈번하게 개설되었다는 사실로부터 확인할 수 있다.[81] 이 중에서도 가장 빈번히 그리고 가장 성대하게 거행된 것은 인왕경을 신앙하는 인왕백고좌도량(仁王百高座道場)으로서, 『고려사』의 기록만으로도 118회에 이른다. 고려에서 이 경을 독송하는 인왕도량(仁王道場)은 2년마다 1회 및 3년마다 1회씩 정기적으로 개설되는 경우와 때와 장소 및 상황에 따라 수시로 개설되는 경우가 있었다.[82] 인왕경의 근본정신은 반야지혜(般若智慧)를 완성시키고 그것을 현실생활에서 널리 실천하도록 하는 데 있다. 이를 적극 권장하기 위해서 호국품(護國品)에서 이 경을 독송하면 국토의 온갖 재난과 외적의 파괴를 막아주고 중생들에게는 복을 지켜주고 온갖 재앙으로부터 보호해 준다는 등 공덕이 무량함을 말하고 있다.[83] 이로써 볼 때 인왕경의 독송을 국가석인 행사로 적극적으로 거행하였던 데에는, 경의 근본이념에 따라 지혜를 밝혀 국가사회에 구현시킴으로써, 인왕의 도리를 다하고자 하는 목적과 경의 독송으로 말미암아 생기는 호국안민(護國安民)의 공덕을 얻고자 하는 목적이 혼재하고 있었다고 할 수 있다. 그러나 고려 후기로 접어들면서 내우외환이 심해지게 되었고, 이처럼 상황이 절박한 때 열리는 부정기적인 도량일수록 경의 근본이념보다는 경을 독송하는 공덕을 이용하여 국가적 재난을 구하고자 하는 목적에만 치우치게 되어, 지혜의 완성과 실천보다는 의식의 거행 자체에 중점이 놓이게 되었다.[84] 인왕경의 신앙은 경도(京都)의 왕실과 귀족은 물론 지방인 서민과 남녀노소에 이르기까지 널리 신앙되고 있었다. 이는 경도에서 경행(經行)이라 하여 민리민복(民利民福)을 기원하기 위해 이 경을 받들고 보행, 독송하는 의식이 상례적으로 행해졌고, 향리에서는 농민들이 천재지변이나 우환이 있을 때 행독(行讀)이라 하여 경행과 유사한 행사를 거행했던 점에서 확인할 수 있다.[85] 또한 원의 직접 지배가 혹심하게 전개되던 14세기 전반기에는 민족의식이 강했던 공민왕 때를 제외하고는 한 번도 인왕도량이 열리지 못했던 점을 보아, 인왕경신앙은 민족의식과 깊이 밀착되어 있음을 알 수 있다.[86]

인왕경도량과 더불어 고려에서 가장 많이 개설되었던 경전신앙의례는 금광명경도량이었다. 금광명경을 신앙하는 도량에는 금광명경도량 (15회)과 이 경의 한 품(品)인 공덕천품(功德天品)에 의한 공덕천도량 (12회), 사천왕품(四川王品)에 의한 사천왕도량(2회) 등이 포함되며, 『고려사』에 기록되어 있는 것만으로도 29회에 이르고 있다.[87] 이 경의 근본정신은 자신의 모든 잘못을 뉘우치는 참회를 통하여 자기의 마음 을 정화시키고, 자신의 좋은 능력을 마음껏 발휘함으로써 여래의 지혜 를 얻도록 하는 것이다. 이를 적극적으로 권장하기 위해서 사천왕품, 공덕천품 등 12품에 걸쳐 이 경을 공양(供養), 수지(受持), 유포(流布)하 는 데 따른 공덕을 덧붙이고 있다. 그 공덕의 내용은 이 경을 듣는 국왕 이나 인민을 보호하여 여러 환난을 제거하고 편안하게 하며 외적을 물 리쳐 준다는 것 등이다.[88] 이로써 볼 때 고려에서 금광명경을 신봉하 는 의식을 중시했던 이유는 사방을 통촉하고 만물에 두루 미칠 수 있는 지혜의 부족을 반성하고 이를 계기로 스스로 지혜를 구하여 민의에 따 라 이를 적극 실천하고자 하는 목적과 경을 신봉하는 공덕을 이용하여 한발 등 천재지변을 물리치거나 복을 빌며 외침을 당했을 때 이를 진압 하고자 하는 현실적 목적에서 이루어지고 있음을 알 수 있다.[89] 이 중 에서 사천왕도량은 여진군이나 거란군의 침입을 물리치고자 하는 목적 으로부터 개설되었고, 공덕천도량은 몽고의 침략을 받던 고종(高宗) 22년(1235)부터 원종(元宗)대에 집중적으로 개설되고 있는 것으로 보 아 역시 이를 물리치기 위한 직접적 목적으로부터 개설되었다고 할 수 있다.[90] 그것은 군을 도와 생사를 돌보지 않고 싸울 수 있는 용기와 정 신력을 배양하고자 하는 군사적 목적을 지닌 것이었으며, 더 나아가 도 량 자체가 군사적 행사로서 그 행사에 참여한 인원 역시 병사의 성격을 띤 것이었다고 볼 수 있다.[91] 또한 금광명경도량이 원나라의 부마국이

되어 그의 간섭을 받던 충렬왕으로부터 충선왕에 이르는 시기에는 한 번도 열리지 않는 것으로 보아, 외침에 대항하는 민족의식을 고취시키는 역할을 담당했던 것으로 생각된다.[92] 고려 전반기에는 대체로 경의 근본이념에 충실하게 참회를 통해 스스로의 잘못이나 교만, 게으름 등을 반성하고 올바른 지혜로 모든 현실생활의 문제들을 처리해 나가고자 하는 계기로 작용하는 측면이 있으나, 후기로 갈수록 경이 지닌 공덕을 이용해서 설박한 상황을 타개하고자 하는 목적만으로 의식을 거행하는 경향이 강하게 나타났다고 할 수 있다.

화엄경, 법화경 등의 경전에 대한 신앙을 기본으로 하는 강경법회도 모두 지혜에 의한 바른 법이 사회의 구석구석에서 실천될 때 국가와 인민이 모든 재난으로부터 벗어나서 평안을 누리게 된다는 구조를 지니고 있다. 그러나 고려의 강경법회는 경전을 강의하고 해석함으로써 경전 내용의 이해와 실천을 돕는다는 본래의 이념은 점차 망각되어 가고, 기우(祈雨), 양병(禳兵), 양재(禳災), 양질병(禳疾病), 천도(薦度) 등을 위한 기도의 목적을 갖는 의식적 성격이 강하게 되었다. 이는 경의 중심부분인 정종분보다는 인왕경의 호국품이나 금광명경의 사천왕품, 공덕천품 및 법화경의 법사품(法師品) 등과 같이 부수적 부분인 유통분이 강조됨으로 해서 의식주의적 경향을 띠게 된 것이라 할 수 있다.[93] 그리고 이러한 의식주의는 불보살의 도움으로 복을 구하고자 하는 목적에서 경의 일부를 독송하는 전경(轉經)의 의식과, 동일한 목적으로 걸으면서 경을 독송하는 경행(經行)[94]이라는 의례 등 여러 가지 다양한 의식으로 전개되었다.[95]

현종(顯宗), 문종(文宗) 간(間)의 1차 대장경 조판과 고종(高宗)대의 2차 대장경 조판의 시행도 경전의 유통분에 중점을 두어 그것을 서사(書

寫), 수지(受持)하는 공덕을 목적으로 하여 이를 행동화한 것이라고 볼 수 있다. 즉 외적의 침입이라는 절박한 상황 속에서 대장경 간행이라는 대불사(大佛事)를 행한 것은 이를 통해 불(佛)의 가호를 받아 국난을 타개할 수 있다는 의식주의적 경전신앙이 뿌리 깊게 작용한 것으로 보인다. 또한 대장경을 판각, 서사, 주조하고 그 사업을 축하, 기념하거나 그 공덕을 찬탄하는 경찬회(慶讚會) 및 경장도량(藏經道場)도 일차적인 목표가 국난을 제거하는 데 있었음이 확인된다.96) 고려 말 료원(了圓)이 찬(撰)한 『법화영험전(法華靈驗傳)』은 법화경을 독송하고 신앙한 결과 기적과 신비가 나타났다는 사실을 107종의 설화로 기록하여 전하고 있는데, 이를 통해서도 고려시대에 경전신앙이 얼마나 성행했는지와 그 특성이 어떤 것이었는지를 짐작할 수 있다.97)

이상과 같이 고려시대의 경전신앙은 경전에 부수적으로 서술되고 있는 문자에 매달려 스스로 경전의 내용을 이해하고 실천하려는 노력 없이 의식의 거행만으로 타력에 의해서 문제를 해결하고자 하는 경향이 강하였다. 이러한 신앙행위는 비록 경의 본질과는 거리가 있는 것이었다 하더라도 남녀노소에 관계없이 널리 경전의 내용에 직접 접할 수 있는 계기로 작용했다는 점에서 불교를 전국적으로 전도하고 포교하는 데 결정적인 기여를 하였다고 볼 수 있다. 또한 국가적으로나 개인적으로 절박한 상황이나 고난에 처했을 때, 정신적 불안과 절망을 떨치고 문제해결에 적극적인 행동으로 나설 수 있는 심리적 효과를 발휘하였고, 공동체로서의 일체감을 조성하거나 민족의식 및 국가의식을 고취하는 등 정치적, 군사적인 효과를 발휘하였다. 그러나 경전의 근본정신을 망각한 타력의존적 경향이 건전한 주체적 사고를 마비시켜 역기능으로 작용한 측면과 빈번하고 화려한 의식의 거행으로 말미암아 경제적 지출이 증가함으로써 국력이 소모되는 등의 부작용이 심하였다는 사실에도 주목해야 할 것이다.

다. 기도와 주술

기도가 선한 신에 대해서 은총, 구혼 등을 기대하는 행위인 데 비해서, 주술은 악한 신에 대한 통제를 통해서 제액(除厄), 소재(消災) 등을 기대하는 행위라고 할 수 있다.[98] 기도는 신에 의지하는 형태를 취해 문제의 간접적인 해결을 시도하는 데 대해서, 주술은 행위 자체가 효력을 갖는다는 형태로서 문제를 직접적으로 해결하는 방식을 취한다는 점에서 구별되지만, 이 양자는 인간의 문제를 해결하기 위해 초자연적인 특수능력을 동원한다는 점에서 일치한다.[99] 또 이 두 가지 종교적 행위는 서로 착종하여 기도에 치병(治病), 제액(除厄) 등이 등장하기도 하고, 주술에 선신(善神)의 가호력이 등장하기도 하며, 대체로 두 가지 행위가 동시에 이루어지는 경우가 많다.[100] 따라서 이 두 가지 종교행위는 하나의 범주로 묶어서 검토하는 것이 바람직하다고 생각한다.

앞에서 전승습속에 의한 신앙의례로 든 팔관회, 연등회 등도 그 신앙 내용에 있어서는 여러 신에게 국가의 수호 및 국민의 안녕과 풍요 등을 비는 것이었으며, 경전신앙과 관련해서 언급한 사천왕도량, 공덕천도량, 장경도량 등도 그 내용상으로는 불보살 및 그 권속에게 문제의 해결을 기원하는 것이었다. 불교신앙이 대중화되고 세속화됨에 따라서 현실적이고 세속적인 문제해결에 대한 요청도 더욱 강하게 일어나고, 종교행위의 기도 및 주술의 경향도 더욱 심화되어 가는 것은 당연한 추세이다. 이런 각도에서 보더라도 고려시대에 거행된 대부분의 의례는 기도 내지 주술의 성격이 강하게 작용하고 있다고 할 수 있다. 그중에서도 신중도량(神衆道場, 39회), 나한재(羅漢齋, 28회), 제석도량(帝釋道場, 23회), 문수회(文殊會, 10회), 마리지천도량(摩利支天道場, 5회), 문두루도량(文斗婁道場, 5회), 약사도량(藥師道場, 5회), 소재도량(消災道場, 147회), 휘진도량(韓辰道場, 16회), 기양도량(祈禳道場, 5회), 기우도량(祈雨道場, 5회), 불정도량(佛頂道場, 36회) 등은 주로 기도 및 주술로써 특정한 목적을 달성하려고 하는 행사였다.[101] 그 목적이 되는 것은 자연현상으로부터 오는 천재지변의 제거와 외적의 침입, 질병 등 재액(災厄)의 퇴치 및 건강, 부귀 등 세속적인 여러 복락(福樂)이었다. 이처럼 신앙행위의 목적이 대부분 현실생활에서 제기되는 문제의 해결을 지향하는 것이고, 초월적인 존재의 신비한 힘, 주(呪)나 다라니(陀羅尼, Dhārani)가 지니는 마력 등 타력에 의해서 문제를 해결하고자 하는 방식을 취한다는 점에서 무교적인 요소와 밀교적인 영향이 강하게 작용하고 있다고 할 수 있다.[102]

이러한 형태의 신앙행위는 정치적 동요와 사회적 혼란 및 외적의 침입이 심해진 고려 말기에 접어들수록 성행하게 되는데, 이는 고려 불교의 세속화 및 대중화와 깊은 관련이 있다고 생각된다. 고려 말의 불교는 세속과의 밀착도를 점차 더해 갔으므로 세속의 문제와 변화에 무관할 수 없었고, 실제적인 행위와 더불어 신앙행위로써 문제의 해결을 시도하게 되었던 것이다. 앞에서 열거한 기도와 주술을 중심으로 하는 신앙행사들이 주로 이 시기에 집중적으로 거행되고 있는 사실이 이를 뒷받침해 준다. 또한 이 시기에는 귀족 중심의 지배층이 붕괴됨으로 인하여 불교도 민중불교 내지는 지방 중심의 경향으로 바뀌는 현상을 보여주고 있다.[103] 불안한 민심은 현학적인 교리체계를 탐구하고 이해하거나 한적한 장소에서 깊은 선리(禪理)를 추구하는 명상보다는, 현실적 불안을 즉각 소멸해 준다고 믿어지는 주술적, 신이적(神異的) 신앙에 경도되기 쉬운 것이다.[104] 따라서 일반 민중들이 신비적 행위에 더 큰 관심을 가지게 되는 것은 자연스러운 일이고, 이러한 신비적 경향이 압도하는 시기였으므로, 이 시기의 고승들의 생애를 밝힌 비문(碑文)이나 행장(行狀) 또는 일화(逸話) 등에는 그 이전보다 신비적인 요소가 강하게 나타나게 되며, 이 시기에 저술된『삼국유사』에서도 신이(神異)한 전승을 강조하게 된 것이라 할 수 있다.[105]

이처럼 기도와 주술이 중심이 되는 타력의존적 신앙형태는 또한 주로 서민대중들 사이에서 크게 유행한 미타신앙, 관음신앙에서 그 전형적인 모습을 찾아볼 수 있다. 즉 남녀, 노소, 귀천, 승속을 가리지 않고 누구라도 아미타불과 그의 협시보살인 관세음보살의 이름을 부르기만 하여도 그들의 영험한 힘을 빌려서 현세의 여러 고통으로부터 벗어날 수 있을 뿐만 아니라 극락정토에 왕생하는 길을 획득하게 된다는 것이므로, 이는 생활고와 부역 및 전쟁으로 인한 죽음의 공포에 항상 직면하게 되는 서민대중에게 특히 깊게 파고들게 되었던 것이다. 그러나 왕실이나 귀족에게도 현세의 복락을 더하고 이를 미래에도 연장하고자 하는 염원이 있으므로 이러한 신앙은 모든 계층을 망라하는 가장 보편적인 형태로서 자리 잡게 되었다. 따라서 천태종, 화엄종, 선종을 비롯한 고려 불교의 모든 종파가 이 정토사상을 채용하여 신봉했던 것이다.[106] 그런데 고려의 정토신앙은 사후 극락정토에 왕생하려는 목적보다는 현세적인 이익을 목적으로 하는 측면이 특히 강조된다. 이러한 특징은 고려 말기로 접어들수록 뚜렷이 드러나는데, 고려시대 대표적인 정토관계 찬술이라 할 수 있는 혜영(慧永, 1228-1294)의『백의해(白衣解)』나 원참이 집록(集錄)한『현행서방경(現行西方經)』이 내용적으로 질병이나 도병(刀兵), 재난(災難)의 소멸 등 현실문제의 타개를 발원하는 것으로 되어 있는 것에서 이를 확인할 수 있다.[107]

이상에서 고찰한 바와 같이 기도와 주술의 신앙행위는 서민대중의 정서와 합치되고 고려 불교의 세속적 경향에 부합하는 신앙형태로서 고려 불교 전반에 뿌리 깊게 자리 잡고 있었다. 이러한 신앙행위는 대중들의 소망이나 요구에 직접 부응함으로써 그들 속에 생활불교로서 뿌리내리게 하는 데 결정적인 기여를 했다. 또한 고난이나 문제에 직면했을 때 누구라도 직접 신앙행위에 참여하여 신심을 충족시키고 심리적 위안을 얻을 수 있는 여지를 제공하였다. 그러나 선인(善因)을 짓지 아니하고 선과(善果)만을 바라며, 기원을 마음에서 구하지 않고 형식에서 구하는 등 교리와 행위의 의미에 대한 이해 없이 반복되는 신앙행위는 맹목성을 증장시켜 형식주의로 치닫게 하고 불교의 본질인 깨달음으로부터 멀어지게 하는 측면도 있었다. 뿐만 아니라 초월적인 힘이나 비법에 의지하는 경향이 심하여짐에 따라 고려 불교의 세속화 과정은 한층 가속화하였고 주체적 합리적 사고를 마비시켜 미혹된 행태를 낳기도 하였다.

라. 수행 중심적 신앙행위

고려 불교에는 세속적 경향이 강하게 나타나는 가운데서도 불교신앙의 본질에 접근하는 신앙형태들이 고려 말까지 전통으로서 줄곧 이어지고 있었다. 『고려사』에는 왕들이 보살계를 받은 것에 관한 기록이 공민왕에 이르기까지 60여 회에 걸쳐 있는데, 보살계의 수여식이 주로 화엄경의 보살십지품(菩薩十地品) 등을 독송함으로써 스스로 계율을 준수하고 보살이 되어 중생을 구제할 것을 맹세하는 것이었음을 생각할 때,[108] 여기에는 순수한 자기수행의 측면이 강하게 작용하고 있음을 부인할 수 없다. 계(戒, sīla)는 강제로 부과되는 것이 아니라 스스로 잘못과 죄를 범하지 않겠다는 다짐으로서 자율적 규범에 속하는 것이므로, 왕 스스로 계를 받는 의식을 거행했다는 사실은 내용상 혹 불교의 세력을 이용하고자 하는 의도가 있었을지라도 진정으로 불교에 입문하는 모습을 보인 것이라 할 수 있다. 또 계율을 어겼거나 악행을 저질렀을 경우 그것을 자발적으로 고백하고 뉘우치는 참회법회에 관한 기록도 5차례 등장한다.[109] 참회 역시 강제성을 띤 것이 아니고 자발적인 것이므로 여기에는 허위나 위선이 스며들 여지가 적다는 점을 감안하면 불교신앙에 의해 자신을 정화하고 자기 생활을 규율하는 왕실의 노력이 있었음을 알 수 있다. 또 앞에서 언급한 금광명경도량에서도 참회의 의식이 중요한 부분을 차지하고 있었음을 살핀 바 있다. 이처럼 왕실이 중심이 되어 수계와 참회의 의식을 행사로서 거행하고 있었다는 사실은 귀족이나 일반 서민들의 신앙태도에도 적지 않은 영향을 미쳤으리라고 생각된다.

화엄삼매참도량(華嚴三昧懺道場), 비로사나참회법회(毘盧遮那懺悔法會), 천태예참법(天台禮懺法) 등의 이름이 전하는 것으로 보아 화엄종과 천태종에서도 참회라는 신앙형태를 채용하고 있음을 알 수 있고, 유가종(瑜伽宗)의 진억(津億)이 중심이 된 수정결사(水精結社)에서 악보(惡報)에 빠진 사람들을 위해 대참(代懺)까지 하는 등 철저한 참회의 수행을 하고 있었다는 사실로부터 유가종과의 관련도 있었음이 확인된다.[110] 원묘국사(圓妙國師) 료세(了世, 1163-1245)의 백련결사(白蓮結社)에서는 참회를 특히 강조하여 대중과 함께 일과에 넣어 날마다 맹렬한 참회를 하였을 뿐만 아니라 법화삼매참(法華三昧懺)은 참회를 원돈

지관(圓頓止觀)의 경지까지 끌어올렸다.[111] 또한 참된 선(禪)을 지향하는 지눌(知訥, 1158-1210)의 정혜결사(定慧結社)도 참회를 전적으로 부정하고 있지 않았음을 상기할 때,[112] 참회라는 형태의 신앙행위가 고려 불교 전반에 걸쳐서 시행되고 있었음을 알 수 있다.

앞에서 언급한 아미타불, 관세음보살 등의 이름을 부르는 칭명염불(稱名念佛)은 기본적으로 타력적(他力的)이지만 지심(至心)으로 칭명(稱名)하여야 고난에서 벗어나게 된다고 하게 되면 오로지 한마음으로 정성껏 억념(憶念)하는 자력적 수행의 형태를 띠게 된다. 염불이 이처럼 자기수행의 행위로 전환되고 있는 모습은 태고보우(太古普愚, 1301-1382)와 나옹혜근(懶翁惠勤, 1320-1376)에게서 발견할 수 있다. 보우에게 있어서 염불은 아미타불의 명호를 부르거나 관(觀)하는 자신이 누구인가를 다시 관하는 것이므로 이는 단순한 염불(念佛)이라기보다는 선종의 공안(公案)과 유사한 것이라고 할 수 있다. 그러므로 보우에게 있어서는 염불을 통한 극락왕생이 아니라 염불에 의한 자성(自性)의 발현(發現)이 근본목표가 된다.[113] 또한 나옹의 경우는 망념(忘念)을 그치게 하기 위한 방편으로 염불을 권하고 있기 때문에 무념염불(無念念佛)이라 할 수 있으며, 이 역시 선적 바탕에서 비롯된 독특한 염불수행이라 할 수 있다.[114] 이처럼 염불이 보우의 경우처럼 관(觀, 간화[看話])의 성격을 띠거나 나옹의 경우처럼 지(止, 무념[無念])의 성격을 띠게 되면 이는 자력적 선수행(禪修行)과 같은 것이라고 할 수 있다. 여기에서 우리는 서민대중이 쉽게 동참할 수 있기 때문에 그들에게 폭넓은 호응과 공감을 얻고 있는 염불의 성격을 타력에 의존해 복락을 구하는 데서부터 전환시켜 불교의 자력수행이라는 신앙의 본질에 접근시키려는 노력을 발견할 수 있다. 미륵신앙은 말세상태(末世狀態)의 인간이 계율을 수지하고 선(善)을 추구하여 자신과 세계를 정화할 때, 모든 문제가 전 세계적으로 해결되는 용화세계가 실현된다는 하생신앙(下生信仰)이 중심이 된다.[115] 이는 용화세계의 주체적, 현실적 실현이 핵심이 되고 있으므로 기본적으로 자력신앙이라 할 수 있으며 타력적 정토신앙과는 다른 것이다. 미륵하생신앙은 이처럼 고난의 현실을 사후가 아닌 현세에서 즉각 여러 사람의 협동을 통해 실현코자 하는 개혁의지를 담고 있으므로 서민대중에게 광범위하게 침투되어 구체적, 집단적 힘을 발휘할 수 있다. 고려 초에 개태사 및 관촉사에 미륵불을 모시는 사찰을 건립하고 있는 것은 현지의 민중들 속에 미륵신앙이 깊게 자리 잡고 있었다는 증거이며,[116] 말기의 공민왕 때 신돈(辛旽)이 스스로를 미륵의 화신으로 자처한 것이라든지 우왕 때 이금(伊金)이 스스로를 미륵불이라 칭하여 백성을 미혹시킨 일이 있었다는 사실로부터 그 당시 민중들의 미륵신앙에 대한 경도가 얼마나 깊었나를 짐작할 수 있다.[117] 그러나 왕실이나 귀족층에서는 이러한 하생신앙을 변질시켜 미륵불을 염원함으로써 현실의 부귀영화를 사후 도솔천에 왕생하여 계속 누릴 수 있다고 믿었으며, 이러한 타력적 상생신앙(上生信仰)이 고려의 유가사찰(瑜伽寺刹)에서 성행하였다.[118] 또 충렬왕 때는 미륵신앙에 바탕한 용화회(龍華會)가 2회에 걸쳐서 거행되기도 하였다. 이처럼 고려에 있어서 미륵신앙은 스스로 미륵을 참칭하거나 미륵을 염원함으로써 이득을 노리는 형태의 행위들이 주류를 형성하게 되어 본래의 자기수행을 통한 현실개혁의 기능을 충분히 수행하지는 못한 것으로 평가할 수 있다.

참선을 통해서 곧바로 마음의 본성을 봄으로써 깨달음을 얻고자 하는 선풍(禪風)은 청규(淸規)와 더불어 신라 말에 도입되었는데, 현학적인 교리조직과 의례행위를 부정하는 마조 계통(馬祖系統)의 선이 주류를 이루었다.[119] 이들은 개인적 수도생활에 정진할 뿐 아니라 사회와 민중을 정화하고 구제하는 보살수행에도 힘을 쏟아 선이 급속도로 전파되었으며, 고려 초에는 구산선문(九山禪門)의 성립을 보게 되었다. 이후 산문선(山門禪)은 의식주나 행(行), 주(住), 좌(坐), 와(臥)의 전반에 걸친 일상의 수행생활에 밀착된 조동선계(曹洞禪系)가 주류를 이루었고, 광종 때에는 선종과 화엄종 사상을 융합하는 법안종(法眼宗)의 선풍이 풍미하였다.[120] 예종 때의 이자현(李資玄, 1061-1125)을 비롯한 곽여(郭輿, 1058-1130), 권적(權適, 1094-1146) 등은 개인적으로 거사적(居士的)인 선수행에 열중하였는데,[121] 이러한 풍조는 선수행이 고려 사회에 토착화하는 데 크게 기여했던 것으로 생각된다.[122] 지눌은 수선결사(修禪結社)를 통해서 집단적인 선수행에 진력하고 사회현실을 정화하는 운동을 일으켜 선을 현실사회 속에서 중흥시켰다. 고려 말 보우, 혜근, 경한(景閑, 1295-1375) 등은 활달자재(活達自在)한 임제선(臨濟禪)을 본격적으로 수용하여 보급시켰다.[123] 한편 태조 이래로 담선법회(談禪法會)가 줄곧 거행되고 있었는데, 초기에는 선의 이치를 서로 담론하고 아울러 실천적인 참선도 겸하여 선풍을 진작시키려는 목적이 주류를 이루었지만 후기에 접어들면서 최씨 무신집권 시대에는 특히 행사가 자주 열리게 되고 그 목적도 대개 외적을 물리치는 것으로 변질되었다.[124]

이상의 고찰에서 보듯이 선수행의 전통은 시대에 따라 약간의 선풍의 차이와 성쇠의 차이는 있었지만 고려 말까지 산문이나 현실사회 속에서 개인적 혹은 집단적으로 줄곧 이어져서 꾸준히 선이 수행되고 있었다. 이러한 전통은 불교 본래의 자력수행의 정신을 유지시켜 줌으로써 고려 불교가 세속적인 목적에 봉사하는 타력신앙으로 매몰되어 버리는 것을 막는 데 큰 역할을 하였다고 할 수 있다. 또한 선가(禪家)의 청규(淸規)에 영향을 받은 승려들이 수도적인 자세와 생활을 영위해 나감으로써 세속적인 욕망에 젖어 나태와 방일, 향락에 빠진 승려들을 경책하는 측면도 있었음을 무시할 수 없다.

마. 사회봉사와 교화활동

불교의 근본목표가 깨달음을 얻어 중생을 구제하는 데 있다면 구제의 본령은 정신적인 전환에 의해 평안을 얻게 하는 데 있다. 이러한 종교적 구제는 인간다운 생활영역의 확보라는 사회적 구제를 빼놓고는 성립할 수 없다. 종교적 구제 없이 사회적 구제만으로 인간을 진정한 행복으로 인도할 수 없는 것처럼 사회적 구제 없이 종교적 구제를 얘기하는 것은 현실성이 없다.[125] 그러므로 사회적 구제와 종교적 구제가 상호 보완적 관계로 통일되어야만 각각의 기능을 발휘할 수 있고, 그때에야 구제는 완성되는 것이다. 이런 관점에서 볼 때 불교의 근본사상인 자비는 단순히 동고동락하는 마음을 의미하는 것뿐 아니라 적극적으로 복지를 추구하고 재난을 구제하는 행위를 포괄한다고 할 수 있다.[126] 그러므로 자비가 특히 강조되는 대승불교를 국교로 신봉하는 고려에서 여러 가지 사회적 봉사활동이 구체적으로 전개되었던 것은 너무도 당연한 일이라고 할 수 있다.

고려시대에는 불교의 자비정신에 입각한 국가단위의 구제의료기관(救濟醫療機關)으로 제위보(濟危寶), 동서대비원(東西大悲院), 혜민국(惠民局) 등이 있었다. 제위보는 광종 14년(963)에 빈궁자(貧窮者)를 구제하고 질병자(疾病者)를 치료하는 국가구제기관으로 개경에 설립되었고, 동서대비원은 국초부터 개경과 서경에서 구제의 기능을 수행해 오던 국가기관으로서 문종 30년(1076)에 제위보와 더불어 직제가 정해졌으며, 혜민국은 예종 7년(1106)에 설립되고 직제가 정해졌다.[127] 이들 구제기관에서 담당한 구제사업은 국가와 사원의 협동작업으로 이루어졌으며, 대개 굶주린 자에게 음식을 베풀고 가난한 자에게 의식(衣食)을 제공하고 병든 자를 구휼하는 것이었는데, 때에 따라 성쇠의 차이가 매우 심했고, 고려 말에는 이들이 제 기능을 다하지 못하고 유명무실해졌다. 이에 이르러서는 진제색(賑濟色), 진제량(賑濟場), 진제도감(賑濟都監) 등 임시적인 조치를 취하여 구호사업을 수행하기도 하였다.[128] 국가의 명(命)으로 개국사(開國寺)와 보도원(普道院)의 두 사찰이 기민구제(飢民救濟) 및 행려자(行旅者) 급식의 장소로 지적되었다는 기록이 있는 것으로 보아 전국의 사찰, 사원도 축적된 부를 바탕으로 나름대로 이러한 역할을 담당했을 것으로 짐작된다.[129]『고려사』에는 남녀(男女), 도속(道俗), 귀천(貴賤)을 묻지 않고 아무것도 가리는 것 없이 재시(財施)나 법시(法施)를 베푸는 무차대회(無遮大會)가 태조 23년에 1주야 동안 열렸고, 이를 상례로 삼았다고 하는 기록이 있으며,[130] 의종(毅宗) 18년에도 이 행사가 열렸음이 확인된다. 빈곤이 보편적인 사회에서 무료로 먹을 것을 무제한으로 제공하여 포식할 수 있는 기회를 주는 일이야말로 서민대중에게 있어서 가장 절실한 구호사업이었다고 할 수 있다.

고려시대에 사원에는 의승(醫僧)이 있었고 이들은 외과수술법인 전문 의술에서부터 주금적(呪禁的) 방법을 이용하기까지 다양한 방식으로 질병을 치료하였는데,[131] 그중에는 고려 말 몽고와의 빈번한 왕래와 이들과의 불결한 접촉으로 인하여 만연된 성병을 치료한 적도 있다.[132) 또 주금적 방법이 쓰였을 것으로 보이는 의술에 관계되는 불경이 고려시대에 다수 간행되기도 한 것으로 보아[133) 질병치료에 불교가 담당한 역할은 상당한 것이었다고 할 수 있다.

또 제(齋)라고 하는 이름의 국가적 행사에 관한 기록이 『고려사』에 30여 회에 이르고 있는데, 제(齋)가 범어(梵語, upavasatha)의 역어(譯語)로서 승려의 식사를 의미하는 것임을 감안할 때, 이는 승려에게 식사를 공양하는 의식이었음을 알 수 있다.[134) 설제(設齋)의 기사 외에도 『고려사』에는 반승(飯僧)이라는 명칭으로 승려에게 성대한 공양을 올렸다는 기록이 141건에 달하고 있다.[135) 그러나 이러한 행사는 엄청난 보시를 행하고 있기는 하지만 승려에게 식사를 제공함으로써 공덕을 쌓아 복을 얻고자 하는 목적에서 의례적으로 이뤄지고 있었던 점에서 사회봉사적 성격은 약한 것이었다고 할 수 있다.

사원에서는 불보(佛寶)나 장생고(長生庫)를 운영하여 기근 때에 굶주린 사람들에게 전곡을 대여하여 줌으로써 구제의 역할을 담당하기도 하였으나, 점차 사원의 경제적 이익추구의 수단으로 변화함으로써 민중에게 과중한 이자의 부담을 비롯한 불이익을 주어 토지를 빼앗는 등 폐단이 심하였다.[136)

사회적 구제가 경제적, 사회적 조치를 취함으로써 구체적으로 이루어지는 것이라면, 종교적 구제는 철저하게 내면적인 것이므로 교화에 의한 정신적 전환이 그 핵심을 이룬다. 교화는 경전을 직접 읽고 이해하거나 수행자의 모범을 보고 스스로 실행함으로써 또는 행사나 의례에 참여하여 설법을 들음으로써 이루어질 수 있다. 그러나 일반 서민대중은 경전을 읽고 이해하기도 어렵거니와 생업에 바쁜 가운데 행사나 의례에 직접 찾아가 참여하는 기회도 극히 드문 것이다. 그러므로 대중들의 교화라는 목적을 이루기 위해서는 보다 적극적인 노력이 있지 않으면 안 된다.

고려에는 승속(僧俗), 남녀, 노소, 존비(尊卑)가 함께 어울려서 염불과 독경을 하는 향도조직(香徒組織)이 줄곧 존재했다. 이러한 사실은 이들이 잡거(雜居)하고 한데 어울림으로 인하여 생기는 풍기의 문란을 경계하는 금령(禁令)이 줄곧 내려지고 있다는 사실로부터 확인할 수 있다.[137] 이처럼 승니(僧尼)가 속인들과 더불어 어울림으로써 세속의 탁류에 함께 휩쓸리는 경우도 있었지만, 긴밀한 교류에 의해 세속인이 감화를 입어 이기심을 버리고 자혜(慈慧)의 정신을 사회봉사에 쏟은 경우도 적지 않았고,[138] 불교의 계율을 지켜 술을 끊고 수양에 힘쓰도록 유발시키기도 하였다.[139]

또 고려에는 각지로 돌아다니며 대중교화에 힘썼던 권화승(勸化僧)이 있었는데, 이들이 원문(願文)이나 권선부(勸善符) 등을 팔아 치부를 하는 폐단이 있기도 하였다.[140] 이들은 민간에 머물기도 하면서 돌아다니던 유화승(遊化僧)이라고 볼 수 있는데, 난해한 전문적인 경전을 통속적으로 알기 쉽게 해석하여 강의하기도 하고 여러 가지 인연설화나 비유를 섞어서 문맹인 시골사람들을 이해시켜 나갔을 것이다. 이들이 설법할 때 사용되었을 것으로 생각되는 교재에는 글을 모르는 사람에게 대강의 줄거리를 이해할 수 있도록 경전의 내용을 그림으로 나타낸 변상도(變相圖)가 그려져 있었을 것이다. 고려시대에 그려진 것으로 현재 화엄경변상도, 관무량수경변상도를 비롯한 여러 경(經)의 변상도가 수십 점 남아 있는데, 책의 내용을 설명한 변상도들이 각 권마다 그려지고 있다.[141] 뿐만 아니라 고려시대를 통틀어 수없이 많은 판화들이 제작되고 있었는데, 판화가 대량유포를 전제로 제작되는 것임을 감안할 때 이는 서민 계몽을 위해 대중들에게 유포하기 위한 목적에서 이루어졌다고 볼 수 있다.[142] 또 국가적인 의식에서 범패(梵唄)의 전문가가 동원되어 하늘이 떠나갈 만큼 성대하게 범패를 부른 것을 보면 경전을 읽을 때 묘한 음성과 가락을 사용하여 대중의 종교심을 유발시키는 방법도 동원되었을 터이고 이것이 범패로서 발전했을 것이다.[143]

균여(均如, 923-993)는 60여 권에 달하는 화엄관계 저술을 모두 방언과 이두로 주석하였고,[144] 보현사상(普賢思想)을 대중화하기 위해서 이를 대중들이 즐겁게 받아들일 수 있는 형태인 향가로 표현하여 보현십종원왕가(普賢十種願王歌) 11수를 지었다. 그리하여 대중 속에 놀랍도록 잘 수용되어 구송(口誦)은 말할 것도 없고 담 벽에도 쓰이고, 치병(治病)에도 신비로운 효과를 나타내었다.[145] 혜근(惠勤)은 승원가(僧元歌), 백납가(百衲歌), 고루가(枯髏歌), 영주가(靈珠歌) 등을 일반인에게 쉽게 보급될 수 있는 가송(歌頌)과 쉽게 읽히는 이두문으로 지어 세간의 탐착심을 버리고 부지런히 염불하여 극락왕생하도록 인도했다.[146] 이들은 지적인 수준이 낮은 대중들을 위해서 경전의 의미를 쉬운 말과 노래로 바꾸어 전달함으로써 교화의 효과를 확대해 나갔다고 할 수 있다.

이 밖에도 고려 후기 백련결사(白蓮結社)를 비롯한 결사운동은 남녀, 빈부, 신분의 고하를 막론하고 실천신앙운동에 직접 참여할 수 있는 계기를 적극적으로 마련하여 민중의 자각을 불러일으키는 데 크게 기여한 바가 있다.

고려에서 찾아볼 수 있는 이상과 같은 사회적 봉사와 적극적 교화활동은 불교의 하화중생(下化衆生)이라는 본분을 적극적으로 실천한 것이라 할 수 있으며, 이러한 노력이 있음으로 인해서 불교가 국민대중들의 삶 속에 실제적인 의미를 지닌 것으로 자리 잡을 수 있었다고 생각한다.

4. 불교와 생활세계

불교가 고려시대에 국가종교로서 공인되고 있었다는 사실만으로는 불교가 고려 사회에서 갖는 위치와 의미를 충분히 이해할 수 없다. 불교가 서민대중 사이에 어느 정도 유포되었고 그들의 생활 속에 어떻게 작용하고 있는가를 살피지 않으면 안 된다. 아무리 높고 깊은 관념으로서의 불교가 존재한다 하더라도 그것이 많은 사람들 속에서 행동화하고 생활화하지 않을 때는 본뜻을 상실하게 된다.[147] 그러므로 서민대중이 불교를 어떻게 이해하고 있으며 불교를 통해 무엇을 얻고 또한 어떻게 처리해 나갔는가 하는 것을 그들의 생활 속에서 살피는 일이야말로, 고려 사회에서 불교가 갖는 의미를 이해하는 핵심적인 작업이라 할 수 있다.

가. 불교의 대중화

불교는 수입 이래 국가적인 후원을 등에 업고 급속히 전파되어 자장(慈藏)의 시대(640년경)에는 당시 국민으로서 10집 가운데 8, 9는 계를 받고 부처님을 받들었을 정도로 보편화되었다.[148] 이후 혜숙(惠宿), 혜공(惠空), 대안(大安), 원효(元曉) 등 불교의 서민화와 대중화에 앞장선 승려들의 활약에 힘입어 한층 서민대중 속에 생활화되었다. 신라 하대에는 선이 전래됨으로써 불교가 각 지방까지 널리 보급되는 데 큰 역할을 하였다. 고려는 이러한 전통을 그대로 이어받아 불교가 전 국민의 삶 속에 깊이 스며들어 있었기 때문에 불교를 국가종교로 공인하지 않을 수 없었다.

고려시대에 훈요(訓要)에 의해 수없이 개설되었던 연등회, 팔관회 등의 전승습속에 바탕을 둔 불교의례는 불교를 민중의 습속화된 신앙으로 구체화함으로써 널리 오랫동안 전승시킬 수 있었다. 습속화는 종교가 일반화, 사회화되는 데 있어서 필수적인 것이며 습속화되지 않는 의례는 점차 그 존재성이 약화될 수밖에 없다. 의례가 생활화되고 민중화되며 거기에 내직, 질적 전환이 일어나는 곳에 습속화가 나타난다는 점을 생각할 때,[149] 전승습속과 결합된 불교의례의 빈번한 거행은 비록 내면적으로는 불교의 본질과 다른 요소가 개입된다 하더라도 불교의 서민화, 토착화에 결정적인 역할을 했음에 틀림없다. 또한 고려시대에 거행된 불교의례는 행사기간이 3일, 5일, 7일이 보통이었고,[150] 21일 혹은 37일간 계속된 경우도 있었으며, 어떤 행사는 전국의 중요한 사원에서 동시에 개최되는가 하면 모든 주(州), 부(府), 군(郡), 현(縣)까지 성대하게 거행되는 때도 있었다고 하니, 행사 참가자의 수나 규모가 어느 정도였는지를 짐작케 한다.[151] 이처럼 대규모로 행해진 불교의례는 신앙심을 강화시킬 뿐 아니라 신앙공동체로서의 연대감과 일체감을 형성해 줌으로써 서민대중을 불교신앙에 붙잡아 두는 데 커다란 효과를 발휘했음에 틀림없다. 게다가 대부분의 의례가 타력신앙에 바탕을 둔 기도의 형태로 이루어지고 있다는 점이 서민들의 정서와 부합했을 터이고, 의례의 목적도 거의가 서민대중의 현실적이고 절박한 문제해결을 지향하는 것이었으므로 호응도와 밀착도가 매우 강했으리라 짐작된다. 그러나 한편에 있어서 의례 행사로 인하여 서민들이 떠안게 되는 재정과 인력의 부담은 직간접적으로 매우 큰 것이었다고 할 수 있다. 경비는 물론 대부분 국고에서 충당되었지만 때로는 민중에게 직접 부담시키는 경우도 있었고,[152] 국고 역시 국민의 조세로 이루어진 것이 므로 결국은 민중이 부담한 것과 마찬가지라고 할 수 있다.[153] 행사에 필요한 노동력은 양민과 노비의 두 계층이 담당하였는데, 행사규모가 크고 빈번했으므로 징발로 인한 노고가 상당히 심했을 것이다.[154] 또 심한 경우 연등의 행사에 장애가 된다는 이유로 민중의 가옥을 철거한 일도 있었다.[155] 이로써 볼 때 불교의례 행사가 민중들에게 부담을 주고 원망을 사는 일이 되어 오히려 민중을 불교로부터 멀어지게 작용했던 측면도 있었다고 할 수 있다.

불교의 대중화는 또한 앞에서 언급한 불교의 사회적 봉사와 적극적 교화활동에 힘입은 바 크다고 할 수 있다. 불교사원이 중심이 되어 경제적, 사회적, 신체적 구제활동을 폄으로써 배고픔, 추위, 질병 등의 절박한 상황에 있는 서민대중에게 마지막으로 의지할 수 있는 안식처를 제공하였다는 사실은 그들을 불교신앙에 귀의케 하는 결정적 계기로 작용했을 것이다. 또 민간을 떠돌아다니는 유화승(遊化僧)들의 교화활동이나 승속(僧俗)이 함께하는 향도조직의 활동은 서민대중에게 개인적 차원에서 불교에 직접 접하는 기회를 제공함으로써 불교에 대한 친화감을 조성했다는 점에 의미가 있다. 그러나 서민대중과의 긴밀한 교류에 말미암은 승려의 타락 현상이 생겨나게 되면서부터는 거꾸로 불교로부터 대중을 이반케 하는 방향으로 작용한 측면도 적지 않았다.

한편으로 불교의 경전을 서민대중이 이해하기 쉬운 방언이나 이두로 주석한다든가 습득하기 쉬운 그림이나 노래로 만들어서 보급하는 등 적극적인 교화활동을 폄으로써 불교의 대중화는 가속화되었다고 할 수 있다. 뿐만 아니라 불교가 왕실이나 귀족과 지나치게 밀착해 있을 때, 이를 반성, 비판하면서 서민대중과 동참하여 신앙운동을 전개한 백련사(白蓮

社)를 비롯한 결사운동(結社運動)은 소외되어 있고 절망하고 있는 민중들에게 참신한 실천신앙으로서 크게 공감을 불러일으켰다고 볼 수 있다. 그러나 이러한 운동은 극히 부분적인 것이었고 또 불교계의 제 문제를 본질적인 측면에서 해결하려는 노력을 보이지 못했다는 점에서,[156] 그 효과는 그다지 큰 것이 못 되었고 또 오래 지속되지도 못했다고 생각된다.

대체로 고려 전기에는 고려 불교가 지닌 세속성이 불교를 서민대중 속에 폭넓게 뿌리내리게 하는 방향으로 작용했으나, 중기 이후 통치권과 지나치게 밀착하면서부터는 세속화로 인한 불교계의 부패와 타락이라는 부작용이 심해져서 대중적인 기반을 점차 상실해 가는 방향으로 작용했던 것으로 보인다.

나. 삶의 지도원리로서의 불교

불교는 오랫동안의 대중화 과정과 토착화에의 노력을 통해서 통일신라시대 이후에는 왕을 비롯하여 서민대중에 이르기까지 그들의 생활과 불교를 따로 떼어놓고 생각할 수 없을 만큼 생활화되어 있었다. 이러한 전통이 고려에도 그대로 이어져서 한층 심화되었고, 고려인들의 생각과 행위 모두에 불교적인 원리가 작용하고 있었다고 할 수 있다.

우선 인간의 탄생을 출생 이전의 과거의 삶의 형태와 연관시켜서 생각하고 있었다. 승려는 승려로부터 환생한 것으로, 왕은 불교의 후원자가 환생한 것으로, 대신은 불교가 수용되기 이전에 최상위 신분의 신앙 대상이었던 토템이나 성진(星辰)으로부터 환생한 것으로, 일반 지배층은 포유동물의 환생으로, 서인은 조류를 포함한 하등 등뼈 동물의 환생으로, 천인은 무등뼈 동물의 환생으로 보았던 것 같다.[157] 이러한 사고는 탄생의 순간부터 시작되는 현세의 여러 신분상의 차별에 대한 설명으로서 불교적 업보설의 한 변형이라고 할 수 있다. 그런데 탄생의 불평등에 대한 이러한 설명이 현세의 사회계층의 차별을 운명적인 것으로 정당화하고 합리화시키는 동시에 서민들이 열악한 처지를 감수하고 순종하도록 함으로써 사회신분의 동요를 막는 관념적 장치로 활용되었다. 그러나 불교의 업보설을 이처럼 지배층에 유리한 통치 이데올로기로 해석하고 활용하는 것은 업보설의 본뜻에 정면으로 상치되는 것이다. 원래 업보설은 인간의 차별이 혈통이나 운명에 의해 고정되어 있어서 변화 불가능하다는 사고를 타파하기 위해서 제기된 것으로서 인간의 현실적 차별이 그 인간의 행위에 의해서 결정된다는 것을 강조한 것이다.158) 고려에서 왕실 주도하에 국가적으로 신봉되었던 『금광명경』의 내용을 살펴보더라도 악행을 제지하는 의무를 실행함으로써 왕이 되는 것이지 출신, 자질 등에 의해서 왕이 되는 것이 아님을 강조하고, 천민이라도 그러한 행위를 하면 곧 왕이 될 수 있다고 말하고 있다.159) 이처럼 업보설은 현세의 행위에 따라서 신분을 포함한 인간의 변화 가능성이 있음을 강조하는 데 초점이 놓여 있는 것이다. 이렇게 볼 때 지배층이 비록 업보설을 자기에게 유리한 이데올로기로 해석하여 특권적 지위를 합리화하고 서민들이 열악한 처지를 운명적인 것으로 체념하고 감수하도록 가르쳤다 하더라도 서민대중의 경우 이러한 해석과 가르침을 그대로 받아들였던 것 같지는 않다. 그들은 현세에서 겪는 자신들의 비참한 처지와 고통이 운명적으로 지속되는 것이 아니고 자신들의 행위와 노력에 의해서 극복되고 변화될 수 있다는 희망의 원리로 업보설을 받아들였을 것이다. 현실에서 자신과 사회 개조를 통해 자신들의 문제를 해결하고자 하는 미륵신앙의 유행은 이런 측면을 반영한 것으로 보인다. 또한 지배층의 극심한 수탈과 억압에 반항하거나 침략자에 저항하는 농민과 노예들의 빈번하고 적극적인 투쟁은[160] 적어도 체념이나 단순한 본능적인 반응으로는 설명되지 않는다. 노예 신분인 만적(萬積)이 난을 일으키면서 "장수와 재상이 씨가 따로 있어서 그렇게 된 것이 아니며, 때가 되면 아무나 할 수 있는 것이다. … 삼한에 천민이 없는 세상을 만들자."고 부르짖었던 사실에서,[161] 불교의 업보설이 서민층에게 어떻게 이해되고 작용하고 있는가 하는 단적인 예를 볼 수 있다. 그러므로 불교의 업보설은 수용하는 측의 입장에 따라서 정반대로 해석되고 기능하였다고 보아야 할 것이다.

또 삶의 과정에서 민중들의 생활과 불교는 마디마디마다 서로 맞닿아 있었다. 삶이 현세로 단절되지 않고 전세-현세-후세로 이어지면서 행위에 따라 그 질이 결정된다는 삼세인과응보설은 서민대중으로 하여금 극심한 고난과 역경에도 불구하고 삶을 포기하지 않고 적극적으로 살아가도록 하는 지도원리로 작용했을 것이다. 또 그들은 현실의 삶 속에서 제기된 여러 가지 문제와 욕구들을 불교적으로 해결코자 했다. 즉 불교신앙을 통해서 질병, 가난, 외침 등의 재난을 물리치고 건강, 부귀, 평안을 구하고자 한 것이다. 실제에 있어서도 지배층의 억압과 수탈이 견딜 수 없을 만큼 심해질 때는 불교사원에 토지를 투탁하고 스스로 소작인이 되기도 했고,[162] 힘든 각종 부역으로부터 벗어나기 위해서 불문(佛門)에 의탁하기도 했으며,[163] 기아나 질병 등의 극한 상황에서는 불교사원이 중심이 되어 시행하는 구호사업에 의지하기도 하였다.

뿐만 아니라 고려시대의 사람들은 노후의 생애를 불교에 귀의하거나 심취하여 지내는 사례가 많았으며, 불교에 귀의하지는 않더라도 사원에서 종명(終命)하는 경우가 많았다. 특히 죽은 다음의 장례와 제사를 지내는 데 있어서 민중들의 삶과 불교는 매우 밀착되어 있었다.[164] 사체의 보관과 처리과정에서 향을 피운다거나 화장을 하는 등 불교식 방법을 따랐으며, 사원에서 제를 거행함으로써 망인(亡人)이 극락왕생할 수 있기를 기원하였다.165) 여기에는 죽음으로 모든 것이 끝나는 것이 아니라고 하는 불교식 세계관과 제를 올리는 자식들의 공양이 망인에로 돌려진다고 하는 불교식 회향(廻向)의 원리가 강하게 작용하고 있다고 하겠다.

고려시대에 있어서 불교는 독보적인 종교로서의 지위를 차지하고 있었고, 여러 재래신앙의 요소와 토착적인 요소까지를 포괄함으로써 고려인들이 자신의 삶을 의탁할 수 있는 유일한 지도원리로서 기능하였다. 그러나 불교가 누렸던 지위와 담당했던 기능은 불교계의 타락으로 인한 실망감으로 퇴색되어 갔고 성리학이라고 하는 대체사상이 도입됨에 따라 점차 그 지위와 기능을 양도하지 않으면 안 되었던 것이다.

다. 불교와 민속

불교는 고려 사회에 전 사회적으로 보편화되어 있었고 민중의 생활과 깊은 연관을 갖고 신앙되고 실천되고 있었으므로 단순히 관념적으로 이해되기보다는 습속과 결합하여 구체화되어 있었다. 불교의 민속화는 민중들의 구체적인 관심사와 결합하고 있다는 데서 큰 의미를 지니는 것이며 이로 인해 오랫동안 쉽게 전승될 수 있는 것이다.166)

고려 사회는 농경사회라는 점에서 농경의례의 주류를 이루는 계절적 추이에 따른 연중행사와 불교의례가 결합한 형태를 보인다. 즉 정월 명절을 위시하여 2월 연등, 3월 삼질, 4월 초파일, 5월 단오, 6월 유두, 7월 칠석과 백종, 8월 추석, 9월 구일, 10월 상달, 11월 동지 등의 연중행사와 불교의례가 결합하고 있는 것이다.167) 특히 고려에서 가장 성대하게 열렸던 1월과 2월의 연등 행사와 10월과 11월의 팔관회 행사는 풍년기원제 및 추수감사제로서의 성격을 갖는 민속행사에 불교적 요소가 합쳐진 것이다. 그래서 상하(上下), 남녀, 노소가 다 같이 참여하여 즐기는 민속적인 축제로서 자리 잡게 되었고, 백희(百戱)와 잡기(雜技)로 축제의 기분을 한층 고조시켰던 것이다.168) 다른 불교행사 역시 축제적 분위기 속에서 거행되었고, 여기에는 음악, 미술, 무용 등의 예술적 행위가 동반되어 민중들의 감정에 깊은 호소력을 행사하였다. 이런 분위기 속에서 거행된 불교제전을 계기로 중세 사회의 폐쇄성을 어느 정도 완화할 수 있었고, 이성간의 사교도 자연스럽게 이루어질 수 있었다는 점에서 사회 전체에 건강성을 부여하는 활력의 역할을 수행하였다고 할 수 있다.169) 또한 여기에 동반된 문학적, 예술적 행위들은 고려인의 정서에 깊숙이 녹아듦으로써 내용과 형식면에서 민속음악, 민속무용, 민속미술, 민속가요 등의 저변에 깔려 오랫동안 전승되어 갔던 것이다.

또한 삶의 과정에서 야기되는 민중들의 구체적인 관심사를 불교식 신앙의례로 포섭함으로써 불교신앙이 민속화하기도 했다. 즉 기자(祈子), 연명(延命), 소원성취(所願成就), 재복(財福), 치병(治病), 제재(除災), 수호(守護), 명복(冥福) 등의 문제를 해결하기 위한 의례를 불교사찰에서 거행하였고, 아미타불, 관세음보살, 지장보살, 여러 선중(禪衆) 등 초월적 능력을 가진 불교적 신앙대상에게 기도하는 형식을 취했다는 점에서 이런 신앙의례가 민속으로 뿌리를 내릴 수 있었다. 서민대중에게 있어서 위와 같은 실존적 상황은 언제나 어디서나 흔히 등장하는 것이고 이에 대한 현실적이고 구체적인 해결책이 보이지 않는 경우에 초월적인 존재에 기도함으로써 문제를 해결하고자 하는 경향은 모든 인간에게 원초적인 것이라 할 수 있다.

고려 불교는 열반과 같은 고원한 종교적 경지에만 천착하지 않고 민중들의 위와 같은 원초적이고 실존적인 요구에 부응하고자 했기 때문에[170] 민중 속에 뿌리를 내리고 나름대로의 기능을 수행할 수 있었고, 이렇게 민속화하였으므로 사회적, 종교적 상황이 변하여도 오래 전승될 수 있었던 것이다. 그러나 한편에 있어서 서민대중의 세속적 욕구에 지나치게 편승함으로써 인간을 각성시키고 사회를 계도해야 하는 불교 본연의 자세를 상실해 갔던 측면도 있었음을 상기할 필요가 있다.

5. 결론

불교는 고려조에 이르기까지 약 600년에 가까운 전통을 통해서 교리, 실천 등 모든 영역에 있어서 다양한 모습을 갖추게 되었고, 토착화, 대중화의 과정을 거쳐 생활 속에 깊이 뿌리내리게 됨으로써 온 국민의 생각과 행위를 지도하는 원리로 자리 잡게 되었다. 고려 불교는 이러한 전통을 그대로 이어받아 국가종교로서의 위치를 굳건히 다졌고, 서민대중의 생활과 더욱 깊은 관련을 맺으면서 전 사회적으로 신앙되고 실천되었다. 그러므로 고려 불교가 다양한 대중들의 요구와 복잡한 사회의 변화에 따라서 매우 다양하고 복잡한 전개 양상을 보이게 되는 것은 당연한 일이라 할 수 있다.

고려 불교신앙의 다양성과 그 변화과정은 계층별, 종파별 그리고 시대별로 구분하여 체계적으로 검토되어야 하겠지만, 근거가 되는 사료가 주로 왕실 중심으로 되어 있는데다가 각 방면에 대한 전문적인 연구의 축적이 충분치 못하고 더구나 필자의 연구능력이 제한되어 있어서 체계적인 정리는 불가능하였다. 따라서 기존 연구성과들을 바탕으로 하여 이를 종합적으로 해석하고 재구성함으로써 고려 불교신앙이 사회적으로 어떻게 표출되었으며 그것이 당시 사회와 국민들의 삶 속에서 어떤 기능을 수행하였는가를 살펴보았다.

　우선 고려 불교가 전체적으로 세속적 성격이 강하다는 점에 주목하여 그 세속적 특징이 어떻게 나타나고 있는가를 핵심 정치세력과의 결합, 통치제도 속에 편입된 불교, 사원의 경제적 비대화, 승군의 활동 등의 측면에서 검토하였다. 이어서 고려 사회에서 불교신앙이 어떠한 형태로 표출되고 있으며 그것은 사회적으로 어떠한 기능을 갖는 것인가를 검토하였다. 그리하여 신앙행위의 형태를 전승습속에 의한 신앙의례, 경전신앙, 기도와 주술, 수행 중심적 신앙행위, 사회적 봉사와 교화활동으로 구분하여, 그 속에 함축되어 있는 신앙형태의 다양성과 담당한 기능의 복합성을 드러내고자 하였다. 끝으로 고려 불교가 서민대중 속에 어떻게 파고들었으며 그들의 생활과 구체적으로 어떠한 연관을 맺고 있는가를 불교의 대중화, 삶의 지도원리로서의 불교, 불교와 민속이라는 항목을 설정하여 고찰하였다. 이를 통해 고려시대 서민대중에게 있어서 불교가 어떠한 의미를 갖는 것이었는지를 드러내고자 시도하였다.

　이상과 같이 본 연구는 관념적인 교리의 이해보다는 사회적으로 표출된 종교현상에 초점을 맞추고 있다. 불교가 고려 사회 전체를 통해서 어떠한 양상으로 전개되었고, 고려인들의 삶 속에서 어떠한 기능을 수행했는가를 살핌으로써 고려에서 불교가 갖는 의미가 무엇이었나를 드러내고자 한 것이다. 이에 따라 고려시대 불교신앙의 성격과 전개 양상을 전체적으로 특징을 추려서 기술하고, 그 가운데서 다양성과 변화과정을 개괄적으로 살피는 방식으로 서술했다. 시대나 사회의 변화과정을 충실히 따라가면서 차례로 서술하는 역사적 방식을 취하지 않음으로써 전체적으로 피상적 서술에 그친 감이 없지 않다. 그러나 종교현상은 역사적 변화과정과 일대일로 대응해서 설명할 수 없다는 점에서 다른 사회현상과는 달리 취급될 필요가 있는 것이 아닌가 한다. 그래서 본 연구는 밝혀진 사실들에 대한 가능한 여러 해석과 재구성을 통해서 종교의 본질적인 측면과 변화하는 측면 등을 다양하게 드러내고자 시도한 것이다. 이런 점에서 본 연구가 실증적, 지식사회학적 입장에 매달린 데서 비롯되는 도식성과 단순성을 보충하는 하나의 계기가 되었으면 하는 기대가 있다.

연꽃 문양이 있는 접시

출처 : 프랑스국립박물관연합(RMN)

주(註)

들어가는 말: 있는 그대로 보기와 틀을 통해서 보기

1) 불교에서 고(苦, Dukkha)라고 하는 용어는 일반적인 의미에서의 괴로움이라는 뜻을 포함하고 있지만, 불완전, 무상, 공, 무아 등의 더욱 깊은 철학적 의미와 넓은 뜻을 포함하고 있다. 거기에는 일반적인 정신적, 육체적 괴로움(苦苦性)뿐 아니라 변화에 의한 괴로움(行苦性)과 다른 것의 조합으로서 조건 지어지는 괴로움(行苦性) 등의 의미를 포함하고 있다. 따라서 이러한 의미를 잘 드러내 주는 적절한 번역어를 찾기 힘들지만, 불완전 내지 불만족이라는 말이 근사하게나마 불교의 고라는 의미를 표현할 수 있다고 생각한다. 월폴라 라훌라, 「붓다의 가르침」, 『현대사회와 불교』, 한길사, 1981 참조.

제1부 불교를 보는 틀로서의 진과 속

제1장 인간의 양면성

1) Majjhima-nikaya III(PTS), p.63.
2) 『아함경』(TD2), p.85.
3) Majjhima-nikaya III(PTS), p.280.

제2장 종교의 두 계기

1) 오경환, 『종교사회학』, 서광사, 1988, p.116.
2) M. 엘리아데, 이은봉 옮김, 『성과 속』, 한길사, 2007, p.48.

제3장 엘리아데의 성과 속

1) 창세기 28:12-19.
2) M. 엘리아데, 이은봉 옮김, 『성과 속』, 한길사, 2007, p.59.

3) 같은 책, pp.48-57.

4) 같은 책, pp.89-91.

5) 같은 책, p.150.

6) 같은 책, pp.39-40.

7) 같은 책, p.156.

제4장 아라키 겐고의 본래성과 현실성

1) 아라키 겐고, 심경호 옮김, 『불교와 유교』, 예문서원, 2000, pp.4-16.

2) 같은 책, pp.15-17.

3) 『화엄경』 권 34.

4) 아라키 겐고, 앞의 책, p.35.

5) 같은 책, p.64.

6) 『大慧普說』, 396.

7) 『大慧普說』, 536.

8) 아라키 겐고, 앞의 책, p.269.

9) 大珠慧海의 선어, 『경덕전등록』 6권.

제5장 중관의 이제설

1) 龍樹, 『中論』 24. 9.

2) 龍樹, 『中論』 24. 8.

3) 龍樹, 『中論』 24. 18-19.

4) 龍樹, 『中論』 24. 10.

5) 龍樹, 『中論』 25. 3.

6) 오형만, 「진속이제에 나타난 보살행」, 『원불교사상과 종교문화』 59권, 2014, p.391.

제2부 진과 속의 눈으로 보는 불교사상

1) 성이라는 개념은 완전성이나 전체성을 뜻하는 영어의 whole이라는 단어와 연관이 있고, 완전성으로부터 분리되고 분열함으로써 병이나 재난이 초래된다고 고대인들은 생각했다. 그러므로 구원이란 속에서 성으로, 분열에서 전체성으로 회귀하는 것을 뜻한다고 할 수 있다. 이은봉, 「M.엘리아데의 성과 속」, M. 엘리아데, 이은봉 옮김, 『성과 속』, 1998, pp.22-23 참조.

2) 정승석, 『인간학불교』, 2005, pp.15-19 참조.

제1장 초기 불교의 순관과 역관

1) 『미린다팡하』, 서경수 옮김, 1978, p.50.
2) Tilmann Vetter, *The Ideas and Meditative Practices of Early Buddhism*, 1988, p.48; 김성옥, 「밀린다빵하 윤회의 해명과 12연기」, 『인도연구』 22(2), p.203 참조.
3) 김성옥, 앞의 논문, p.204.
4) 『미린다팡하』, pp.41-47 참조.
5) 中村元著, 양정규 옮김, 『원시불교: 그 사상과 생활윤리』, 1981, pp.92-102 참조.
6) 『法句經』, 雙敍品, "心爲法本 心尊心使."
7) 七佛通戒偈, "諸惡莫作 諸善奉行 自淨其意 是諸佛敎."
8) 권오민, 『인도철학과 불교』, 2004, p.314.

제2장 유식사상과 여래장사상

1) 稻津紀三, 『世親唯識の根本的研究』, 大東出版社, 1937, pp.4-11; 服部正明, 上山春平, 『認識과 超越』, 이만 옮김, 민족사, 1991, p.26 참조.
2) 太田久紀, 『佛敎の深層心理』, 정병조 옮김, 현음사, 1983, pp.14-15.
3) 竹村牧男, 『唯識の構造』, 정승석 옮김, 민족사, 1989, pp.89-115 참조.
4) 같은 책, pp.99-115 참조.
5) 『解深密經疏』, 韓佛全, p179. "於中生空見 我說不可治. 阿難 若有人 執我如須彌山大 我不驚怪 亦不毀呰, 增上慢 執著空見 如一髮髮作十六分 我不許可."
6) 竹村牧男, 앞의 책, pp.11-21 참조.
7) 橫山紘一, 묘주 옮김, 『유식철학』, 1989, pp.102-104.
8) Ninian Smart, *Doctrine and Arguement in Indian Philosophy*, 1964, p.58.
9) 유식불교에도 여러 갈래가 있고 그에 따라 아뢰야식의 성질에 대한 다양한 견해가 제기되고 있다. 인도 불교에서는 아뢰야식의 실재성을 부정하는 安慧와 세속적 진실의 입장에서 그 실재성을 인정하는 護法의 차이가 있다. 그 차이가 중국에도 그대로 전해져 菩提流志는 아뢰야식을 인식작용의 근원으로서 망식(妄識)이라고 하고, 勒那摩挈는 진여(淨識)로 해석한다. 법상종에서는 호법의 유식을 계승하여 아뢰야식을 현상계 연기의 근본으로 삼아 세간의 차별적 특성을 낱낱이 분석하고자 한다. 권오민, 『인도철학과 불교』, 2004, pp.308-309 참조.
법상종에서는 아뢰야식의 성질을 진도 망도 아닌 무기(無記)라고 말하지만, 아뢰야식 연기설로 현상세계의 차별상을 설명하고 있다는 점에서 전체적으로 볼 때는 아뢰야식을 망식(妄識)으로 간주한다고 볼 수 있다. 호법의 사상이 染法中心의 사상이라고 하는 것도 이러한 생각과 연관이 있다. 김묘주, 『유식사상』, 1997, p.109; 勝又俊敎, 『佛敎における心識說

の硏究』, 1974, p.204 참조. 따라서 여기서는 현상세계의 설명에 논리적으로 가장 일관되어 있다고 할 수 있는 법상유식의 견해를 취하여 논의한다. 아뢰야식의 성격에 대한 이와 같은 다양한 논의는 정영근의 박사논문 『원측의 유식철학』, 1994, pp.95-96에 자세히 정리되어 있다.

10) 上田義文, 『大乘佛敎思想の根本構造』, 1977, pp.37-40.

11) 『보성론』, 大正31, p.837; 정호영, 『여래장사상』, 대원정사, 1993, p.63.

12) 『여래장경』, 大正16, p.457; 정호영, 앞의 책, p.55.

13) 정호영, 앞의 책, p.80.

14) 『보성론』, 大正31, p.840; 정호영, 앞의 책, pp.81-82.

15) 정호영, 앞의 책, p.80.

16) 『보성론』, 大正31, p.836; 정호영, 앞의 책, p.82.

17) 『보성론』, 大正31, p.829; 정호영, 앞의 책, p.267.

18) 정호영, 앞의 책, p.267.

19) 여래장사상도 여러 가지 사상적 갈래와 내용의 차이가 있다. 초기의 순수한 여래장사상, 중기의 여래장사상과 아뢰야식사상을 병립하던 시기, 그리고 후기의 여래장사상과 아뢰야식사상이 결합된 시기의 세 유형으로 분류하고 있다. 여기서는 아뢰야식사상과 섞이지 않은 초기의 순수한 형태의 여래장사상을 취하여 논의한다. 勝又俊敎, 『佛敎における心識說の硏究』, 1974, pp.597-639 참조.

20) 『여래장경』, 大正16, p.457; 권오민, 앞의 책 pp.315-316 참조.

21) 정호영, 앞의 책, pp.35-39 참조.

제3장 진과 속을 아우르는 『대승기신론』의 이문일심

1) 고익진과 은정희의 견해는 『大乘起信論別記』 중 『대승기신론』의 논서로서의 특징과 위치를 얘기하는 구절에 근거를 두고 있다. 이에 의하면 원효는 『중관론』이나 『십이문론』 같은 중관의 논서를 비판하기만 하고 두루 미치지 않는 논이라고 비판하고, 『유가사지론』이나 『섭대승론』 같은 유식의 논서를 주기만 하고 빼앗지 않는 논이라고 비판한다. 이에 대해 『대승기신론』은 주장하지 않는 바가 없으면서 거기에 집착하지 않고 버리며, 비판하지 않는 바가 없으면서도 거기에 집착하지 않고 다시금 인정하기에, 『기신론』이야말로 비판과 긍정이 자유로운 모든 논서의 으뜸이라고 말한다. 그러나 이 구절만으로 원효가 『기신론』을 중관과 유식의 종합이라고 보았다고 결론짓는 데는 다음의 문제가 있다고 생각한다. 첫째는 이 구절이 『大乘起信論別記』 다음에 쓴 『起信論疏』에는 빠져 있기 때문에 이것이 원효의 최종적인 견해로 볼 수 있는가(박성배와 박태원의 지적)에 대한 해명이 필요하다는 점, 둘째는 이 구절은 단지 논의 특징을 말하는 것에 그치는 발언일 뿐이기 때문에 두 사상의 종합이라고 볼 수 없다는 반론(이병욱의 견해)에 대한 답변이 필요하다는 점,

셋째 『대승기신론』의 구조와 내용으로 볼 때 진여문에 중관사상을 생멸문에 유식사상을 배대하는 것은 논리적으로 정합하지도 않을뿐더러 양 사상을 지나치게 형식적이고 단편적으로 이해하는 것이 아닌가 하는 점이다. 또한 원효가 『대승기신론』을 신유식사상과 구유식사상의 종합으로 보았다고 하는 박태원의 견해는 기신론사상이 원효사상의 근간을 이루고 있다는 점에서만 보더라도 수긍할 수 없다. 원효가 어떤 종파에도 치우치지 않는 자신만의 독자적이고 종합적인 불교사상을 확립했다는 학계의 여러 검증된 논의를 한꺼번에 뒤집기에는 논거나 논의 자체가 보다 균형 있고 치밀할 필요가 있다고 생각한다. 중요한 것은 『기신론』을 어떻게 보는 것이 『기신론』의 사상적 특징과 위상을 보다 설득력 있게 드러낼 수 있느냐 하는 점이라고 생각한다. 그런 점에서 필자는 사상사적 맥락과 사상의 내용으로 볼 때 유식사상과 여래장사상의 종합이라고 보는 것이 보다 적절하다고 생각한다.

2) 勝又俊敎, 『佛敎における心識說の硏究』, 1974, p.631. 권오민도 이러한 견해를 받아들여 기신론의 일심이문사상을 여래장사상과 아뢰야식사상의 결합이라고 보고 있다. 권오민, 『인도철학과 불교』, 2004, pp.322-329 참조.

3) 元曉, 『起信論疏』, 大正 卷44, p.229. "今此論者 依楞伽經 爲治眞俗別體之執."

4) 馬鳴, 『大乘起信論』, 大正 卷32, p.576. "不生不滅與生滅和合 非一非異 名爲阿賴耶識."

5) 권오민, 앞의 책, p.325.

6) 元曉, 『大乘起信論別記』, 全書 一冊, p.681; 太賢, 『大乘起信論內義略探記』, p.748. "心之生滅 因無明成 生滅之心 從本覺起 而無二體 不相離 故云和合."

7) 太賢, 『大乘起信論內義略探記』, 全書 一冊, p.753. "… 各有信解 不同虛空 故通名識."

8) 정영근, 「원효의 사상과실천의 통일적 이해」, 고영섭 편, 『원효』, 2002, pp.482-488.

9) 元曉, 『大乘起信論別記』, 大正 卷44, p.229. "今此論者 依楞伽經 爲治眞俗別體之執"

10) 고익진, 「원효의 기신론소·별기를 통해 본 진속원융무애관과 그 성립이론」, 고영섭 편, 『원효』, pp.89-95 참조. 고익진은 이 논문에서 기신론의 본론 내용뿐 아니라 종체문의 분석을 통해서도 기신론이 진에서 속으로 나오고 또 속에서 진으로 들어가는 것이 걸림이 없음을 잘 보여주고 있다고 자세히 입증하고 있다. 필자는 이 논문이 기신론과 원효의 기신론관 및 원효의 사상을 사상사적으로 이해하는 데 매우 중요한 좌표를 제시하고 있는 중요한 논문이라고 생각한다.

11) 같은 논문, pp.60-61.

제4장 진흙 속에 핀 꽃을 설하는 유마경

1) 통윤, 일지 옮김, 『통윤의 유마경 풀이』, 서광사, 1999, pp.27-28.

2) 운강석굴의 벽과 천장에는 유마경 문수사리문질품의 변상과 보살행품의 변상 및 관보살품과 향적불품의 변상 등 유마경의 내용을 조각을 통해 구체적으로 표현하고 있다. 같은 책, p.31.

3) 같은 책, p.110.

4) 『유마경』, 방편품.

5) 『유마경』, 문수사리문질품.

6) 『유마경』, 불도품.

7) 통윤, 앞의 책, p.299.

8) 『유마경』, 불이법문품.

9) 가마타 시게오, 한형조 옮김, 『화엄의 사상』, 고려원, 1987, p.110.

10) 통윤, 앞의 책, p.30.

제5장 부처의 세계를 설하는 화엄경

1) 해주, 『화엄의 세계』, 민족사, 1998, p.18.

2) 가마타 시게오, 한형조 옮김, 『화엄의 사상』, 고려원, 1987, p.55.

3) 해주, 앞의 책, p.18.

4) 『화엄경』, 여래출현품.

5) 가마타 시게오, 앞의 책, p.51.

6) 『화엄경』, 노사나불품.

7) 『화엄경』, 초발심보살공덕품.

8) 키무라 키요타카, 김천학·김경남 옮김, 『화엄경을 읽는다』, 불교시대사, 2002, pp.25-26.

9) 『화엄경』, 야마천궁보살설게품. "三界之內 更無別法 但是一心作."

10) 『화엄경』. 야마천궁보살설게품. "心佛衆生 三無差別."

11) 이행구, 「화엄경에 나타난 보살사상」, 『불교학보』 31집, 1994, pp.87-88.

12) 『화엄경』, 십지품을 비롯한 여러 곳에서 깨달음이 자력에 의해서 성취되는 것임을 설하고 있다.

13) 용수, 『대지도론』, 大正25, p.362.

14) 『화엄경』, 입법계품.

제6장 중생의 편에 서는 정토신앙

1) 용수, 『十住毘婆沙論』, 易行品, 大正26, p.41.

2) 『無量壽經』의 48가지 서원 중 제18원.

3) 『佛說阿彌陀經』, 大正12, p.346.

4) 善導, 『觀無量壽經蔬』, 大正37, p.271.

5) 현송 편저, 『정토불교의 역사와 사상』, 운주사, 2014, pp.359-371 참조.

6) 『佛說阿彌陀經』, 大正12, p.348.

7) 『佛說阿彌陀經』, 大正12, p.347; 현송, 앞의 책, pp.255-256 참조.

8) 채상식, 「한국 민중의 삶과 정토신앙」, 『동아시아불교문화』 4집, 2009, p.253.

9) 김삼룡, 「한국 미륵신앙의 기원과 성립전개」, 김지하 외, 『미륵사상과 민중사상』, 한짐출판
   사, 1998, pp.201-212.

10) 김영태, 「관음신앙의 자력성에 대하여」, 『불교학보』 26집, 1989, pp.13-16 참조.

11) 『悲華經』 卷2, 大施品, 大正3, p.174.

12) 『法華經』, 普門品, 大正9, p.58.

13) 같은 곳.

제7장 선사상의 흐름으로 본 진과 속의 문제

1) 『능가경』 3권 및 4권, 정성본, 『선의 역사와 사상』, 불교시대사, 2000, pp.117-119.

2) Maha-parinna Sutta, DN16.

3) 『화엄경』, 십지품.

4) 『景德傳燈錄』 卷3.

5) 菩提達磨, 『이입사행론』, 정성본, 앞의 책, pp.157-162.

6) 『무문관』, 제41칙.

7) 『信心銘』, 제2장.

8) 정성본, 앞의 책, pp.195-213.

9) 같은 책, pp.195-196.

10) 『壇經』, 自序品.

11) 『壇語』, 정성본, 앞의 책, p.280.

12) 오경웅, 이남영 · 서돈각 옮김, 『선학의 황금시대』, 천지, 1997, p.123.

13) 『壇經』, 付囑品.

14) 『壇經』, 頓漸品.

15) 오경웅, 앞의 책, p.124.

16) 정성본, 앞의 책, p.362.

17) 柳田聖山, 추만호 · 안영길 옮김, 『선의 역사와 사상』, 민족사, 1989, pp.208-209 참조.

18) 『祖堂集』, 제4권.

19) 『臨濟錄』.

20) 석진오, 『정반대의 조화 上』, 현대불교신문, 2008, pp.460-461 참조.

21) 『碧巖錄』, 제6칙.

22) 정성본, 앞의 책, pp.354-363 참조.

23) 『論語』.

24) 『孟子』.

25) 정성본, 앞의 책, pp.378-390 참조.

제3부 진과 속을 오가는 한국의 불교사상

제1장 불교의 전래와 토착화

1) 『고승전』 권4.

2) 『고승전』 권4 및 『해동고승전』 권1; 허남진 외 편역, 『삼국과 통일신라의 불교사상』, 서울
대출판부, 2005, pp.40-42 참조.

3) 『삼국사기』 권18, 「고구려본기」 6.

4) 『삼국사기』 권24, 침류왕 원년조 및 『삼국유사』 권3, 「흥법」 제3.

5) 『삼국유사』 권3

6) 『삼국유사』 권3 및 『해동고승전』 권1,

7) 『고승전』 권10, 釋曇始 및 『삼국유사』 권3, 阿道基羅.

8) 『삼국유사』 권3 및 『해동고승전』 권1,

9) 고익진, 『한국고대불교사상사연구』, 동국대 박사논문, 1987, pp.32-34.

10) 『해동고승전』 권1, 釋順道, "示以因果 誘以禍福."

11) 『삼국사기』 권18, 故國壤王.

12) 『삼국유사』 권3, 原宗興法.

13) 이차돈이 순교하면서 남긴 "불법을 봉행하게 되면 온 나라가 태평 안락하게 되고, 경세제
민(經世濟民)에 이익이 있다"고 하는 말을 통해서 그리고 황룡사 9층탑이 외적의 침입을
막아주는 효험을 기대하고 세워진 사실을 통해서 이를 확인할 수 있다.

14) 흥륜사를 창건하고 미륵불을 모신 것 등은 이와 관련하여 이해할 수 있다.

15) 고구려나 신라의 여러 고분벽화에는 연꽃과 서쪽으로 향하고 있는 새 등의 그림을 통해
서 사후에 극락왕생을 염원하는 뜻을 표현하고 있다. 신종원, 「불교의 전래와 토착화 과
정」, 불교신문사 편, 『한국불교사의 재조명』, 불교시대사, 1994, pp.63-64.

16) 『삼국지』 권30, 魏書.

17) 고익진, 앞의 책, p.50 참조.

18) 『삼국유사』 권1,

19) 『해동고승전』 권1, 釋法空傳.

20) 최종석, 「신라 불교수용의 배경과 공인에 대한 고찰」, 『불교학보』 81집, 2017, pp.181-
183.

21) 『고려사』 권2, 훈요십조.

22) 고익진, 앞의 책, p.58.,

제2장 신라에 있어서 불교의 대중화와 지평의 확대

1) 『三國遺事』卷四 義解第五, 慈藏定律. "國中之人 受戒奉佛 十室八九."

2) 『三國遺事』卷四 義解第五, 元曉不羈. "使桑樞瓮牖獲猴之輩 皆識佛陀之號 咸作南無之稱."

3) 『海東高僧傳』券一, 釋順道. "示以因果 誘以禍福."

4) 『三國遺事』卷三 原宗興法. "願爲蒼生 欲造修福滅罪之處."

5) 森三樹三郎, 『中國思想史(下)』, 第三文明社, 1978, pp.284-286.

6) 『三國遺事』卷四 孝善第九, 眞定師孝善雙美.

7) 고유섭, 『韓國塔婆의 研究』, 을유문화사, 1948, pp.138-152; 이기백, 『新羅思想史研究』, 일조각, 1986, pp.32-33.

8) 『三國遺事』券第四 義解第五, 惠同塵 釋惠宿傳.

9) 『三國遺事』券第四 義解第五, 二惠同塵 釋惠空傳. "常住一小寺 每猖狂大醉 負?歌於街巷."

10) 『宋高僧傳』義解第二 卷第四, 新羅國 黃龍寺沙門 釋元曉傳.

11) 『三國遺事』券第四 義解第五, 元曉不羈.

12) 김영태, 「新羅 佛教大衆化의 歷史와 그 思想 研究」, 『新羅佛教研究』, 민족문화사, 1987, pp.116-134.

13) 김문경, 「儀式을 통한 佛教의 大衆化運動」, 佛教史學會 編, 『新羅彌陀淨土思想研究』, 민족사, 1988, pp.242-244.

14) 『三國史記』卷44 居柒夫傳.

15) 『高麗史』卷2, 世家 太祖26年. "六日 朕所至願 在於燃燈八關, 燃燈所以事佛 八關所以事天 靈名山大川龍神也."

16) 고익진, 『韓國古代佛教思想史研究』, 동국대 박사논문, 1987, pp.58-62.

17) 정영근, 「高麗 佛教信仰의 展開樣相과 生活世界」, 『韓國思想史大系』 3, 한국정신문화연구원, 1991, pp.248-251.

18) 홍윤식, 『韓國佛教儀禮의 研究』, 법륜관, 1976, pp.135-140.

19) 안계현, 『韓國佛教思想史研究』, 동국대 출판부, 1983, pp.206-220.

20) 김동화, 『三國時代의 佛教思想』, 민족문화사, 1987, pp.147-217.

21) 김영태, 『三國遺事所傳의 新羅佛教信仰研究』, 신흥출판사, 1988, pp.99-122.

22) 김영태, 「三國時代 彌陀信仰의 受容과 그 展開」, 佛教文化研究院 編, 『韓國淨土思想研究』, 동국대 출판부, 1985, pp.35-50.

23) 『三國遺事』卷三 塔像第四, 芬皇寺千手大悲 盲兒得眼.

24) 『三國遺事』卷三 塔像第四, 三所觀音 衆生寺.

25) 『三國遺事』卷五 感通第七, 郁面婢 念佛西昇.

26) 『삼국유사』에 나타난 신라의 미륵 관계 설화는 대부분 미륵을 천상의 존재로 받들어 모시는 것이 아니라, 현실적인 생활주변으로 끌어들여 이 땅에서 성불(成佛)하는 모습으로

그리고 있다. 김영태, 「新羅의 彌勒思想」, 『新羅佛敎硏究』, pp.205-216.

27) 『三國遺事』卷五 神呪第六, 密本摧耶, 明朗神印, 惠通隆龍.

28) 고익진, 「新羅 密敎의 思想內容과 展開樣相」, 佛敎文化硏究院 編, 『韓國淨土思想硏究』, 동국대 출판부, 1986, p.217.

29) 김영태, 「占察法會와 眞表의 敎法思想」, 『新羅佛敎硏究』, 민족문화사, 1987, pp.381-386.

30) 荒木見悟, 『佛敎와 儒敎』, 平樂寺書店, 1987, p.5.

31) 황패강, 『新羅佛敎說話硏究』, 일지사, 1976, pp.235-236.

제3장 통일신라에서 꽃피운 교학의 황금시대

1절 신구 유식을 비판적으로 종합한 원측

1) 교상판석(敎相判釋) 혹은 판교(判敎)라는 말은 원래 다른 교학에서는 사용되지 않는 천태 교학 고유의 언어이기 때문에, 교판(敎判)이란 말이 보다 보편적으로 사용된다. 林屋友次郎, 「敎判論序說」, 『宗敎硏究』 3-6號, 1939, pp.1-2 참조.

2) 橫超慧日, 「敎相判釋의 原始形態」, 『塚本博士頌壽記念佛敎史學論集』, 1961, p.197.

3) 『解深密經疏』, 韓佛全, p.307. "由自證分變見相故 由見緣相 而彼相見不離自證 故說唯識."

4) 『解深密經疏』, 韓佛全, p.308. "如世有良醫 妙藥投衆病 諸佛亦如是 爲物說唯心."

5) 신현숙, 「唐窺基와 新羅圓測의 相違說硏究(1)」, 『한국불교학』 4집, 1979, pp.84-86.

6) 『解深密經疏』, 韓佛全, pp.470-471. "如是三義 雖通八識 而隨勝顯, 第八名心 集諸法種 起諸法故, 第七名意 緣藏識等恒審思量 爲我等故, 餘六名識 於六別境 率動間斷了別轉故."

7) 『仁王經疏』, 韓佛全, p.80. "有處但說六識 不說七八 如諸般若, 或說八識 如金光明等. 而諸般若 所說六識自有三品 謂上中下, 上品細者 名爲賴耶 中末那 下名六識. 如是三品 從意根生 故名意識."

8) 『解深密經疏』, 韓佛全, p.218. "此如第七 有二種失. 一阿陀那者 第八異名 而非第七, 故此經等 說第八識 名阿陀那. 二義相違 所謂 煩惱障 便違此經 八地已上 有染末那, 或不成佛 違莊嚴論等轉八識成四智義也."

9) 『解深密經疏』, 韓佛全, p.128. "眞諦云 阿摩羅識返照自體 無敎可憑 … 如來無垢識 是淨無漏界 解脫一切障 圓鏡智相應 准經可知, 無垢識者 卽是淨分第八識也."

10) 勝又俊敎, 『佛敎における心識說の硏究』, 山喜房佛書林, 1974, p.703.

11) 世親造 眞諦 譯, 『攝大乘論釋』, 大正藏 卷31, p.185. "釋曰, 諸師謂諸菩薩 成立一意識."
진제가 식체(識體)를 하나라고 보았다는 사실은 규기가 자신의 저술 가운데서 진제에 관해 다음과 같이 언급한 부분에서도 확인할 수 있다. 窺基, 『辯中邊論述記』, 大正藏 卷44,

p.3. "然眞諦法師 似朋一意識師意.";『성유식론술기』, 大正藏 卷43, p.324. "譯師意存一意識意, 彼頌長行自違反故."

12)『成唯識論學記』, 韓佛全, p.529. "護法正宗 新舊共生 勢力等故."

13)『成唯識論學記』, 韓佛全, p.545. "測引例云 如本新種共生一果 斯亦二說. 一云 二種共作因緣, 一云 有一能生 一卽助緣(後理無定 難可依准)."

14)『成唯識論學記』, 韓佛全, p.660. "測云 法爾名本性住 新熏種子名習所成, 信前名性種 信後名習種. 然仁王等 習初 性後 由習成性 故 不相違."
『仁王經疏』, 韓佛全, p.59. "問 善戒經等 習後性前 何故此經 習前性後? 答 瑜伽等說 立第八識 分別現行種子差別 種子爲性 現行爲習 故彼經說 先性後習, 今此仁王本業經等 不說第八 唯現非種 初起名習 習以成性, 故彼此說 互不相違."

15)『成唯識論學記』, 韓佛全 第三冊, p.530. "測云 種現同時名俱現, 必依一身名和合 故遮過未及他身也."

16)『成唯識論』, 大正藏 卷31, p.9. "種子自類相生 前後相違 必不俱有."

17) 李萬,「太賢의 成唯識論學記에 나타난 圓測의 唯識思想」, 申正午博士華甲紀念佛敎思想論叢, 荷山出版社, 1991, p.441.

18)『解深密經疏』, 韓佛全, p.123. "迷謬者 說空而執有."

19) 橫山紘一, 앞의 책, pp.247-248.

20)『解深密經疏』, 韓佛全, p.241. "有云 無執者 無能執依他 及所執分別 故言無執, 故佛性論云 問曰 眞實性緣何因得成? 答曰 由分別 依他極無所有 故得顯現. 解云 譯家謬也 遺依他起 遺自所 宗瑜伽等故."

21)『仁王經疏』, 韓佛全, p.18. "若說依他 都無自性 便撥染淨二法皆無 名惡取空 自他俱損."

22) 竹村牧男, 앞의 책, p.61.

23) 박태원,『佛敎의 言語理解와 不立文字』, 고려대 석사논문, 1984, p.59.

24)『解深密經疏』, 韓佛全, p.123, p.185. "入理非一 入道不同."

25)『解深密經疏』, 韓佛全, p.185. "初諸菩薩 以言說明不二, 次文殊 遣言明不二, 後維摩詰 杜黙明不二. 言說明不二者 示藉敎以生解 依言以通理, 遣言明不二者 示雖有言以通理 著言則乖宗, 杜黙明不二者 示心寂則會眞 有心則墮二."

26)『解深密經疏』, 韓佛全, p.426. "然由言說爲依止故 方乃可取可觀可覺."

27) 이에 대해서는 박종홍,「원측의 유식철학」,『한국사상사』, p.82; 조명기,『신라불교의 이념과 역사』, p.178 등에 이미 밝힌 바 있다.

28)『解深密經疏』, 韓佛全, p.255. "約理無別 故說一乘, 然一乘者 唯一佛乘."

29)『解深密經疏』, 韓佛全, p.259. "決定增上二種聲聞 根未熟故 如來不與授記, 菩薩與授記者 方便令發心故."

30) Monier-Williams, *Sanskrit-English Dictionary* 참조.

31)『成唯識論了義燈』, 大正藏 卷43, p.809. "西明云 謂有情平等 … 衆生不是平等之性."

32)『解深密經疏』, 韓佛全, pp.258-259. "依一切諸佛平等法性身 知一切衆生皆有如來藏, 如此等文 皆是眞如法身佛性 此卽五性 皆有佛性."

33)『仁王經疏』, 韓佛全, p.80. "眞如本覺爲性 在纏名如來藏 出纏名法身."

34)『成唯識論掌中樞要』, 大正藏 卷43, P610. "第五性中 說有二種, 一時邊 二畢竟."

35) 呂澂 著, 覺昭 譯, 『중국불교학강의』, 민족사, 1992, pp.287-289.

36)『解深密經疏』, 韓佛全, p.298. "菩薩行中 止觀爲主故."

37)『解深密經疏』, 韓佛全, p.297. "止謂一心 不亂, 觀謂如實見法."

38)『解深密經疏』, 韓佛全, p.296. "以奢摩他毗鉢舍邪 平等運道 說名瑜伽."

39)『解深密經疏』, 韓佛全, p.296. "稱正理故 順正行故 引正果故."

40)『解深密經疏』, 韓佛全, p.296. "菩薩所有 殊勝慧悲 平等雙轉."

41) 橫山紘一, 앞의 책, pp.205-237.

42)『解深密經疏』, 韓佛全, p.241. "謂於依他起上 無所執相 以顯眞實 故言無執."

43)『解深密經疏』, 韓佛全, p.270. "善取空者 謂於依他所執性無 卽於此無我性有 如是有無 總說爲空, 惡取空者 於依他上所執性無 及於依他圓成性有 俱不信受 而作此執 一切諸法 都無所有 是惡取空."

44)『解深密經疏』, 韓佛全, p.241. "有云 無執者 無能執依他及所執分別…解云譯家謬也 遣依他起 違自所宗瑜伽等故."

45)『解深密經疏』, 韓佛全, p.236. "此圓成實總有二種, 無爲有爲 有差別故. 無爲總攝 眞如涅槃 無變異故 名圓成實, 有爲總攝 一切聖 道 於境無倒故 亦名圓成實."

46)『解深密經疏』, 韓佛全, p.237. "一切有爲無漏道諦 及諸無爲 名圓成實, 二種皆是 不顚倒故."

47)『仁王經疏』, 韓佛全, p.30. "一云正體智 名爲實智 緣實境故, 後所得智 名爲方便 善巧方便 化衆生故."

48)『仁王經疏』, 韓佛全, p.71. "雖造重罪 以福德力故 罪卽消滅 不墮地獄, 如熱鐵鏊 以一渧水 投之於上 卽自消滅."

49)『解深密經疏』, 韓佛全, p.393. 菩薩見衆生苦 爲盡此苦 謹修精進, 又於無量劫 修習所成 故 名大悲. 又以智眼見衆生苦 決定發心 要當除滅 故名大悲. 又多所利益 故名大悲."

50)『仁王經疏』, 韓佛全, p.108. "第四魔自在方便者 接引方便也 非道行佛道也, 卽維摩云 或 現作淫女 引諸好色者 先以欲鉤牽 後 令入佛道也."

51) 富貴原章信, 『日本唯識思想史』, 大雅堂, 1944, p.147.

52) 오형근, 「新羅唯識思想의 特性과 그 歷史的 展開」, 『韓國哲學研究』, p.260.

53) 이만, 「法相關係論疏와 新羅人의 撰述書(II)」, 『불교학보』28집, 1991, p.149.

54) 深浦正文, 『唯識學研究』上, 永田文昌堂, 1972, p.264.

55)『三國遺事』卷四, 賢瑜伽 海華嚴條. "瑜伽祖大賢大德 … 東國後進 咸遵其訓 中華學士 往 往得此爲眼目."

56) 貢土宋復, 『大周西明寺故大德圓測法師佛舍利塔銘并序』; 李能和, 『朝鮮佛敎通史』 券下, pp.274-276. "所以贊左獎公 使佛法東流 大興無窮之敎者也."

57) 황성기, 「원측의 유식학관에 관한 연구」, 『불교학보』 10집, 1972, p.18.

58) 오형근, 「신라 유식사상의 특성과 그 역사적 전개」, 『유식사상연구』, 불교사상사, 1991, p.70.

59) 善珠, 『唯識義燈證明記』, "西明慈恩 共我一師, 何決是非 偏破西明."; 한종만, 「원측의 유식학과 일본유식학의 동향」, 『한국종교』 15집, 1990, p.203; 오형근, 「원측법사의 심식설에 대하여」, 『불교학보』 13집, 1976, p.135.

60) 深浦正文, 『唯識學硏究』 上, 永田文昌堂, 1972, pp.257-269.

61) 上山大俊, 「曇曠と敦煌の佛敎學」, 『東方學報』 第35册, 1964, pp.141-215.

62) 허일범, 「티베트역 원측 解深密經疏에 관한 기초연구」, 『동국사상』 24, 1992, pp.21-25.

63) 上山大峻, 앞의 논문, pp.118-119.

64) John Powers, "Lost in China, Found in Tibet: How Wonch'uk Became the Author of the Great Chinese Commentary," The Journal of the International Association of Buddhist Studies, Vol. 15 No. 1, 1992, pp.98-99.

65) チョンカパ, 小谷信千代 譯, 『アーラヤ識とマナ識の硏究』, 文榮堂, 1985, pp.107-109에 서 원측의 『해심밀경소』를 전적으로 인용하여 구식설(九識說)을 부정한다.
   Tsong khapa, 『了義未了義論』, Robert A. F. Thurman, trans., The Speech of Gold, Motital Banarsidas, 1989, pp.203-208에서는 삼시교판(三時敎判)에 관한 해설을 하면 서 원측의 주석을 그대로 인용한다.
   Shotaro Iida, Reason and Emptiness, The Hokuseido Press, 1980, pp.267-269.

66) 矢崎正見, 『チベット佛敎史攷』, 이호근 옮김, 『티베트불교사』, 민족사, 1990, pp.139-147. 이 밖에 정치적으로도 티베트와 중국은 항상 원수지간이었으나, 인도와의 관계는 불교의 승려와 유학생을 교환하는 등 평화적이었다는 점도 감안해야 할 것이다.

67) Robert A. F. Thurman, 앞의 책, pp.205-206.

68) 주 59) 참조.

69) 富貴原章信, 『日本唯識思想史』, 大雅堂版, 1944, pp.181-250; 한종만, 앞의 논문, pp.203-206; 오형근, 「원측법사의 심식설에 대하여」, pp.99-101 참조.

2절 실천적 화엄학을 전개한 의상

70) 體元集解, 『白花道場發願文略解』, 한국불교전서 6, p.570.

71) 이병도, 『唐法藏寄義相書에 대하여』, 황의돈선생 고희기념사학논총, 1960, pp.199-211.

72) 김상현, 『신라화엄사상사연구』, 민족사, 1991, pp.100-105.

73) 『반야경』은 역사적으로 『25,000송 반야경』에서 『8,000송 반야경』을 거쳐 『반야심경』으로 축약되어 왔다.

74) 義相 撰, 金知見 譯, 『華嚴一乘法界圖記』, pp.14-15.

75) 김두진, 『義相』, 민음사, 1995, p.90.

76) 石井公成, 『華嚴思想の研究』, 춘추사, 1996, p.247.

77) 均如, 『釋華嚴敎分記圓通抄』, 한국불교전서 4, p.139.

78) 一然, 『三國遺事』 卷四 義相傳敎條.

79) 고익진, 『韓國古代佛敎思想史硏究』, 동국대 박사논문, 1987, pp.232-233.

80) 정병삼, 『義相 華嚴思想 硏究』, 서울대 박사논문, 1991, pp.198-199.

81) 體元集解, 『白花道場發願文略解』, 한국불교전서 6, p.571.

82) 김상현, 앞의 책, pp.106-113.

83) 『법계도기』, 앞의 책, p.13. 주 74)의 『華嚴一乘法界圖記』.

84) 『법계도기』, 앞의 책, pp.55-56.

85) 『법계도기총수록』, p.775.

86) 『법계도기』, 앞의 책, p.44.

87) 『법계도기』, 앞의 책, pp.26-27.

88) 『법계도기총수록』, p.783.

89) 전해주, 『의상화엄사상사연구』, 민족사, 1992, p.132.

90) 『법계도기』, 앞의 책, pp.42-49.

91) 정병삼, 앞의 논문, pp.114-116.

92) 『법계도기』, 앞의 책, pp.21-22.

93) 고익진, 앞의 논문, pp.237-239.

94) 坂本幸男, 『華嚴敎學の研究』, 平樂寺書店, 1976, pp.435-438.

95) 石井公城, 앞의 책, p.241.

3절 진속을 아우르는 사상체계를 확립한 원효: 이문일심사상을 중심으로

96) 원효의 저술에 관해서 佛敎文化硏究所 編, 『韓國佛敎撰述文獻叢錄』에는 86부가 소개되어 있고, 趙明基, 『新羅佛敎의 理念과 歷史』, 新太陽社, 1962, pp.96-102에는 100여 부 240여 권을 제시하고 있다. 또한 은정희, 「元曉著述의 道場과 성격분석」, 『元曉學硏究』 第1輯, 元曉學硏究院, 1996, p.95에는 107종 231권을 들고 있고, 오법안, 『元曉의 和諍思想硏究』, 弘法院, 1988, pp.46-53에는 119부 261책이 열거되어 있다.

97) 이종익을 비롯한 수많은 원효 연구가들은 『十門和諍論』 등에서 나타나는 화쟁적 성격에 주목하고, 원효가 화쟁국사로 불렸다는 점 등을 근거로 하여, 원효의 근본사상을 화쟁사

상으로 규정하고 있다. 이종익, 『元曉의 根本思想: 十門和諍論研究』, 東方思想研究院, 1977.

이기영을 비롯한 연구자들은 원효사상의 핵심을 일심(一心)에서 찾고, 이것에 근거하여 화쟁도 이루어질 수 있다고 말한다. 이기영, 「韓國的 思惟의 一傳統」, 『韓國佛敎硏究』, 韓國佛敎硏究院, 1982.

忽滑谷快天 등의 학자들은 원효의 사상이 화엄에 근거해 있다고 말한다. 『朝鮮禪敎史』, 鄭湖鏡 譯, 寶蓮閣, 1978. 이렇게 보는 사람들은 그 근거로 원효가 교판(敎判)에서 화엄경을 일승만교(一乘滿敎)로 분류하여 최고의 위치에 놓고 있고, 원효가 마지막에 쓴 글이 화엄경소(華嚴經疏)였으며, 화엄경에 있는 "모든 것에 걸림이 없는 사람은 한길로 생사를 벗어난다"는 구절로 무애가(無碍歌)를 지어 부르고 다녔다는 사실을 제시한다. 최유진, 『元曉의 和諍思想研究』, 서울대 박사논문, 1988, pp.1-4 참조.

98) 이 밖에 통불교(通佛敎)나 무애사상(無碍思想)으로 원효사상을 규정하는 경우도 있는데, 이 경우에는 원효사상의 구체적인 내용을 전혀 드러내지 못한다는 문제점이 있다.

99) 성태용, 「한국철학사의 새벽: 원효」, 『철학과 현실』 1994년 가을호, p.129. 성태용은 여기서 원효 자신의 삶이 어떤 일관된 원리에 의해 전체적 통일성을 이루지 못한 것으로 이해된다면, 그 삶 자체가 화쟁의 대상으로 남을 것이라고 말한다.

100) 원효의 화쟁사상의 바탕에 한결같이 흐르고 있는 철학적 입장이 기신론(起信論)의 일심이문설(一心二門說)에 근거하고 있다는 생각은, 일찍이 고익진이 논문 「元曉의 起信論疏」別記를 통해 본 眞俗圓融無碍觀과 그 成立理論」, 『불교학보』 10집, 1973과 「元曉思想의 實踐原理: 金剛三昧經를論의 一味觀行을 중심으로」, 『韓國佛敎思想史』, 숭산박길진박사화갑기념회, 1982에서 단편적으로 밝힌 바 있다. 그러나 고익진은 이러한 생각을 원효의 삶과 사상 전체에까지 적용시켜 집중적으로 밝히지는 않았고, 이문일심사상으로 원효의 사상 전체를 특징짓지도 않았다. 뿐만 아니라 고익진은 그것을 일심이문설이라고 했는데, 필자는 이문일심사상이라고 할 때 원효사상의 특징이 보다 잘 드러날 수 있고, 이것으로써 원효의 사상과 삶 전체를 통일적으로 설명할 수 있다고 본다.

101) 元曉, 『起信論疏』, 韓國佛敎全書(이하 全書로 약칭함) 第一册, 동국대학교 출판부, 1979, p.698. "總括摩羅百八之廣誥 示性淨於相染 普綜瑜十五之幽致 至如鵠林一味之宗 鷲山無二之 趣 金鼓同性三身之極果 華嚴瓔珞四階之深因 大品大集曠蕩之至道 日藏月藏微密之玄門 凡此等輩中 衆典之肝心 一以貫之者 其唯此論乎."

102) 元曉, 『起信論別記』, 全書, p.678. "是諸論之祖宗 群諍之評主也."

103) 馬鳴, 『大乘起信論』, 大正新修大藏經(이하 大正으로 약칭함), 卷32, p.557. "心生故種種法生 心滅故種種法滅."

104) 元曉, 『涅槃宗要』, 全書, p.547. "是猶以螺酌海 用管窺天者耳."

105) 法藏, 『探玄記』, 大正 卷35, p.111.

106) 원효의 화엄관계 저술로는『華嚴綱目』1권,『華嚴經疏』8권,『華嚴經宗要』1권,『華嚴入法界品抄』2권,『一道章』1권,『普法記』1권,『大乘觀行』1권 등을 들 수 있다. 전해주, 앞의 논문, p.156 각주 참조.

107) 김준경,「元曉의 敎判思想」,『元曉의 佛敎思想 I』, 元曉研究論選集 13, p.295.

108)『起信論疏』, 全書, p.698. "開則無量無邊之義爲宗 合則二門一心之法爲要 … 是以開合自在 立破無碍."

109) 元曉,『涅槃宗要』, 全書, p.24. "統衆典之部分 歸萬流之一味 開佛義之至公 和百家之異諍."

110) 정승석,『인도의 이원론과 불교』, 민족사, 1992, pp.170-172; 석길암,『원효사상의 체계와 실천적 성격에 대한 연구』, 동국대 석사논문, 1992, pp.28-30 참조.

111)『起信論疏』, 全書, p.699. "所言論者 建立決了可軌文言."

112)『起信論疏』, 全書, p.702. "當知 卽是如來所說一切法門之根本義 以是一心二門之內 無一法義而所不攝故."

113)『起信論疏』, 全書, p.698. "二門之內 容萬義不亂 無邊之義 同一心而混融."

114)『起信論疏』, 全書, p.704. "一切諸法 皆無別體, 唯用一心 爲其自體. … 言是心卽攝一切者 顯大乘法異小乘法."

115) 馬鳴, 앞의 책, p.556.

116)『起信論疏』, 全書, pp.704-705. "此言心眞如門者 卽釋彼經寂滅者名爲一心也. 心生滅門者 是釋經中一心者名如來藏也. 所以然者, 以一切法 無滅本來寂靜 唯是一心, 如是名爲心眞如門, 故言寂滅者名爲一心. 又此一心體 有本覺 而隨無明 動作生滅, 故於此門 如來之性 隱而不顯 名如來藏 … 二門如是 何爲一心 謂染淨諸法 其性無二, 眞妄二門 不得有二. 故名爲一. 此無二處 諸法中實 不同虛空 性自信解 故名爲心. 然旣無有二 何得有一? 一無所有 就誰曰心? 如是道理 離言絶慮 不知何以目之 强號爲一心也."

117) 김형효,「텍스트이론과 元曉사상의 논리적 讀法」,『元曉의 사상과 그 현대적 의미』, 한국정신문화연구원, 1994, p.14 참조.

118) 元曉,『金剛三昧經論』, 全書, p.741. "謂如渴鹿 見燄謂水 馳走而求 直是迷倒 計有一心 亦如是故."

119)『起信論疏』, 全書, p.705. "當知 非但取生滅心爲生滅門, 通取生滅自體及生滅相 皆在生滅門內義也."

120)『大乘起信論』, 大正, 卷32, p.556. "是二種門 皆各總攝一切法."

121)『起信論疏』, 全書, p.705. "眞如門者 染淨通相 通相之外 別無染淨 故得總攝染淨諸法. 生滅門者 別顯染淨 染淨之法 無所不該 故亦總攝一切諸法. 通別雖殊 齊無所遣 故言二門不相離也."

122) 元曉,『大乘起信論別記』, 全書, p.679. "設使二門雖無別體 二門相乖不相通者, 則應眞如門中攝理而不攝事 生滅門中攝事而不攝理. 而今二門 互相融通 際限無分, 是故皆各通攝一切理事諸法, 故言二門不相離也."

123) 『晉譯華嚴經疏』, 全書, p.495. "不一不多故 一法是一切法 一切法是一法."

124) 주 116) 참조.

125) 元曉, 『金剛三昧經論』, 全書, p.626. "不能同者 卽同而異也, 不能異者 卽異而同也. 同者 辨同於異, 異者 明異於同. 明異於同者 非分同爲異也, 辨同於異者 非鎭異爲同也. 量由同非鎭異故 不可說是同, 異非分同故 不可說 是異."

126) 『起信論別記』, 全書, p.680. "若能解此三性不一不異義者 百家之諍 無所不和也."

127) 『金剛三昧經論』, 全書, p.604.

128) 『金剛三昧經論』, 全書, p.658. "眞俗無二而不守一."

129) 『起信論別記』, 全書, p.680.

130) 고익진, 「元曉의 起信論疏 · 別記를 통해 본 眞俗圓融無碍觀과 그 成立理論」, 『불교학보』, 10집, 1973, pp.287-319. 고익진은 이 논문에서 이문이 서로 화합하고 융통하는 모습에 대한 설명을 매우 설득력 있게 제시하고 있다. 고익진은 또 상기한 「元曉思想의 實踐原理」라는 논문에서 『금강삼매경론』의 대의문(大意文)이 생멸문 → 진여문 → 생멸문의 방식으로 구성되어 있다는 것을 밝히고, 본문 내용도 속(俗)에서 진(眞)으로 그리고 진에서 속으로 융통하는 모습을 그리고 있다고 하여 자세히 설명하고 있다.

131) 『金剛三昧經論』, 全書, p.658. "融俗爲眞 顯平等義."

132) 『金剛三昧經論』, 全書, p.658. "融眞爲俗 顯差別門."

133) 박성배는 「원효의 논리구조」, 『원효의 사상체계와 원효전서 영역상의 제 문제』, 동국대출판부, 1997, p.45에서 원효가 기신론의 일심이문사상에서 화쟁의 원리를 발견했다고 말한다. 그러나 박성배는 진여문을 체(體)로 생멸문을 용(用)으로 보고 체용불리(體用不離)의 관계를 가지고 논하고 있다. 그러나 원효는 "왜 진여문에서는 체(體)만을 보이고 생멸문에서는 자체상용(自體相用)을 모두 보이느냐?"라는 질문에 대해서, "포함하고 있는 뜻과 보이는 뜻은 다르다"고 답하면서, 실은 생멸문에서도 체(體)를 보이고 있고 진여문 가운데서도 사상(事相)을 보이고 있다고 설명하고 있다. 『起信論別記』, 全書, p.679. 이로써 볼 때 진여문을 체로 규정하고 생멸문을 용으로 규정해서 체용관계(體用關係)로 양자를 논하는 것은 적절치 않다고 생각한다.

134) 원효의 『十門和諍論』은 이 외에도 삼승(三乘)과 일승(一乘), 아공(我空)과 법공(法空), 삼성(三性)의 일이(一異), 번뇌장(煩惱障)과 소지장(所知障) 및 열반이의(涅槃異義), 불신이의(佛身異義), 불성이의(佛性異義) 등의 문제에 대한 이견을 화쟁하고 있다. 이종익, 『元曉의 根本思想: 十門和諍論硏究』, 東方思想硏究院, 1977 참조.

135) 『涅槃宗要』, 全書, p.529. "若非定執 二說俱得."; 최유진, 앞의 논문, pp.67-76 참조.

136) 『金剛三昧經論』, 全書, p.640. "不有之法 不卽住無者 雖融俗爲眞 而不守眞無之法故. 不無之相 不卽住有者 雖融眞爲俗 而不守俗有之相故."

137) 『華嚴經』, 大正 卷九, p.429.

138) 은정희는 논문「원효의 不住涅槃思想」,『民族佛敎』2, 청년사, 1992에서 원효가 기신론소와 별기라는 그의 저술에서 가장 중점적으로 주장한 사상은 부주열반(不住涅槃)사상이라고 말한다. 나아가 원효의 불교 대중화운동은 그의 부주열반사상을 구체화한 것이라고 주장하였다. 이로써 원효사상의 실천적 성격을 잘 드러내 주고 있지만, 이 경우 생사에 머물지 않는다고 하는 구도정신이 간과될 우려가 있다고 생각한다.

139)『金剛三昧經論』, 全書, p.659. "生卽寂滅而不守滅 滅卽爲生而不住生."

140)『起信論疏』, 全書, p.701. "良由一心動作六道 故得發弘濟之願, 六道不出一心 故能起同體大悲 … 諸敎門雖有衆多 初入修行不出二門, 依眞如門修止行 依生滅門而起觀行 止觀雙運 萬行斯備."

141)『起信論疏』, 全書, p.732. "故言止觀不具 則無能入菩提之道也."
원효는 여기서 지와 관의 두 수행이 서로를 완성시켜 주는 이치는 마치 새의 양 날개나 차의 두 바퀴와 같다고 비유하고 있다. 즉 두 바퀴가 다 갖추어지지 않으면 실어 나를 수가 없고, 한 날개라도 없으면 날지 못하게 되는 것과 같다는 것이다.

142)『起信論別記』, 全書, p.682. "今此論者 依楞伽經 爲治眞俗別體執."

143) 이기영,「元曉의 菩薩戒觀」,『불교학보』5집, 동국대, 1967.

144)『本業經疏』, 全書, p.498에서는 지혜와 복덕을 두 개의 노로 삼아 불법(佛法)의 대해를 건너고, 지(止)와 관(觀)의 두 날개를 조화롭게 움직여 법성(法性)의 허공을 난다고 표현하고 있다.

145)『本業經疏』, 全書, p.498. "然以大海無津 汎舟楫而能渡, 虛空無梯 翩羽翼而高翔. 是知無道之道 斯無不道, 無門之 門 則無非門."

146) 최원식,『新羅 菩薩戒思想史 硏究』, 동국대 박사논문, 1992, p.59.

147) 김영미,「元曉의 阿彌陀信仰과 淨土觀」,『伽山學報』2, 1993, p.34.

148)『無量壽經宗要』, 全書, p.553. "無此無彼, 穢土淨國 本來一心, 生死涅槃 終無二際."

제4장 선종의 전래와 전개

1) 최병헌,「한국불교의 전개」,『한국사상의 심층연구』, 우석, 1982, p.92.

2) 고익진,「신라 하대의 선 전래」,『한국불교 선문의 형성사적 연구』, 민족사, 1986, p.76.

3) 최병헌,「신라 하대 선종구산파의 성립」,『한국불교 선문의 형성사적 연구』, p.60.

4) 같은 논문, pp.31-32.

5) 같은 논문, pp.25-45 참조.

6) 같은 논문, p.63.

7) 고익진, 앞의 논문, p.115.

8) 같은 논문, p.112.

9) 정성본,『선의 역사와 사상』, 불교시대사, 2000, p.362.

10) 최병헌, 「신라 하대 선종구산파의 성립」, p.63.

11) 고익진, 앞의 논문, p.118.

12) 같은 논문, p.119.

13) 같은 논문, p.128.

14) 최병헌, 「新羅下代 禪宗九山派의 成立」, 『韓國史硏究』 7집, pp.103-105.

15) 고익진, 「新羅下代의 禪傳來」, 『韓國禪思想硏究』, 동국대불교문화연구원, 1984, pp.76-82.

16) 정성본, 『신라선종의 연구』, 민족사, 1995, p.245.

17) 같은 책, p.265.

5장 고려에 있어서 불교의 세속화와 현실적 전개 양상

1) 동진의 支遁道林(311-366)이 고구려 도인에게 竺法深(286-374)의 높은 덕을 소개하는 서신을 보냈다는 기록으로부터, 당시에 불교 전도승이 활약하고 있었음을 알 수 있다. 『海東高僧傳』 卷一, 釋雲始; 고익진, 「韓國 古代의 佛敎思想」, 『哲學思想의 諸問題』, 한국정신문화연구원, 1984, p.178.

2) 고익진, 앞의 논문, pp.204-228.

3) 「聖住寺 「慧和尙碑」, 『崔文昌候全集』, pp.116-117; 고익진, 「新羅下代의 禪傳來」, 『韓國禪思想硏究』, 동국대불교문화연구원, 1984, p.71.

4) 이러한 경향은 『高麗史』, 『高麗史節要』 등의 1차 자료가 주로 왕실을 비롯한 정치세력을 중심으로 하여 기록되고 있다는 사실과 깊은 관련이 있다고 생각된다. 채상식, 「高麗後期 佛敎史의 展開樣相과 그 傾向」, 佛敎學會 編, 『高麗 中·後期 佛敎史論』, 민족사, 1986, pp.239-240.

5) 오경환, 『종교사회학』, 서광사, 1988, p.116.

6) 심재룡, 「한국불교와 사회 윤리」, 『東洋의 지혜와 禪』, 세계사, 1990, pp.113-119.

7) 최병헌, 「韓國 佛敎의 전개」, 조명기 외, 『韓國思想의 深層硏究』, 우석, 1982, pp.80-85.

8) 이능화, 『朝鮮佛敎通史』 卷下, 慶熙出版社, 1968, p.160.

9) 一然, 『三國遺事』 卷五; 한기문, 「高麗太祖의 佛敎政策」, 불교학회 편, 『高麗高初期 佛敎史論』, 민족사, 1986, p.146.

10) 「伽倻山 海印寺 古籍」, 『海印寺事蹟』

11) 閔漬, 「國淸寺 金堂主佛釋迦舍利靈異記」, 『東文選』 卷68; 한기문, 앞의 논문, p.145.

12) 이엄(利嚴)은 태조의 전쟁이 죄가 있는 무리를 치는 것이기 때문에 불교의 자비와 교리적으로 상충되지 않는다고 말했고, 윤다(允多)는 왕자(王者)의 도리를 묻는 질문에 대답하고 있으며, 현휘(玄揮)는 왕권과 교권에 관해서 논했다. 한기문, 앞의 논문, pp144~145.

13) 김두진, 「王建의 僧侶結合과 그 意圖」, 『高麗初期 佛敎史論』, pp.101-115에 자세한 명단

과 그 결합 양상이 설명되고 있다.

14) 한기문, 앞의 논문, p.147.

15) 김두진, 앞의 논문, pp.115-122.

16) 같은 논문, pp.122-127.

17) 崔滋 撰『補閑集』卷上, 亞細亞文化社, 1972, p.58.

18) 허흥식, 「佛敎와 結合된 社會構造」, 『高麗佛敎史硏究』, 일조각, 1986, p.14.

19) 한기문, 앞의 논문, pp.146-147 참조.

20) 홍정식, 「佛敎思想이 高麗의 國難打開에 미친 影響」, 『불교학보』 14집, 1977, pp.6-7.

21) 태조 때에만 500여 사원을 세웠으며, 총림(叢林)을 세우고 선원(禪院)을 개설하며 불상
과 탑을 조성한 것이 3,500여 곳에 이른다. 그 밖에도 사원에 대한 토지의 시납(施納) 및
면세 등의 방법으로 재정적 도움을 준 것은 양으로 헤아릴 수 없을 정도다. 김영태, 『韓
國佛敎史槪說』, 經書院, 1990, pp.122-123.

22) 허흥식, 앞의 논문, p.8.

23) 김영태, 앞의 책, p.123.

24) 이재창, 「高麗時代 僧侶들의 護國活動」, 『불교학보』 14집, 1977, p.129.

25) 불교에 대한 왕실의 지원 중 많은 부분이 토지 및 이에 대한 면세의 혜택과 이의 경작에
필요한 노비 등의 형태로 이뤄진다고 볼 때, 이로 인한 국가의 재정적 궁핍이 후대로 갈
수록 심해지는 것은 당연한 일이라 하겠다.

26) 공민왕 때의 金續命, 黃蓮 등의 상소 내용은 이러한 폐단을 극명하게 지적하고 있다.

27) 閔漬, 「國淸寺金堂主佛迦如來舍利靈異記」, 『東文選』 68권.

28) 김두진, 『均如華嚴思想硏究』, 일조각, 1983, pp.229-247.

29) 鎌田茂雄, 『中國華嚴思想의 硏究』, 東京大出版會, 1970, p.147.

30) 吉津宜英, 「性相融會」, 『澤大學佛敎學部硏究紀要』 第41號, 1983, p.306.

31) 고익진, 『韓國의 佛敎思想』, 동국대 출판부, 1987, pp.28-30.

32) 均如, 『華嚴敎分記圓通抄』, 『韓國佛敎全書』 第四冊, 동국대 출판부, 1982; 中條道昭,
「高麗均如敎判」, 『印度學佛敎學硏究』 通卷58號, 1981, pp.269-271.

33) 변태섭, 「高麗 貴族社會의 歷史性」, 김의규 편, 『高麗社會의 貴族制設과 官僚制論』, 知
識産業社, 1985, pp.62-63.

34) 『高麗史』 卷2, 世家 太祖23年4月.

35) 김두진, 「高麗時代思想의 歷史的 特徵」, 『傳統과 思想』, 한국정신문화연구원, 1988,
p.61.

36) 최병헌, 「高麗 中期 玄化寺의 創建과 法相宗의 隆盛」, 佛敎學會 編, 『高麗 中?後期 佛敎
史論』, 민족사, 1986, pp.128-129.

37) 김종국, 「高麗武臣政權と僧徒의 對立抗爭に關する一考察」, 『朝鮮學報』 21.22合, 1961

38) 고익진, 「白蓮社의 思想傳統과 天頙의 著述問題」, 佛敎學會 編, 『高麗後期 佛敎展開史의

　　研究』, 민족사, 1986, pp.177-188.

39) 최병헌, 앞의 논문, p.85.

40) 같은 논문, p86.

41) 『高麗史』 卷2 世家 太祖26年4月.

42) 안계현, 『韓國佛教思想史研究』, 동국대 출판부, 1983, p.278.

43) 허흥식, 「佛教界의 組織과 行政制度」, 『高麗佛教史研究』, pp.342-355.

44) 허흥식, 「僧科制度와 그 機能」, 『高麗佛教史研究』, pp.356-390.

45) 길희성, 「高麗時代의 會階制度에 대하여」, 『고려 중·후기 불교사론』, pp.221-223.

46) 허흥식, 「僧科制度와 그 機能」, p.353.

47) 「華嚴叢僧統都行教書」, 『東文選』 卷27.

48) 길희성, 앞의 논문, p.221.

49) 허흥식, 「國師·王師制度와 그 機能」, 『高麗佛教史研究』, p.399.

50) 길희성, 앞의 논문, p.234

51) 허흥식, 「國師·王師制度와 그 機能」, pp.391-434.

52) 피야세나 딧사나야케, 정승석 옮김, 『불교의 정치철학』, 대원정사, 1988, pp.157-164.

53) 이재창, 『高麗寺院經濟의 研究』, 동국대 박사논문, 1974, pp.7-8.

54) 같은 논문, p.49.

55) 같은 논문, pp.51-54.

56) 『成宗實錄』 卷48 5年10月 戊申條; 편도철, 『高麗寺院經濟의 擴大와 民衆生活에 대한 研
　　究』, 동아대 석사논문, 1978, p.7.

57) 이재창, 앞의 논문, pp.55-70.

58) 『高麗史』 卷85 志卷39 刑法2 禁令 顯宗19年2月條 및 『高國史』 卷84 志卷38 刑法1 職制.

59) 『高麗史』 卷85 志卷39 刑法2 禁令 忠宣王4年9月條.

60) 『高麗史』 卷85 志卷39 刑法2 禁令 忠肅王 8年條. 『高麗史』 卷84 志卷 刑法1 職制 忠宣王
　　卽位教書.

61) 『三國史記』 卷4 普平王30年.

62) 『三國遺事』 卷4 慈藏定律.

63) 李弘植, 「羅末의 戰亂과 緇軍」, 『史叢』 12-13號, 1968.
　　金柱珍, 「郎慧와 그의 禪思想」, 佛教學會 編, 『韓國佛教 禪門의 形成史的 研究』, 民族史,
　　1986, pp.257-258.

64) 추만호, 『高麗僧軍考』, 고려대 석사논문, 1983, pp.9-10

65) 같은 논문, pp.40-41.

66) 이재창, 「高麗時代 僧侶들의 護國活動」, pp.126-128

67) 같은 논문, pp.128-129.

68) 임영정, 「麗末鮮初의 私兵」, 國史編纂委員會, 『韓國史論』, 1983, pp.52-55.

69) 최병헌, 앞의 논문, p.86.

70) 김종국, 앞의 논문, pp.567-589; 추만호, 앞의 논문, pp.44-45.

71) 오경환, 앞의 책, p18.

72) 岸本英夫,『宗敎學』, 朴仁載, 金寧社, 1983, p.61.

73) 서윤길,「高麗의 護國法會와 道場」,『불교학보』14집, 1977, pp.91-102.

74) 홍윤식,『韓國佛敎儀禮硏究』, 隆文館, 1976, pp.109-110.

75) 松本潤一郎,『文化社會學原論』, pp.87-89; 홍윤식, 앞의 책, p.44.

76) 서윤길, 앞의 논문, pp.91-102.

77) 홍윤식, 앞의 책, pp.135-140.

78) 안계현, 앞의 책, pp.206-220.

79)『高麗史節要』卷二 成宗元年.

80) 平天彰 外,『大乘佛敎』,『講座大乘佛敎』, 春秋社, 1981, pp.37-38.

81) 홍윤식, 앞의 책, pp.117-120.

82) 서윤길,『高麗時代의 仁王百高座道場硏究』, 동국대 석사논문, 1969, p.50.

83)『仁王般若經』護國品,『續藏經』卷40, p.340.

84) 여동찬,『高麗時代의 護國法會에 대한 硏究』, 동국대 석사논문, 1971, pp.37-38.

85) 서윤길, 앞의 논문, pp.23-26.

86) 이기영,「인왕반야경과 호국불교」,『동양학』제5집, 1975, p.190.

87) 김상현,『高麗時代의 護國佛敎硏究: 金光明經信仰을 中心으로』, 단국대 석사논문, 1976, pp.23-26.

88)『金光明經』四天王品第六,『大正新修大藏經』卷16, p.341; 김상현, 앞의 논문, pp.38-40.

89)「金光明經道場疏」,『東文選』卷110.

90) 김상현, 앞의 논문, pp.39-40.

91) 서윤길,「高麗의 護國法會와 道場」, pp.31-33.

92) 김상현, 앞의 논문, pp.51-54

93) 홍윤식, 앞의 책, pp.123-127.

94) 대체로 경행(經行)에는 본존불이나 탑의 주위를 돌면서 존경의 뜻을 타나내는 의식인 행도(行道)가 수반되는데, 행도의 회전 방식이 고래로 농민들의 농악놀이에 나타나고 있다고 보는 견해도 있다. 같은 책, pp.126-127.

95) 같은 책, p.127.

96)「大藏經道場疏」,『東國李相國集』, 卷40.

97) 오형근,「了圓撰 法華靈驗傳의 史的 意義」, 佛敎文化硏究院 編,『韓國天台思想硏究』, 동국대 출판부, 1986, pp.297-332.

98) 고익진,「新羅 密敎의 思想內容과 展開樣相」, 佛敎文化硏究院 編,『韓國密敎思想硏究』,

동국대 출판부, 1986, p.127.

99) 岸本英夫, 앞의 책, p.65.

100) 고익진, 「新羅 密敎의 思想內容과 展開樣相」, p.127.

101) 정태혁, 「高麗朝 各種道場의 密敎的 性格」, 『韓國密敎思想硏究』, pp.298-299.

102) 류동식, 『韓國巫敎의 歷史와 構造』, 연세대 출판부, 1981, pp.258-272.

103) 허흥식, 「13세기 고려불교계의 새로운 경향」, 『고려 중·후기 불교사론』, p.91.

104) 서경수, 「羅末鮮初 佛敎의 密敎的 傾向」, 『韓國密敎思想硏究』, p.346.

105) 허흥식, 「13세기 고려불교계의 새로운 경향」, pp.92-93.

106) 문명대, 「韓國의 淨土美術」, 佛敎文化硏究院 編, 『韓國淨土思想硏究』, 동국대 출판부, 1985, pp.344-345.

107) 서윤길, 「高麗 天台와 密敎의 淨土思想」, 『韓國淨土思想硏究』, pp.165-175.

108) 『高麗史』 卷104 韓希愈條; 여동찬, 앞의 논문, pp.78-79.

109) 정태혁, 앞의 논문, p.298; 김영태, 앞의 책, p.156.

110) 최성렬, 「高麗中期 水精結社와 瑜伽宗」, 『韓國佛敎學』, 1987, pp.67-97.

111) 고익진, 「圓妙國師 了世의 白蓮結社」, 佛敎學會 編, 『高麗後期 佛敎 展開史의 硏究』, 민족사, 1986, pp.105-142.

112) 知訥, 「定慧結社文」, 『韓國佛敎全書』 卷4, 동국대 출판부, 1982, p.704; 고익진, 「圓妙國師 了世의 白蓮結社」, p.121.

113) 권기종, 「韓國佛敎에 있어서 禪과 淨土의 關係」, 『불교학보』 26집, 1989, p.82.

114) 같은 논문, pp.83-85.

115) 목정배, 「彌勒信仰의 現代的 意義?, 佛敎文化硏究院 編, 韓國彌勒思想硏究』, 동국대 출판부, 1987, pp.335-371.

116) 김삼룡, 『韓國彌勒信仰의 硏究』, 동화출판사, 1983, pp.152-154.

117) 『高麗史』 卷107 列傳20 權㫜 附 和傳; 고은, 「미륵과 민중」, 『미륵사상과 민중사상』, 한진출판사, 1988, pp.88-89.

118) 김인덕, 「高麗時代 瑜伽思想의 展開와 彌勒信仰」, 『韓國彌勒思想硏究』, pp.145-171.

119) 고익진, 「新羅下代의 禪傳來」, pp.50-88.

120) 채인환, 「高麗前期禪思想의 展開」, 『韓國禪思想硏究』, pp.105-117.

121) 최병헌, 「高麗中期 李資玄의 禪과 居士佛敎의 性格」, 佛敎學會 編, 『高麗 中·後期 佛敎史論』, 민족사, 1986, pp.208-216.

122) 한기두, 「고려 선종의 사상적 전통」, 『전통과 사상(III)』, p.143.

123) 서윤길, 「고려말 임제선의 수용」, 『韓國禪思想硏究』, p.241.

124) 이재창, 「고려 후기 전통 선의 동태」, 『韓國禪思想硏究』, pp.194-197.

125) 守屋茂, 『佛敎社會事業硏究』, 法藏餘, 1971, pp.57-68.

126) 같은 책, p.112.

127) 임송산, 『佛教福祉』, 법수출판사, 1983, pp.205-207.

128) 같은 책, pp.283-290.

129) 『高麗史』 卷80 志卷34 文宗18年3月條; 임송산, 앞의 책, p.22.

130) 『高麗史』 卷2 世家 太祖23年12月條.

131) 양혜숙, 『高麗後期 寺院의 經濟活動研究』, 청주대 석사논문, 1987, p.43.

132) 『高麗史』 卷106 列傳 洪奎; 허흥식, 「佛教와 結合된 社會構造」, p.24.

133) 손홍렬, 『韓國 醫療制度史 研究』, 경희대 박사논문, 1986), p.145.

134) 홍윤식, 앞의 책, p.143.

135) 같은 책, p.146.

136) 편도철, 앞의 논문, pp.76-80.

137) 『高麗史』 卷85 志39 刑法2 禁令條.

138) 徐兢, 『宣和奉使高麗圖經』 卷23 雜俗 施水; 허흥식, 『高麗佛教史研究』, p.10.

139) 了圓撰, 『法華靈驗傳』 卷下; 허흥식, 앞의 책, p.10.

140) 『高麗史』 卷85 志39 刑法2 禁令條.

141) 문명대, 「韓國 華嚴宗 美術의 展開」, 佛教文化研究院 編, 『韓國華嚴思想研究』, 동국대 출판부, 1982, p.330; 문명대, 「韓國의 淨土美術」, pp.350-354.

142) 장충식, 「韓國 佛教版畵의 研究(I)」, 『불교학보』 19집, 1982, pp.275-306.

143) 『高麗史節要』 卷28; 홍윤식, 앞의 책, p.125; 김문경, 「儀式을 통한 佛教의 大衆化運動」, 佛教學會 編, 『新羅彌勒淨土思想研究』, 1988, pp.240-248.

144) 김운학, 「均如의 華嚴思想과 文學的 位置」, 崇山朴吉眞博士華甲記念 『韓國佛教思想史』, p.455.

145) 赫連挺撰, 『大華嚴首座圓通兩重大師均如傳并序』 第7 歌行化世分; 홍정식, 앞의 논문, p.22.

146) 권기종, 「고려시대 선사의 정토관」, 『韓國淨土思想研究』, p.137.

147) 홍윤식, 「佛教와 民俗」, 『韓國民俗大觀』, 고려대 민족문화연구소, 1982, p.478.

148) 『三國遺事』, 卷四 義解第五 慈藏定律.

149) 홍윤식 · 한기두, 『韓國佛教』, 光大出版局, 1974, p.43.

150) 정태혁, 앞의 논문, pp.306-308.

151) 권탄준, 「高麗時代 佛教의 主體的 展開」, 『불교학보』 24집, 1987, p.261.

152) 『高麗史』 世家, 卷40 恭愍王 13年4月條; 『東史網目』 卷2, 景仁文化社, p.450.

153) 편도철, 앞의 논문, p.72.

154) 같은 논문, pp.73-74.

155) 『高麗史』 世家, 卷23 高宗21年2月條.

156) 채상식, 앞의 논문, p.162.

157) 허흥식, 앞의 책, pp.16-19.

158) 『숫타니파아타』, 654, 法頂 譯, 正音社, 1979, p.157.

159) 『金光明經』, 梵本弟十三品 第十三頌.

160) 1162년 5월 중부 일대에서 일어난 농민들의 산발적인 폭동, 1176년 1월 공주 명학소의 농민폭동, 1177년 경상도 농민들이 가야산을 중심으로 하여 일으킨 폭동, 1178년 서북 일대 농민들이 묘향산을 중심으로 일으킨 폭동, 1193년 경상도 운문산 일대 농민들의 폭동, 1199년 동해안 일대 강원도 농민들의 폭동, 1202년 제주도와 경주에서의 농민폭동, 최씨 집권 때의 농민과 노비들의 빈번한 봉기, 13세기 외래 침략자에 대항하는 수많은 농민과 노비들의 투쟁 등 다른 어느 시기보다도 빈번하게 일어나고 있다.

161) 『高麗史』 卷129 列傳, 卷 崔忠獻條.

162) 『高麗史』 卷85 志卷39 禁令條.

163) 『高麗史』 卷7 世家, 文宗10年9月 丙申條.

164) 허흥식, 앞의 책, pp.22-24.

165) 같은 책, pp.24-31.

166) 홍윤식, 『佛敎와 民俗』, 現代佛敎新書 33, 동국대불전간행위원회, 1980, p.130.

167) 같은 책, pp.15-16.

168) 『高麗史』, 卷2 世家, 太祖26年4月條.

169) 허흥식, 「佛敎와 結合된 社會構造」, p.21.

170) Melford E. Sapiro, *Buddhism and Society*, New York: Harper & Row, 1972, p.12에서 불교를 신앙형태에 따라 궁극적 열반을 추구하는 열반(nibbanic) 불교, 행위를 통해 자신의 지위를 개선하고자 하는 행위(kammatic) 불교, 복을 구하고 악을 쫓는 제액구복(aoitropaic) 불교의 세 가지로 구분하고 있는데, 고려 불교의 경우는 이 세 가지 형태가 혼재하고 있는 가운데 세 번째 경향이 특히 강하게 나타났으며 민속화된 불교는 거의가 이런 형태의 불교라고 할 수 있다.

🏵 책을 내면서

불교를 접하고 공부하는 모든 과정이 겹겹이 쌓인 인연으로 다가왔다고 하더라도 나는 그 모든 것에 대하여 큰 축복으로 생각하고 감사하는 마음으로 살고 있다. 나도 모르게 깊이 빠져들었지만 불교를 공부하는 것은 그리 쉽지가 않았다. 나의 근기가 열악한 탓도 있겠지만 말이나 글로 접하는 대부분의 내용들이 난해하기 짝이 없었기 때문이다.

다행스럽게도 공부하는 과정에서 참으로 훌륭하신 스승님 세 분을 만나서 좋은 가르침을 받을 수 있었다.

대학 시절 만난 불연(不然) 이기영(李箕永) 선생님은 열정적인 법문으로 나를 불교로 인도해 주었고 석사를 마칠 때까지 할아버지처럼 따뜻하고 자상하게 지도해 주셨다.

일승 보살회를 통해서 사사한 병고(丙古) 고익진(高翊眞) 선생님은 아버지 같은 엄격함으로 불교의 정통을 직설하는 가르침을 주셨다.

박사논문을 지도해 주신 무현(无見) 심재룡(沈在龍) 선생님은 친구처럼 자유로운 대화를 통해서 불교를 보는 넓은 안목과 열린 사고의 길을 가르쳐 주셨다.

모두 고인이 되셨지만 늘 감사하고 있고 이번 기회에 새삼 깊은 감사의 뜻을 표한다.

어렵게 다가오는 불교를 쉽게 풀어서 이해하고자 많이 노력했다. 엄청난 불교의 문헌과 전적의 어느 한 귀퉁이에 머물고 싶지 않았다. 주마간산일지라도 많은 곳을 섭렵하면서 전체의 그림을 그리고 싶었다. 일찍부터 화두처럼 자리하고 있는 진과 속이라는 문제의식이 있었기에 그 사다리를 타고 용감하게 건너 뛰어 다니며 즐겁게 유람하였다. 이제 그동안 내가 본 불교의 풍경을 소략하게 정리하여 책으로 내놓고자 한다. 말 그대로 내가 듣고 내가 보고 내가 생각한 불교의 모습을 과감하게 그려본 것이다. 있는 그대로의 불교와 많이 다를 수도 있다. 어쨌든 이 책이 한 사람에게라도 불교에 대한 새로운 느낌을 주고 불교를 쉽게 이해하는 데 조금이라도 도움이 되기를 바란다.

어려운 출판 사정에도 불구하고 흔쾌히 출판을 맡아주신 전춘호 사장님께도 심심한 사의를 표한다.

2109년 9월 9일
소요서실에서 무불연 두손 모음

정영근

서울대학교 인문대학 철학과를 졸업하고 서울대 대학원 철학과에서 동양철학 전공으로 박사학위를 받았다. 외국어대, 한양대, 서울대, 이화여대 등에서 가르쳤으며 현재 서울과학기술대학교 교수로 재직 중이다. 태동고전연구회 회장, 불교학연구회 부회장 등을 역임하였다.

주요 저서로 『신·구 유식의 비판적 종합: 원측의 불교사상』(박사학위논문), 『현대사회와 직업윤리』(공저), 『21세기를 대비한 직업과 산업윤리』(공저) 등이 있고, 논문으로 「원효의 사상과 행동의 통일적 이해」, 「의상화엄의 실천적 지향」, 「고려시대 불교사상의 전개양상과 생활세계」, 「일과 여가의 통합」, 「장자의 직업사상」, 「묵자의 직업사상」, 「박제가의 직업사상」, 「정약용의 직업사상」, 「불교의 직업사상」 등이 있다.

진과 속의 눈으로 불교를 보다

1판 1쇄 인쇄	2019년 11월 15일
1판 1쇄 발행	2019년 11월 20일
지은이	정 영 근
발행인	전 춘 호
발행처	철학과현실사
출판등록	1987년 12월 15일 제300-1987-36호
	서울특별시 종로구 동숭동 1-45
	전화번호 579-5908
	팩시밀리 572-2830

ISBN 978-89-7775-830-8 93220
값 18,000원